Thomas Derksen

Und täglich grüßt der Tigervater

Als deutscher Schwiegersohn in China

WILHELM HEYNE VERLAG
MÜNCHEN

Verlagsgruppe Random House FSC® N001967

Originalausgabe 05/2019

Copyright © 2019 by Wilhelm Heyne Verlag,
in der Verlagsgruppe Random House GmbH
Der Wilhelm Heyne Verlag, München,
ist ein Verlag in der Verlagsgruppe Random House GmbH
Printed in Germany
Umschlaggestaltung: Eisele Grafik Design, München
Umschlagsfoto: Kay Blaschke, München
Umschlagsillustration: Shutterstock Images LLC
Innenbilder: Kay Blaschke, München: Fließtext Seite 93 und 151;
Farbteil: Seite 12, alle anderen Bilder: © privat.
Redaktion: Dr. Angelika Winnen, Berlin
Satz: Satzwerk Huber, Germering
Druck und Bindung: CPI books GmbH, Leck
ISBN: 978-3-453-60500-8

www.heyne.de

Für Liping

INHALT

明知山有虎，偏向虎山行

MAN GEHT IN DIE BERGE, AUCH WENN MAN WEISS, DASS ES DORT TIGER GIBT

»So war das alles doch nie geplant!« Ich raufe mir die Haare.

Als ich vor anderthalb Jahren angefangen habe, Chinesisch zu studieren, habe ich mir fest geschworen, nie etwas mit einer Chinesin anzufangen. Und nun stecke ich im Economysitz einer russischen Airline fest, auf dem Weg zu meiner Freundin Liping, einer Chinesin aus der Multimillionenmetropole Shanghai, und im Ohr klingt mir noch die musikalische Mitgift einer piccoloschwenkenden Mittfünfziger-Damengruppe aus dem Zug zum Flughafen:»Die Liebe ist ein seltsames Spieeeeeeel.« Dieses seltsame Spiel hat unsere Wege zueinander geführt, auch wenn es scheint, dass ich mich eher stolpernd als gehend vorwärtsbewege. Denn es werden sich so einige Hindernisse auf der Strecke zum gemeinsamen Glück auftun, vor allem Lipings Vater scheint nicht besonders begeistert von unserer Beziehung zu sein.

»Ich kenne mich aus mit diesen Ausländern, Liping«, hat er offenbar direkt vor meinem Abflug noch großspurig von sich gegeben.»Die kommen hierher, legen dir ein Ei ins Nest und sind dann auf und davon. Den Kerl siehst du einmal unbekleidet und dann nie wieder.«

»Papa, hast du jemals auch nur mit einem Ausländer gesprochen?«

»Und wenn schon, ich habe genug davon im Fernsehen gesehen, um mir ein Bild von denen zu machen. So einer kommt mir nicht ins Haus.«

Liping hat mich schon früh vorgewarnt, dass ihr Vater eine ganz bestimmte Vorstellung davon hat, wie sein Schwiegersohn aussehen soll: und zwar am besten wie ein Abbild seiner selbst. Also wie einer, der sein Geld mit undurchsichtigen Geschäften verdient, mit seinen Freunden kettenrauchend Mah-Jongg spielt und dabei Armbanduhr und Goldkettchen zur

Schau stellt, während sein dickes Auto für alle gut sichtbar vor dem Haus steht. Von seinen Freunden wird er zwar »Alter Zhu« genannt, von allen anderen aber nur respektvoll *Zhu Laoban*, was soviel wie »Vorgesetzter Zhu« heißt.

Ich hingegen lebe von wenigen hundert Euro Bafög im Monat, kann weder Auto noch Goldkettchen vorweisen, und meine fünfzehn Jahre alte Casio-Armbanduhr kann diese Mängel sicher ebenso wenig wettmachen wie meine Bankausbildung. Wenn man Fotos vom Alten Zhu und mir betrachtet, drängt sich einem das Bild von Yin und Yang auf. Die Haut meines muskulösen Schwiegervaters in spe ist von seiner früheren Tätigkeit beim Militär und der Polizei sonnengebräunt, und sein Blick versprüht die Selbstsicherheit derer, die es von ganz unten nach ganz oben geschafft haben. Ganz anders bei mir: Von den Jahren, die ich im Neonlicht der Sparkassenfiliale verbracht habe, bin immer bleicher im Gesicht und immer runder um die Hüften geworden. Auch meine knappen 1,70 m tragen nicht gerade dazu bei, mich besonders respekteinflößend wirken zu lassen. Es heißt also David gegen Goliath, wenn ich Lipings Vater zum ersten Mal begegne.

Aber so wie das alte chinesische Sprichwort sagt, sollte man sich von den Tigern auf dem Berg nicht abschrecken lassen, wenn man die gute Aussicht genießen will. Die Aussicht darauf, bald mit Liping zusammen zu sein, lassen mich die Gefahren, die vom Tiger namens Alter Zhu ausgehen, für einen Moment vergessen.

»Liping, wir schaffen das schon«, habe ich vor dem Abflug betont selbstbewusst versprochen. »Wir haben jetzt zehn Stunden Zeit, um uns etwas zu überlegen, und wenn ich in Shanghai bin, werden wir den alten Tiger schon zähmen.«

Trotz stundenlangem Haareraufen ist außer einer total ruinierten Frisur nichts dabei herausgekommen. Aber ich brauche unbedingt eine Idee für die erste Begegnung mit dem Tiger und bald wird der Captain den Sinkflug einleiten. Von den Nudeln mit Rindfleisch in der Aluschale, die man bei näherer Betrachtung geruchlich und geschmacklich auch ohne Weiteres für Reis mit Hühnchen halten kann, habe ich kaum einen Bissen herunterbekommen. Außer ein paar hastig wiederholten Chinesischvokabeln ist mein Kopf wie leergefegt. »Huhn« heißt auf Chinesisch offenbar auch »weibliche Prostituierte« und »Ente« auch »männliche Prostituierte«. Ich blicke skeptisch auf das Rindfleisch oder eben Huhn in meiner Aluschale. Jetzt bekommt meine Abneigung gegen das Essen nochmal eine neue Dimension.

Als sich wenig später die Pforten der Gepäckhalle öffnen, blendet mich die gerade aufgehende Shanghaier Sonne, die durch die große Glasfront des Flughafengebäudes ihre Wärme verstrahlt. Ich blinzele kurz, und als ich im Sonnenlicht Liping ganz vorne in der Reihe der Wartenden erblicke, ist in meinem Hirn nur noch Platz für sie. Ich will ihr durch die kurzen Haare streicheln und die kleinen Lachfältchen betrachten, die besonders dann hervortreten, wenn sie mich böse anguckt. Jetzt allerdings reißt sie ihre tiefschwarzen Augen auf und winkt hektisch.

»Thomas!«, ruft sie aus vollem Herzen.

»Liping!«, schmettere ich genauso erfreut zurück.

»Wo ist dein Gepäck?«, stößt sie hervor. Da merke ich, dass sie nicht nur vor Freude so laut gerufen hat. Ich blicke sie an, dann meine leeren Hände. Vor lauter Aufregung habe ich meine Koffer auf dem Gepäckband liegen lassen.

»Komm her, mein kleiner Dicker«, sagt Liping später im günstigen, aber sauberen Hotelzimmer und drückt mich fest an sich. Dann breitet sich auf ihrem Gesicht ein Wir-schaffen-das-schon-Grinsen aus. Auf dem Briefpapier des Hotels zeichnet sie mit Bleistift energisch ihren Plan für unsere Eroberung der Familie Zhu auf, den sie in den letzten Stunden entwickelt hat. Dieser steht den Plänen Dschingis Khans zur Eroberung Asiens und Europas in Sachen Taktik und Cleverness in nichts nach.

Meine zaghaft vorgebrachte Idee, mich mit Perücke und Sonnenbrille erstmal als Chinese in die Familie einzuschleusen und dann später, nachdem ich durch meinen mir angeborenen Charme alle für mich gewonnen habe, die Verkleidung abzuwerfen und meine wahre deutsche Identität zu präsentieren, lehnt Liping augenrollend ab.

»Als Erstes müssen wir meine Mama von dir überzeugen. Ich habe ihr gesagt, dass wir heute zum Abendessen kommen. Mein Vater isst zum Glück heute außerhalb mit seinen Freunden.«

Vom Bett aus beobachte ich, wie sie am schmalen Schreibtisch sitzt und Notizen auf das Papier kritzelt.

»Zunächst einmal sollten wir überlegen, wie du sie anredest.«

»Vielleicht einfach mit ihrem Namen?«

»Untersteh dich, jemals eine ältere Chinesin mit dem vollen Namen anzureden. Das ist sehr respektlos!«, sagt sie streng. Da sind sie wieder, die schönen Lachfältchen.

Die vielen chinesischen Anreden können für einen unbedarften Deutschen ganz schön verwirrend sein. Man kann Leute mit »Lehrer«, »Meister«, »Bruder« ansprechen oder in Kombination mit dem Familiennamen, also z.B. »Kleiner Wang«. All dies kommt jetzt für mich nicht infrage.

»Wie wäre es denn mit *ayi*, also Tante?«

»Auf keinen Fall! Wenn du meine Mutter als alte Frau darstellen möchtest, dann kannst du gerne *ayi* sagen. Wenn wir aber den kleinsten Hauch einer Chance haben wollen, sie von dir zu überzeugen, dann lass es lieber bleiben.«

Wenn es bei Lipings Mutter ein Tabu gibt, dann ist es offenbar das Alter. Wie ich höre, investiert sie Unmengen an Geld in Hautpflegeprodukte, schützt sich im Sommer mit einem Schirm vor schädlicher Sonneneinstrahlung, geht nur im Ganzkörperbadeanzug ins Meer und hat eine Figur, die, ihren Fotos nach zu urteilen, so manch eine Mittzwanzigerin neidisch machen könnte.

Nach langem Hin und Her entscheiden wir uns für die Anrede »Große Schwester«. Das bringt den nötigen Respekt mit und schmeichelt auch ihrem Alter.

Die Verwandtschaftsbezeichnungen im Chinesischen finde ich noch komplizierter als die Anreden. Innerhalb der Familie gibt es nicht nur Bruder und Schwester, sondern es wird auch nach Reihenfolge und Alter unterschieden. So heißt der große Bruder *gege* und der kleine Bruder *didi*.

Um die Sache noch komplizierter zu machen, hat Liping die glorreiche Idee, dass ich die Begrüßung auf Shanghainesisch machen soll.

»Warum denn das?«, frage ich verzweifelt. Ich habe schon Schwierigkeiten, mir die normalen chinesischen Vokabeln ins Gehirn zu prügeln. Und Shanghainesisch hat mit Mandarin genauso viel Überschneidung wie Hamburger Platt mit Niederbayrisch. Nämlich praktisch keine.

»Sie wird begeistert sein! Nicht einmal die kleinen Kinder hier können mehr vernünftig Shanghainesisch sprechen. Und wenn du das als Ausländer einigermaßen hinbekommst, dann haben wir sie sofort auf unserer Seite.«

»Na gut, dann machen wir das halt so.« Mit ein wenig Magengrummeln stimme ich zu. Ich ahne bereits, dass sich diese Idee als fatal herausstellen könnte.

Der zweite Schritt ist die Auswahl der Geschenke. Die Schwarzwälder Kuckucksuhr, die ich als typisch deutsches Geschenk mitgebracht habe, entsorgen wir im nächsten Mülleimer. Geduldig erklärt mir Liping, dass man das Verschenken von Uhren in China, insbesondere an ältere Menschen, folgendermaßen in Worte fassen könnte:»Hey Alter, hier eine Uhr für dich zur Erinnerung daran, dass deine Zeit bald abgelaufen ist. Also, genieß die restlichen paar Jahre, die dir noch geblieben sind!« Das wäre in anderen Worten exakt das Geschenk, das mich genauso schnell aus der Wohnung meiner Freundin heraus befördern würde, wie ich hineingekommen bin.

Zu meinem Erstaunen machen wir uns auf den Weg zu dem einzigen geöffneten lokalen Markt in der Nähe. Es ist Anfang Februar und das wichtigste Fest des Jahres steht vor der Tür: Chinesisch Neujahr oder auch Frühlingsfest genannt. Die meisten Straßenstände und Geschäfte sind bereits geschlossen, da die Händler zurück in die Heimat gefahren sind, um das Fest mit ihren Familien zu begehen.

In dem grauen Betonbau, den wir ansteuern, knubbeln sich unzählige Markstände, die alles anbieten, was die Shanghaier Hausfrau so braucht. An den Gemüseständen gibt es neben den auch uns Deutschen bekannten Kartoffeln, Karotten und Brokkoli unzählige Arten von grünem Gemüse, die mich alle an Spinat erinnern, aber unterschiedliche Namen haben. Da ich seit der Ankunft in Shanghai vor lauter Verliebtheit (oder ist es doch Nervosität?) noch nichts zu mir genommen habe, macht mir der Geruch, der uns aus dem Gebäude entgegenwabert, zu schaffen. Vor allem aus der Ecke, in der frisches Geflügel und Fisch verkauft werden. Das ist genau die Ecke, auf die Liping zielsicher zusteuert.

»Frisch« hat in China eine ganz andere Bedeutung als in Deutschland. Für mich ist die Forelle auf dem deutschen

Wochenmarkt schon das höchste aller Gefühle in Sachen »frisch«. Hier in China werden Hühner lebend gekauft und dann vor Ort geschlachtet, gerupft und ausgenommen. »Frischer« Fisch wird lebend aus dem Becken entnommen, in eine Tüte verpackt und mit einem gezielten Schlag auf den Kopf küchenfertig gemacht. Daher weht mir der Geruch von Innereien, tierischen Ausscheidungen und Schlachtabfällen entgegen, als Liping mich entschlossen zu dem Stand mit den Hühnern und Enten zieht.

»Liping, was machen wir hier? Wollten wir nicht Geschenke für deine Mama kaufen?«

Sie zwinkert mir zu, und mein Versuch, ihr cool und gelassen zurückzuzwinkern, scheitert an dem sauren Geschmack, der mir plötzlich aus der Kehle aufsteigt.

»Eine Taube bitte und das Huhn dahinten, das sieht schön fett aus.«

»Das gibt eine schöne Hühnersuppe«, sagt die Marktfrau, die, ihren kräftigen Oberarmen und dem rotwangigen Gesicht nach zu urteilen, nicht nur Hühnern, sondern wahrscheinlich auch Schweinen und Ochsen ohne Weiteres den Hals umdrehen könnte. So schnappt sie sich beherzt das zappelnde und gackernde Huhn und fängt vor unseren Augen an, es hühnersuppenfertig zu machen.

Das gibt mir den Rest. »Ich warte draußen auf …« Weiter komme ich nicht und erbreche meinen dürftigen Mageninhalt vor den Markstand. Die Marktfrau reicht mir lachend ein Tuch: »Du bist nicht der erste Ausländer, der den Besuch hier nicht verträgt.« Und zu Liping gewandt feixt sie: »Hühner mag dein Liebster schon mal nicht. Wenn das kein gutes Zeichen ist.«

Huhn, Prostituierte, schon klar. Den Witz habe ich immerhin verstanden, denke ich ermattet. Und wie aus weiter Ferne höre ich Lipings Stimme:

»Komm Schatz, heute ist *der* Tag, da musst du dich schon ein bisschen zusammenreißen. Aber gut, dass dein Magen jetzt leer ist. Wenn Du willst, dass meine Mutter dich mag, musst Du alles aufessen, was sie dir vorsetzt. Und glaub mir, sie ist sehr großzügig.«

Wenig später sitzen wir im Auto auf dem Weg zu Lipings Familie, und während ich auf die Geschenke blicke, beschleicht mich das Gefühl, dass ich die Kuckucksuhr doch nicht hätte wegschmeißen sollen. Neben dem Huhn haben wir noch eine frische Taube und zwei frische Dorsche erstanden. Ein Kilo weniger frische Bananen vervollständigt diesen ungewöhnlichen Geschenkkorb.

»Jetzt kann nichts mehr schiefgehen. Papa ist nicht da. Da können wir uns ganz auf meine Mutter konzentrieren. Wir ziehen sie auf unsere Seite, und dann heißt es: drei gegen einen!«, plappert Liping fröhlich und manövriert uns an unzähligen Hochhäusern vorbei durch volle Straßen in Richtung Zuhause.

»Super Plan, was ist denn meine Aufgabe?« Ganz unauffällig klammere ich mich an den Türgriff.

»Du sagst am besten so wenig wie möglich, aber einige Sachen musst du dir merken. Meine Mama ist die jüngste 50-Jährige, die du je gesehen hast, ihre Haut ist so weiß, dass jede Perlenkette gelb vor Neid wird, und ihre Figur ist sogar hübscher als meine.« Sie beugt sich zu mir herüber und warnt mich mit blitzenden Augen: »Meine Mutter ist die einzige Frau, der du solche Komplimente machen darfst, besonders das mit der Figur.«

Immer wieder murmele ich die geplante Begrüßung auf Shanghainesisch vor mich hin. »Hallo, große Schwester. Du bist heute besonders hübsch. Hier sind ein paar Geschenke für dich.« Das ist der wichtigste Teil, alles andere wird schon funktionieren. Aber dieses Shanghainesisch ist verflixt schwierig. Wenn es nicht mal die Kinder hier hinbekommen, wie soll ich das dann schaffen? Nervös kaue ich auf meiner Unterlippe und beobachte Liping unauffällig. Trotz unseres großartigen Planes kann ich ihr die Nervosität ansehen, und da sie sowieso im Shanghaier Verkehr darauf achten muss, immer im richtigen Moment anderen die Vorfahrt zu nehmen, will ich sie nicht noch mit Nachfragen nach der richtigen Aussprache belästigen. »Huhn« hallt es in meinem Kopf nach, »Prostituierte« und »Hühner mag er schon mal nicht«. Jetzt nur nicht die Nerven verlieren, Thomas, Konzentration! »Hallo, große Schwester! Hallo, große Schwester!«

In einer dunklen Ecke der Tiefgarage finden wir einen Parkplatz und gehen von dort aus zum Aufzug. Dieser ruckelt gemächlich hoch in den 15. Stock. »Hallo, große Schwester! Hallo ...« Wir treten aus der Aufzugstür und stehen im Flur vor der Wohnung.

»Wie war das nochmal mit ...?«, flüstere ich Liping zu. Doch bevor ich die Frage zu Ende stellen kann, fliegt die Wohnungstür auf und Lipings Mutter steht leibhaftig vor mir. In meinem Gehirn flattern Hühner und Enten aufgeregt durcheinander. »Ladies first«, schießt es mir durch den Kopf. Also schiebe ich Liping vor mich in Richtung Wohnung und halte mit der anderen Hand ihrer Mutter den Geschenkkorb samt Hühnchen vor die Nase. Als keiner etwas sagt, kann ich nicht mehr an mich halten und es platzt aus mir heraus: »Hallo, älterer Bruder! Du bist heute aber hübsch. Hier ist dein Huhn!«

Lipings Mutter sieht erst mich und dann ihre Tochter fassungslos an. Dann verzieht sich ihr Gesicht zu einem breiten Lachen. »Hat man sowas schon mal gehört!«, bricht es aus ihr hervor, ›Hier ist dein Huhn‹. Der Ausländer hat Humor. Komm rein!«

Neben Lipings Mutter sind noch drei andere Damen mittleren Alters anwesend, die sich offenbar köstlich über mich amüsieren.

»Das sind meine Tanten«, raunt Liping mir zu. »Ich hatte keine Ahnung, dass sie kommen.« Wahrscheinlich hat ihre Mutter sie zum Auswahlkomitee einberufen, um gemeinsam mit ihnen meine Tauglichkeit zum möglichen zukünftigen Schwiegersohn zu beurteilen.

Als erste drückt mich eine vollbusige, untersetzte Dame mit dick aufgetragenem roten Lippenstift und einer Herzlichkeit, die ich bei Chinesen gegenüber Fremden nie für möglich gehalten hätte, an sich. Sie stellt sich als *guma* vor, was die Bezeichnung für die ältere, verheiratete Schwester des Vaters ist. Die Frau des jüngeren Bruders der Mutter, die *jiuma*, schüttelt mir distanziert die Hand und die *dayima*, die ältere Schwester der Mutter, winkt mir von ihrem Platz aus zu und zeigt einladend auf ein Schälchen mit getrockneten Bohnen und gesalzenen Rindfleischstückchen.

»*Dayima* heißt auch Menstruation, exakt in der gleichen Schreibweise und Aussprache.« Glucksend klärt mich die *guma* über dieses Wortspiel auf, während sie mit Blick in den kleinen gold-verzierten Taschenspiegel ihren roten Lippenstift nachzieht. Ach du Schande, denke ich. Wenn Liping mal zu mir sagt: »Meine *dayima* ist gekommen«, wie soll ich dann künftig wissen, ob ich das Teewasser für den Besuch aufsetzen oder für sie zum Drogeriemarkt fahren soll?

Da reißt mich die *jiuma* aus meinen Gedanken, indem sie sich mir zuwendet, sich räuspert und scheinbar beiläufig fragt: »Wie viel verdienst du denn im Monat so?«

Vor Schreck bleibt mir eine Bohne im Hals stecken, und ich spüre, wie ich rot anlaufe. Einerseits habe ich mit so einer Frage wirklich nicht gerechnet und außerdem keine Ahnung, wie ich mit meinen rudimentären Chinesischkenntnissen den Tanten erklären soll, dass ich von 378 Euro Bafög im Monat lebe (ich weiß ja nicht einmal, was Bafög ausgeschrieben auf Deutsch heißt, geschweige denn auf Chinesisch). Andererseits bekomme ich wirklich keine Luft mehr, weil die getrocknete Bohne in meiner Luftröhre steckt. Das erkennt nun die *guma*. Sie klappt den Spiegel zu, springt für ihren Körperbau erstaunlich behände vom Sofa auf, schleudert mich einmal um die eigene Achse, hebt mich von hinten an und drückt so fest sie kann zu. So findet nicht nur die Bohne ihren Weg wieder hinaus, sondern auch die zwei Liter warmen Wassers, die ich seit meiner Ankunft aus Höflichkeit zu mir genommen habe.

Soviel habe ich bei meinen Aufenthalten in China schon gelernt. Heißes Wasser ist *das* Allheilmittel. Es hilft gegen Erkältung, Depression und auch bei Menstruationsbeschwerden. Es ist einfach die beste Wahl zu jeder Tages- und Jahreszeit, davon ist jeder Chinese fest überzeugt. Auch all meine ausländischen Freunde in China lernen früher oder später das ungewöhnlich einfache und doch so befriedigende Getränk lieben. Jetzt aber verfluche ich es. Der teure Seidenbezug des Sofas ist völlig durchnässt und ich würde am liebsten durch eine Klappe im Boden verschwinden. Die Tanten strahlen: »Schnell, hol dein Handy raus, das muss ich meinem Enkel zeigen, der wird sich totlachen!«

Liping, die eben noch zusammen mit ihrer Mutter in der Küche zugange war, aber die Frage wohl gehört hat, kommt herbeigelaufen, baut sich vor den Tanten auf, die inzwischen ihre letzten Lachtränen weggewischt haben, und sagt resolut: »Damit das ein für alle Mal klar ist: Thomas ist ein armer Student, hat keine Arbeit, keine Wohnung, fährt weder BMW noch Mercedes, sondern meistens Fahrrad. Aber wir lieben uns, egal was ihr denkt!«

Nach einer peinlichen Stille fangen die Tanten an, wild durcheinander zu reden.

»Aber ja natürlich!«

»So war das auch gar nicht gemeint!«

»Hauptsache, ihr seid glücklich!«

Triumphierend grinst mich Liping an, als die *guma* noch nachsetzt: »Und so wie ich Thomas einschätze, ist er fleißig genug, dass es auch irgendwann für einen BMW reichen wird.«

Inzwischen ist aus meinem Huhn in der Küche tatsächlich eine leckere Hühnersuppe geworden. Wir setzen uns an den Holztisch und schlürfen die warme Brühe mit Genuss. Die Taube hat meine Schwiegermutter in Sojasauce gedünstet und sie direkt vor meine Schale mit Reis gestellt.

»Hier, die ist sehr nahrhaft. Ich tu dir direkt etwas in die Schale. Woher wusstest du, dass ich so gerne Taube mag?«

Liping blinzelt mir zu und sagt: »Thomas hat von Anfang an darauf bestanden, dir eine Taube zu kaufen. Er meinte, die wird dir bestimmt schmecken.«

»Wie lieb, Thomas«, strahlt Lipings Mutter. »Los, greif zu.«

Ich hatte insgeheim gehofft, dass sie die Taube selbst essen und ich lediglich ein bisschen an der Sojasauce nippen würde. Denn bisher waren Tauben für mich nur die Ratten der Lüfte und damit auf der Liste meiner Lieblingsessen ganz weit unten. Das lasse ich mir natürlich nicht anmerken, als Lipings Mama die halbe Taube samt Kopf auf dem Reis in meiner Schale platziert. Um mich von dem sauren Geschmack abzulenken, der schon wieder meine Kehle hochsteigt, kneife ich mich selber in den Oberschenkel und sage mir innerlich:

»Thomas, es dient höheren Zielen. Gib dir einen Ruck.«

Und so mache ich mich daran, die halbe Taube auseinanderzunehmen. Da ich dazu weder Messer noch Gabel zur

Verfügung habe, sondern nur zwei Holzstäbchen und einen Porzellanlöffel, sorge ich mit meinen Essversuchen für Heiterkeit bei der versammelten Damenrunde. Wider Erwarten schmeckt die Taube allerdings ganz gut. Das Dünsten hat das Fleisch zart gemacht. Die salzige Sojasauce und der Zucker, der in keinem Shanghaier Gericht fehlen darf, geben dem Fleisch einen eigenartigen, aber durchaus würzig-leckeren Geschmack.

»Schau mal, Thomas hat alles aufgegessen, Mama«, ruft Liping ihrer Mutter zu, die schon wieder in der Küche hantiert. Das stimmt – fast. Den Taubenkopf habe ich unauffällig in zwei Taschentücher gewickelt und beim Toilettengang in den Mülleimer entsorgt. Lipings Mutter kommt zurück aus der Küche an den Esstisch, wischt sich ihre Hände an der Schürze ab und nickt mir wohlgesonnen zu:

»Wenn du Taube so gerne magst, koche ich beim nächsten Mal zwei. Eine für uns und eine für dich ganz alleine.«

Nachdem die Schüsseln abgeräumt sind, kramt die *guma* raschelnd in ihrer roten Plastiktüte und zieht eine Flasche mit klarem Inhalt hervor. Mit einem Knall stellt sie diese in die Mitte des Holztisches.

»Das ist unser Nationalgetränk, *baijiu*, ›weißer Alkohol‹«, verkündet sie stolz. »Er ist gut für die Verdauung und gut für die Stimmung.« Dann gießt sie den Klaren, dessen Geruch mich stark an Korn erinnert, so beherzt in kleine Schnapsgläser, dass sich viele Pfützen auf dem Tisch bilden. Erwartungsvoll blitzen mich vier Augenpaare an, und mir will der kalte Schweiß ausbrechen. Ich bin nicht gerade der Typ Mann, der durch seine Trinkfestigkeit glänzt. Jede Einzelne der anwesenden Damen wird mich mit Leichtigkeit unter den Tisch trinken. Flehentlich blicke ich zu Liping.

Noch bevor alle Schnapsgläser gefüllt sind, erhebt sie sich feierlich und setzt eine traurige Miene auf:

»Ich muss euch noch etwas Wichtiges sagen. Für mich ist Thomas der perfekte Mann. Doch von klein auf hat er ein körperliches Leiden. Seine Leber hat eine eingeschränkte Funktionalität, der kleinste Tropfen Alkohol könnte ihn ins Koma versetzen. Ich hoffe, ihr könnt das verstehen.« Theatralisch wischt sie sich eine imaginäre Träne aus dem Augenwinkel, und ich kann sie nur mit offenem Mund anstarren. Genauso wie die Tanten habe ich heute zum ersten Mal von dieser Unverträglichkeit gehört. Als ich verstohlen in die Runde äuge und die mitleidigen Blicke der Tanten ernte, applaudiere ich Liping innerlich. Wie kann sie nur so clever sein?

»Eingelegte Tausendfüßler!«, ruft auf einmal die *guma* so eifrig, als hätte sie soeben beim Bingo gewonnen. »Die sind das Beste, was die Chinesische Medizin für die Leber zu bieten hat. Hier, zufällig habe ich ein Pfund dabei. Du musst täglich eine Handvoll mit Ingwer und Knoblauch aufkochen und zwei Gläser von dem Saft trinken. Mein Mann, der alte Säufer, trinkt das jeden Tag und hat wieder eine Leber wie ein 20-Jähriger. Bis zu eurer Hochzeit wird alles wieder gut, und dann holen wir das nach, was du heute verpasst.«

An »Hochzeit« habe ich bisher noch gar nicht gedacht. Ich bin schon froh, dass der erste Abend im Kreise von Lipings erweiterter Familie bisher glimpflich verlaufen ist. Doch wenn die *guma* von Hochzeit spricht, heißt das ja, dass sie mich gewissermaßen akzeptiert. Oder? Während ich noch mit gemischten Gefühlen über die Bemerkung nachgrübele, drückt die *guma* mir auch schon den gelben Plastikbeutel mit den Insekten in die Hand. Dann schnappt sie sich ein Schnapsglas und stößt mit den anderen Tanten an. Im Nu ist die Flasche geleert und Liping will mich zurück ins Hotel bringen.

»Große Schwester, vielen Dank für das fantastische Essen!«

»Ach Quatsch«, winkt Lipings Mutter erfreut ab. »Das war heute das schlechteste Essen, das ich je gemacht habe. Warte mal, bis ich einen guten Tag habe, dann zeige ich dir, wie gut ich wirklich kochen kann. Es tut mir leid. Ich hoffe, du bist wenigstens ein bisschen satt geworden.«

»Satt ist gar kein Ausdruck, Schwester. Und außer, dass du gut kochen kannst, siehst du auch umwerfend aus. Liping hat wirklich nicht zu viel versprochen. Du bist sogar viel jünger, hübscher und schlanker als auf allen Fotos, die ich von dir gesehen habe.«

»Ach was, jetzt hör aber auf. Jeden Morgen erschrecke ich mich zu Tode, wenn ich die alte, dicke Frau im Spiegel sehe. Naja, dann macht's mal gut!«

Liping zeigt nochmal wortlos in Richtung Wohnzimmer, wo die Tanten mit mittlerweile geröteten Gesichtern sitzen und plaudern.

»Macht's gut!«, rufe ich ihnen zu.

»Auf Wiedersehen!«

»Wiedersehen!«

»Fahrt vorsichtig!«

»Machen wir!«

»Soll ich euch noch etwas für den Weg einpacken?«

»Nein Mama, das brauchst du nicht!«

»Entschuldigt nochmal!«

»Alles gut!«

»Es ist kalt, macht die Jacken zu.«

»Ja, machen wir.«

»Ich mach euch noch einen Tee für den Weg.«

»Das ist wirklich nicht nötig, Mama.«

»Naja, gut, dann fahrt vorsichtig. Fahrt langsam. Es ist schon dunkel.«

So langsam verliere ich die Geduld und zupfe Liping am Ärmel.

»Sag ihr nochmal, wie lecker das Essen war«, flüstert sie mir ins Ohr. Da fällt plötzlich jegliche Scheu von mir ab, und ohne die geringste Sorge, ich könnte es vielleicht übertreiben, gebe ich alles:

»Große Schwester, ich wünschte, dass ich meinen Verdauungsmechanismus für zwei Tage aussetzen könnte, nur um von den Delikatessen zu zehren, die ich heute zu mir genommen habe. Nie wieder im Leben werde ich solche Gaumenfreuden erleben können.«

»Du alter Heuchler«, mahnt mich meine innere Stimme. Aber Lipings Mutter winkt beschämt ab und lächelt geschmeichelt, während ich erschöpft in den Aufzug sinke. Als sich dessen Tür mit einem Piepen schließt, höre ich die *guma* uns noch hinterherrufen: »Denk an die Tausendfüßler! Jeden Morgen zwei Tassen!«

Liping strahlt mich an. »Das ist ja wirklich gut gelaufen. Hast Du bemerkt, wie sehr sie dich alle mögen? Jetzt haben wir vier Verbündete mehr im Kampf gegen den Tiger!«

In der Tiefgarage ist die Beleuchtung inzwischen ausgefallen, abgesehen von zwei schummrigen Glühlampen, die an einem vereinsamten Kabel von der Decke baumeln. Außer dem Quietschen unserer Gummisohlen auf dem feuchten Tiefgaragenboden und dem Klirren der Autoschlüssel in Lipings Hand ist alles still. Plötzlich hören wir raue Männerstimmen, und einige Schatten bewegen sich langsam in unsere Richtung. Ohne uns abzusprechen, bleiben wir auf der Stelle stehen und versuchen im Dunkeln auszumachen, wer uns da entgegenkommt. Es müssen mindestens vier, fünf Männer mittleren Alters sein. Ein kräftiger Typ mit dunklem Haar und ebenso dunkler Haut scheint die Gruppe anzuführen. Als sie uns so nah sind, dass man die Stimmen deutlich vernehmen kann, drückt Liping meine Hand so fest, dass ich aufschreien möchte. Sie presst aber ihre andere Hand auf meinen Mund und versucht, mich hinter einen schwarzen amerikanischen Geländewagen zu schieben. Doch bevor wir hinter dem Wagen abtauchen können, zeigt einer der Männer mit seinem kurzen, dicken Zeigefinger in unsere Richtung. Es ist ein untersetzter Glatzkopf, der trotz der begrenzten Sichtverhältnisse in der Tiefgarage seine Sonnenbrille nicht abgenommen hat.

Jetzt marschiert der Anführer der Gruppe direkt auf uns zu. Ich kann nicht mehr unterscheiden, ob das schnelle Pochen das Geräusch seiner Stiefelabsätze auf dem Betonboden ist oder das Schlagen meines Herzens.

Als er sich uns bis auf einen halben Meter genähert hat, blicke ich zu ihm auf. Die Glühbirne über uns wirft ihr fahles Licht direkt auf ihn. Es spiegelt sich in der Goldkette wider, die um seinen Hals baumelt. Er hat seinen Mund leicht geöffnet und die weißen Zähne aufeinandergebissen. Doch am markantesten ist sein durchdringender Blick, der mich spontan mit einem leichten Anflug von Übelkeit an das grausige Schicksal des Huhns am Morgen denken lässt.

»Was zum Teufel machst du hier mit meiner Tochter?«

女人能顶半边天

FRAUEN TRAGEN DIE HÄLFTE DES HIMMELS

Sechs Monate vorher

Nein, als ich im August des Vorjahres in Shanghai ankam, hätte ich nie gedacht, dass ich mich einmal hier verlieben würde – mit all den Gefahren, die das mit sich brachte.

Dass ich überhaupt auf dieser Studentenparty war, grenzte an ein Wunder. Ich, der ich am liebsten zu Hause meine Nase in Bücher stecke, sollte auf einmal mit Leuten aus anderen Ländern und womöglich auch des anderen Geschlechts Small Talk halten? Außerdem kommt hinzu, dass in den Shanghaier Sommermonaten eine unglaublich schwüle Hitze herrschte. Ich trug weite T-Shirts und kurze Hosen, die außerhalb meines klimatisierten Studentenzimmers sofort völlig durchnässt waren.

»Anja«, wimmerte ich meine Bochumer Kommilitonin an. Obwohl sie laut Hausregeln natürlich nicht hier in dem Männertrakt sein dürfte, hatt sie sich mit einem Lächeln an dem Portier vorbeigeschlichen. Ihr Ziel war es, mich zu überzeugen, mit auf die Party zu kommen und bei der Gelegenheit ungestört mein Badezimmer zu benutzen. Ihre Zimmergenossin hatte sie, nachdem sie eine Stunde ihr Bad blockiert hatte, rausgeworfen. »Ich habe kein einziges Kleidungsstück dabei, das für eine Party geeignet wäre.« »Nichts da«, rief sie ungerührt herüber, »ich kann da unmöglich allein aufkreuzen. Also stell dich nicht so an!«

Ich zog ein zerknittertes Hemd hervor und versuchte es erfolglos glattzustreichen. Zusammen mit einer kurzen dunkelblauen Hose war das karierte Kleidungsstück das schickste, womit ich aufwarten konnte. Jetzt brauchte ich nur noch vernünftige Schuhe. In den Sommermonaten hatte ich tagtäglich nur ein einziges Paar Schuhe an: meine Plastik-Flipflops, das einzige Schuhwerk, das die schwüle Hitze Shanghais erträglich machte. Aber mit denen konnte ich unmöglich auf einer Party aufkreuzen. Zu meinem Glück gab es vor unserem Wohnheim unzählige Straßenstände. Neben dem Stand mit dem gegrillten Knoblauch-Tintenfisch und dem gebratenen Reis fand ich einen Händler, der einen Berg Schuhe vor sich aufgetürmt hatte. »Nur die beste Qualität!«, versicherte er mir. Auch wenn ich ihm das bei dem Preis von umgerechnet 3,50 Euro keineswegs abnahm, entschied ich mich für ein Paar grüne Sneakers. Wir liefen zu Fuß zur Party und leider merkte ich erst viel zu spät, wie schlecht durchlüftet mein neues Paar Schuhe war.

Als wir bei der Party ankamen, dünsteten meine Füße bereits Gerüche aus, die denen eines Limburger Käses in nichts nachstanden. Anja verschwand gleich zwischen den trinkenden und im Takt der Musik wippenden Partygästen. Ich ärgerte mich über sie. Wofür hatte sie mich denn überhaupt hierhin gezerrt? So strolchte ich allein zwischen den Feiernden durch die Partywohnung. Ich steckte abwechselnd jeweils einen Fuß durch die offene Balkontür in der Hoffnung, der Wind würde die ausströmenden Düfte davontragen. Als ich dort an der Balkontür auf einem Bein stand, sah ich sie: Sie war wunderschön, mit wildem, kurzem Haar, dessen glänzendes Schwarz sich gegen das leuchtende Gelb ihres Kleides abhob. Ihre Hüften wirkten schmal, doch nicht zerbrechlich, und ihre Augen leuchteten jeden an, den ihre Blicke trafen.

Ich spürte, wie das Blut in meinen Kopf schoss, und wusste sofort, dass dessen Farbe nun auf Rot umgesprungen war wie eine Ampel. »Mann, ist das eine tolle Frau. Einfach der Wahnsinn«, dachte ich. »Schade nur, dass jemand wie ich nie das Herz von einer Frau wie ihr erobern kann.« Im selben Moment schaute sie mich an und kam direkt auf mich zu.

»Lass uns tanzen!«, forderte sie mich auf Englisch auf.

Ich stellte mich auf beide Beine, räusperte mich und krächzte: »Schau mich mal an, ich kann noch nicht einmal vernünftig geradestehen, geschweige denn tanzen.«

»Ach was«, winkte sie ab. »Da gibt es keine Regeln. Du musst einfach deine Hüften schwingen. Ich zeig's dir!«

Mit diesen Worten packte sie mich ungewöhnlich kräftig am Arm und wir suchten uns eine freie Stelle zwischen den tanzenden, trinkenden und lachenden Partygästen. Sie schloss die Augen und fing an zu tanzen. Ich stand da wie versteinert. Dann versuchte ich, sie zu imitieren. Hüften schwingen. Wenn das nur so einfach wäre! Ich musste mich doch ganz darauf konzentrieren, diesen Moment in mich aufzusaugen, da ich so einer fantastischen Frau gegenüberstand, die sich morgen ohnehin nicht mehr an mich erinnern würde.

Irgendwann bemerkte ich, dass sie meine Hand nicht mehr losließ. Den ganzen Abend wirbelte sie um mich herum, erzählte mir Witze und war einfach nur bezaubernd. Auch wenn andere, in meinen Augen deutlich attraktivere Männer versuchten, ihre Aufmerksamkeit auf sich zu lenken, wich sie nicht von meiner Seite. Das verwirrte mich, bis mir ganz schwummrig wurde.

Aber unsterblich verliebte ich mich in sie erst, als wir die Hausparty verließen. Mittlerweile hatte sie mir ihren Namen verraten. Liping. Sie hatte sich lachend über ihre Eltern beschwert, die ihr diesen altmodischen Namen verpasst hatten, der in etwa das chinesische Pendant zu »Gertrude« war. Doch in meinen Ohren klang er wie Musik. Liping. Und außerdem war er für mich Deutschen (im Unterschied zu den meisten anderen chinesischen Namen) einfach auszusprechen. Nach der Party machten wir uns auf den Weg in einen der vielen Clubs der Stadt. Kurz bevor wir die Wohnung verließen, verschwand Liping in der Toilette und kam wie verwandelt wieder heraus. Das Kleid hatte sie gegen eine kurze Hose und ein T-Shirt ausgetauscht, die hochhackigen Schuhe gegen bequeme Sneakers. Mit einem Lachen sagte sie: »So, jetzt habe ich alle

Männer beeindruckt, da kann ich mir auch was Gemütliches anziehen.« Da war es um mich geschehen. Ich hatte schon gelernt, dass die Chinesen den Frauen zutrauten, die Hälfte des Himmels zu tragen. Doch ich war mir sicher, dass Liping mindestens den ganzen Himmel, wenn nicht sogar die Erde stemmen konnte. Sie war einfach perfekt.

An die nächsten Stunden kann ich mich nur noch verschwommen erinnern. Wir tanzten in einem der vielen Kellerclubs Shanghais, bis uns schwindelig wurde, und lachten über Dinge, die man nur zu später Stunde und unter Alkoholeinfluss witzig findet. Als sie mich am frühen Morgen mit dem Taxi vor meinem Wohnheim absetzte, verabschiedete sie sich mit einem Kuss auf meine schweißnasse Stirn. Dann verschwand der grüne VW Santana mit ihr in der Dunkelheit, und ich stand wahrscheinlich noch eine Stunde lang regungslos da. Auch wenn die roten Rücklichter des Taxis längst nicht mehr zu sehen waren, starrte ich unentwegt in die Richtung, in der sie davongefahren waren.

Der Straßenfeger, der vor der Morgendämmerung die Straße vom Müll der Nacht befreite, beäugte mich von allen Seiten. Dass ein untersetzter weißer Ausländer morgens in der Frühe am Straßenrand steht und wie ein Ochse unentwegt in eine Richtung glotzt, erlebte er wahrscheinlich nicht alle Tage. Er kramte in der Tasche seines einteiligen blauen Stoffanzuges, der mit neongelben Streifen überzogen war, und förderte eine weiße Packung »Bambus«-Zigaretten zutage, die man am Kiosk um die Ecke für knapp einen Euro erstehen konnte. Dass ich dankend ablehnte und immer noch keine Anstalten machte, meinen Wachposten mitten auf einer dunklen Straße Shanghais aufzugeben, schien ihn zu beunruhigen. Mit einem besorgten Gesichtsausdruck schraubte er quietschend den Deckel seiner Thermoskanne auf und bot mir einen Schluck heißes Wasser an.

»You o.k.?«

Ich nahm dankbar einen großen Schluck, verbrannte mir die Zunge, gab ihm aber mit einer höflichen Verbeugung die kleine metallene Kanne zurück. Das heiße Wasser, das glühend durch meine Kehle rann und sich im Magen zu dem Alkohol des vergangenen Abends gesellte, hatte mich zurück in die Realität befördert. Ich rieb meine Augen und klatschte mir rechts und links einmal auf die Wange. Auf einmal spürte ich die Erschöpfung. Das stundenlange Tanzen an der Seite dieser chinesischen Schönheit hatte mich ziemlich geschlaucht. Ich brauchte jetzt Schlaf.

Die ereignisreiche Nacht besiegelte ich damit, dass ich meine Sneakers samt Socken in hohem Bogen in den fahrbaren Mülleimer des Straßenfegers beförderte. Unter den verständnislosen Blicken meines nächtlichen Kompagnons machte ich mich barfuß auf den Weg in mein Bett. Trotz unzähliger flatternder Schmetterlinge in meinem Bauch fiel ich in einen tiefen, traumlosen Schlaf.

......

Mit leichten Kopfschmerzen wachte ich am Nachmittag auf und tastete verschlafen nach meinem Handy. Ich wollte mir die Fotos des gestrigen Tages anschauen und in Erinnerungen schwelgen. Die waren wahrscheinlich das Einzige, was mir von dieser Nacht bleiben würde.

Während alle in Shanghai um mich herum die neuesten iPhones zur Schau trugen, war ich immer noch Besitzer eines urzeitlichen Klapphandys. Die Zeiten, in denen man damit beim anderen Geschlecht Eindruck schinden konnte, waren längst passé, doch das war, wie so vieles andere, an mir vorbeigegangen. Immerhin hatte es eine Fotofunktion, mit der man etwa 50 verpixelte Aufnahmen machen konnte, bevor der Speicher voll war. Mit jahrelang geübtem Schwung klappte ich das Handy auf. Mit der anderen Hand traktierte ich meine linke Schläfe, um der Kopfschmerzen Herr zu werden. Diese Schläfenmassage hatte unsere Chinesischlehrerin uns beigebracht für den Fall, dass wir mal wieder nicht die Aussprache von »Huhn« und »Taube« auseinanderhalten könnten. Schläfenmassierend tippte ich meinen Pin-Code ein, und bevor ich mir die unscharfen Bilder auf dem Display anschauen konnte, sah ich, dass ich eine SMS bekommen hatte. Plötzlich waren alle Kopfschmerzen wie verflogen und ich hatte wieder beide Hände frei. Beidhändig umklammerte ich mein Handy und zog es näher an mein Gesicht.

»Wodimaya – Meine Mutter!«, murmelte ich das chinesische Pendant für »Oh mein Gott!« in mein Doppelkinn. Das konnte doch nicht wahr sein. Ich hatte tatsächlich eine SMS von Liping bekommen. Als sie mir beim Abschied ihre vermeintliche Nummer in mein Handy eingetippt hatte, war ich mir sicher gewesen, dass es nur zwei Möglichkeiten gab: Entweder würde ich die nette Dame von der chinesischen Telefonauskunft an der Strippe haben, die mir im Gegensatz zu ihrer sehr effektiven deutschen Kollegin (»Kein Anschluss unter dieser Nummer«) weitschweifend mitteilen würde: »Hochverehrter Anrufer, wir bitten Sie allerhöflichst, die Unannehmlichkeiten zu entschuldigen. Die Nummer, die sie gewählt haben, ist nicht vergeben. Sollten Sie weitere Hilfe …« Bisher hatte ich nie die Muße gehabt, mir den Ansagetext bis zum Ende anzuhören, es ging aber das Gerücht um, dass diese Aktivität gut und gerne einen Nachmittag füllen könnte. Oder aber die Nummer gehörte einer ihrer Tanten, die mir gehörig den Marsch blasen würde, wenn sich eine männliche Stimme mit ausländischem Akzent nach Liping erkundigen würde.

Doch es sollte zu keinem Rendezvous mit einer der beiden Damen kommen, denn die Vorschau der SMS zeigte eindeutig den Namen *Liping* an. In freudiger Erwartung drückte ich die OK-Taste. War es vielleicht ein einfaches »Dankeschön«? Oder vielleicht eine Einladung zum zweiten Date? Oder gar – bei dem Gedanken fing mein ohnehin schon rotes Gesicht an zu glühen – vielleicht eine Liebeserklärung?

Als ich die SMS öffnete, fand ich folgende Nachricht vor:

⚑☺●●▢🖃◐⋊▢🜨๛♏♒♦♏••◆▢♏▢   ๛◆♦♦⚗♱■🜎
♦▢■•■••🜎♦✄🜍●●♏•   ⤢♋♦♥◆   ⚭⚳●♏⋊♏▢
♚⋊♍⚭♏▢ ⋊♍🜍 ♒▢⤢⤢♏■ ◆⋊▢•♏♒♏■ ◆■○☺●

Enttäuscht pfefferte ich das Handy zurück aufs Bett. Nun hatte ich wieder beide Hände frei, um mir die Schläfen zu massieren.

Jetzt hatte ich einmal im Leben die Gelegenheit, Konversation mit der Frau meiner Träume zu führen, und dann das: Es scheiterte ausgerechnet daran, dass ich all die technischen Trends der letzten Jahre verschlafen hatte und mein blödes Klapphandy keine chinesischen Zeichen anzeigen konnte. Was sollte ich nur machen? Sie anrufen und zugeben, dass ich ein rückständiger Hinterwäldler war und deshalb ihre Nachricht nicht empfangen konnte? Oder einfach so tun, als wüsste ich genau, wovon sie redet?

Es war bestimmt eine Liebeserklärung…

»Ja, Liping! Ich konnte auch die ganze Nacht nicht schlafen und musste unentwegt an dich denken. Wann können wir uns wiedersehen?«

Was aber, wenn sie genau das Gegenteil geschrieben hatte?

»Ich weiß zwar, dass dein Chinesisch nicht besonders gut ist, aber wie du ›Du bist zwar nett, aber nicht mein Typ.

Schönes Leben noch‹ dermaßen falsch übersetzen und interpretieren kannst, ist mir schleierhaft.«

Nein, das wäre eine Blamage. Inzwischen waren meine Schläfen dunkelblau angelaufen vom ganzen Rumgereibe. Ich musste einfach anrufen und fragen, was sie mir geschrieben hatte.

Mit leicht zitternden Händen klappte ich mein Handy auf und wählte ihre Nummer. »Hochverehrter Anrufer, ...«

Besetzt!

Puh! Erleichtert ließ ich mich aufs harte Bett fallen, nur um gleich wieder aufzustehen und mir eine Tasse heißes Wasser aufzusetzen. Es gab doch gar keinen Grund, erleichtert zu sein. Diese Gelegenheit wollte und durfte ich mir nicht entgehen lassen. Nie wieder würde ich die Chance haben, mit so einer Wahnsinns-Frau etwas anzufangen. Also stürzte ich in aller Eile das heiße Wasser herunter, verbrannte mir abermals die Zunge und wählte die Nummer erneut.

Dieses Mal ein Freizeichen. Mein rasender Herzschlag machte sich besonders an dem pulsierenden Schmerz meiner inzwischen dick angeschwollenen Zunge bemerkbar.

»Hallo?«

»Hallo, Liping, hier ist Thomas«, sagte ich langsam und deutlich, um meine schmerzende Zunge zu schonen.

»Thomas! Hast du meine SMS bekommen?«

»Ja, habe ich!«, sagte ich mit einem aufgesetzten Lächeln, da ich mal in einem Ratgeber gelesen hatte, dass man dies durchs Telefon hören könnte.

»Und?«, fragte Liping, ohne sich anmerken zu lassen, wie ihre Stimmung war.

Und jetzt? Wo waren diese blöden Ratgeber-Ratschläge, wenn man sie mal brauchte. Ich durfte das hier nicht vermasseln. Ich überlegte kurz, holte tief Luft und sagte mit vollster Überzeugung: »Ja!«

Ja? Ich hatte mich doch so gut vorbereitet. Ich wollte ihr erzählen, wie gerne ich sie hatte, dass ich sie so gerne wiedersehen wollte, dass ich mich an ihr nicht sattsehen konnte, dass ich mein Leben lang mit ihr heißes Wasser trinken wollte, und stattdessen brachte ich nur ein »Ja« hervor?!

Zu meinem Erstaunen fing sie an zu lachen.

»Ja? Super. Dann treffen wir uns morgen Abend um 19 Uhr beim Pizza Hut an der Nanjing East Road! Ich freu mich!«

Ohne meine Antwort abzuwarten, legte sie auf. Ich blieb verdattert stehen und starrte auf mein Handy. Bevor ich es zuklappte, schaute ich mir die SMS noch einmal an. Statt aus wirren Zeichen, schien es mir, als würde sie komplett aus kleinen Herzchen bestehen. Schwarz-weißen Herzchen. Farben konnte mein Handy nämlich auch nicht anzeigen.

......

Am darauffolgenden Nachmittag machte ich mich pünktlich um 17 Uhr auf den Weg zu unserem ersten richtigen Date. Meine Eltern hatten mir die deutsche Urangst eingebläut, dass auf dem Weg immer viel passieren konnte und man sich zu Verabredungen ja nicht verspäten sollte. Zwei Stunden müssten reichen.

Für die vier Kilometer von meinem Wohnheim zum Restaurant brauchte ich im Feierabendverkehr nur etwa 45 Minuten mit dem Taxi, was bei der allabendlich rollenden Blechlawine hier recht schnell war. Ermüdet von dem Shanghaier Stop-and-go-Verkehr machte ich mich auf den Weg ins Restaurant, welches im dritten Stock eines großen Kaufhauses untergebracht war.

Nach fast zwei Monaten China freute ich mich mal wieder auf einen Salat und eine einfache Pizza Salami. Von der freundlichen Kellnerin ließ ich mir einen Tisch für zwei zuweisen. Mit Rücksicht auf meine immer noch lädierte Zunge bestellte ich ausnahmsweise mal ein Glas lauwarmes Wasser. Während ich die Flüssigkeit meine von der unerträglichen Sommerhitze ausgetrocknete Kehle hinunterlaufen ließ, beobachtete ich die vielen Kellner. Diese flitzten hin und her und brachten den hungrigen Gästen Pizza, Spaghetti und frittiertes Allerlei. Meist waren es Kinder im Grundschulalter, begleitet von ihren Großeltern. Die Rentner saßen mit einem etwas reservierten Gesichtsausdruck neben den mampfenden Kleinen und verleibten sich wahrscheinlich in Gedanken eine schöne chinesische Taubensuppe ein. Mit diesem komischen westlichen Essen konnten sie offensichtlich beim besten Willen nichts anfangen.

Ich verstand nicht, warum die amerikanischen Fast-Food-Ketten in China so populär sind. Im Land mit 56 verschiedenen ethnischen Minderheiten und einer schier unerschöpflichen Menge an Delikatessen sollten Hamburger und Pizza eigentlich ganz hintenanstehen. Gleichzeitig aber freute ich mich, mal wieder etwas zwischen die Zähne zu bekommen, von dem ich auch ohne drei Mal hinzugucken genau wusste, was es war. Auch die berühmte Spaghetti-Szene aus Susi und Strolch kam mir in den Sinn. Als ich mir gerade vorstellte, wie Liping und ich gemeinsam an einer langen Spaghetti sogen, sich unsere Gesichter und Lippen einander näherten, ich ihr fruchtiges Parfüm schon förmlich riechen konnte, riss mich die laute Stimme der Kellnerin am Eingang aus meinen Tagträumen.

»Ein kleiner dicker Weißer? Ja, der sitzt an dem Tisch da drüben. Er selbst passt da kaum dran, geschweige denn ihr alle. Aber ich bringe euch mal hin.«

Ich konnte zwar noch niemanden sehen, dafür hörte ich, wie ihre Antwort mit einem Gekicher quittiert wurde, das aus mindestens vier Kehlen zu stammen schien. Ich hatte mich geirrt. Es waren fünf.

Denn im nächsten Moment sah ich, wie Liping bester Laune der Kellnerin in meine Richtung folgte. Hinter ihnen vier aufgetakelte junge Mädchen, die sich schnatternd an den hin und her fliegenden Kellnern vorbeischoben. Ich starrte mit aufgerissenem Mund die Entourage an und mir wurde so langsam bewusst, dass ich mich von dem Gedanken an ein romantisches Candlelight-Dinner (bzw. in diesem Fall eher Neonlight-Dinner) zu zweit verabschieden konnte.

»Hallo Thomas, ich hab mal meine besten Freundinnen mitgebracht, die wollten dich soooo gerne kennenlernen!«

Ohne meine Reaktion abzuwarten, drehte Liping sich um und rief ihren Freundinnen zu:

»Meine Liebsten, schaut mal her!« Zwinkernd machte sie eine Auf-und-Ab-Bewegung mit beiden Händen in meine Richtung und lachte.

»Das ist er, Thomas.«

Die Angesprochenen klatschten begeistert in die Hände und ich fragte mich stirnrunzelnd, von welchen echten oder ausgedachten Qualitäten meinerseits Liping ihnen in den 48 Stunden zwischen unserer ersten Begegnung und heute wohl erzählt hatte. Ich saß immer noch eingezwängt hinter dem kleinen Edelstahltisch auf der hohen Bank und hielt mich an meinem Wasserglas fest. Liping stupste mich mit ihrem Ellbogen an und wedelte mit der anderen Hand in Richtung ihrer Freundinnen.

»Los, stell dich mal vor!«

Ich stellte mein Glas ab, zwängte mich hinter dem Tisch hervor und schüttelte der ersten jungen Dame in der Reihe die Hand. Sie war mindestens einen Kopf größer als ich, brachte aber wahrscheinlich nur die Hälfte von mir auf die Waage. Ihre Sonnenbrille, die sie sich ins blondgefärbte Haar geschoben hatte, schien mehr wert zu sein als mein gesamtes Outfit. Mit einem Lächeln, das ihre sehr weißen, sehr geraden Zähne entblößte, sagte sie:

»Ich heiße Tiffany, genau so wie die Schmuckmarke Tiffany. So kannst du dir meinen Namen besser merken und weißt auch, was du mir zu meinem nächsten Geburtstag schenken kannst, hihihi.«

Dass eine Schmuckmarke für jemanden wie mich eine eher ungeeignete Eselsbrücke war, schien sie nicht zu bemerken. Sie war damit beschäftigt, mit den drei anderen über ihren Geburtstagswitz zu kichern. Ich war mir aber gar nicht so sicher, ob ich nicht tatsächlich dazu verpflichtet war, den besten Freundinnen meiner Vielleicht-bald-chinesischen-Freundin teure Geburtstagsgeschenke zu machen. Da sah ich, wie Liping zu mir hinüberschaute und ihre Augen mit einem Seitenblick auf Tiffany verdrehte. Sie machte mir klar, dass ich nicht alles ernst nehmen sollte, was diese von sich gab. Tiffany hatte sich inzwischen fertig über ihren eigenen Witz amüsiert und wandte sich wieder mir zu. Sie musterte mich von Kopf bis Fuß, wozu sie aus ihrer Perspektive schon weit herabschauen musste. Dann drehte sie sich leicht in Lipings Richtung:

»Wow, also wenn du jemanden mit der Figur nach Hause bringst, dann ist der bestimmt richtig reich, oder?«

Und wieder das gleiche Spiel: Gekicher bei den drei Mädels, erneute Unsicherheit bei mir und erneutes Augenverdrehen bei Liping. Diese fuhr sich mit der rechten Hand durchs kurze Haar, stemmte beide Fäuste in die Hüften und sagte leise mit sarkastischem Unterton:

»Nein, ist er nicht, Tiffany. Er ist Student. Es hat aber auch nicht jede eine Vorliebe für Männer, die einem beim ersten Date eine goldene Kreditkarte schenken und damit die ewige Liebe beschwören. Die, wie sich dann herausstellt, nur so lange hält, bis eine vorbeigestakelt kommt, die ihre Füße in Schuhe mit noch höheren Absätzen zwingen kann.«

Das schien zu sitzen. Tiffany setzte einen Schmollmund auf, verschränkte die Arme und spielte mit dem Ring an ihrem Finger herum, der von meinem Platz aus gesehen sehr stark im hellen Neonlicht des Pizza Huts funkelte.

Dann stellten sich die anderen drei vor: Cecilia, Summer und Dreamy. Da wiederum musste ich in mich hineinkichern, denn was englische Namen angeht, sind einige Chinesen wirklich sehr kreativ. Meistens werden Namen gewählt, die ähnlich wie die chinesischen klingen. Denn viele ausländische Freunde oder Arbeitskollegen können sich die komplizierten chinesischen Namen nicht merken. Und außerdem hört sich Tiffany in chinesischen Ohren einfach mondäner an als Liu Xiaoting. Modemarken, Filmhelden oder Tiere als Namen sind für uns Westler jedoch meist einfach nur komisch. Obwohl ich zugeben musste, dass Dreamy ihren Namen wirklich gut gewählt hatte. Sie hatte seit ihrer Ankunft außer ihrem Namen kein einziges Wort gesprochen und unentwegt auf ihr Handy gestarrt. Für ein chinesisches Mädchen, deren Ziel es meist ist, weniger als 50 Kilo zu wiegen, war sie recht üppig ausgestattet. Sie hatte ein weißes Baumwollkleid an, das mit kleinen Stofffröschen bestickt und vor ihrem ausladenden Busen mit vielen Schnüren zusammengeknotet war. Dazu trug sie – für das heiße Sommerwetter recht unpassend – dicke weiße Strümpfe und schwarze Lackschuhe mit roten Schleifen. Das Outfit komplettierte eine Spange im Haar, aus der ein Plastikgrashalm wuchs, sowie ein Brillenrahmen ohne Gläser auf der Nase. An diese beiden Accessoires, die mit der Mangawelle aus dem nahen Japan herübergeschwappt waren, hatte ich mich inzwischen gewöhnt.

Liping jedoch war, wie man so schön auf Chinesisch sagt, »ein Schwall Frischwasser im trüben Fluss«. Sie trug

Sportschuhe, eine kurze Hose, ein T-Shirt und auf dem Rücken einen Rucksack. Das alles wurde von ihrem wilden kurzen Haar komplettiert. Bei unserer ersten Begegnung wirkte ihre Frisur elegant und zeitlos, heute sportlich und modern. Als ich sie ansah, vergaß ich Sonnenbrillen und Plastikgrashalme und war einfach froh, Zeit mit ihr verbringen zu dürfen. Da war es egal, wie viele Freundinnen mit komischen englischen Namen dabei waren.

»Ich nehme an, Sie wollen nicht im Stehen essen, oder?«

Die Kellnerin, die mit vor dem Bauch gefalteten Händen neben uns stand, hatte ich total vergessen. Sie war wahrscheinlich froh, eine kleine Auszeit vom ständigen Pizzabringen und Geschirrabräumen zu haben.

»Dahinten ist gerade ein großer Tisch frei geworden.«

Liping nahm mich an der Hand, zog mich zu dem Tisch hinüber und Tiffany, Summer, Dreamy und Cecilia trotteten hinter uns her.

Wir setzten uns und die Kellnerin gab jedem eine in Plastikfolie eingeschweißte abwaschbare Speisekarte. Da ich mich ja schon längst für ein Gericht entschieden hatte, schaute ich mir diese nicht länger an, sondern sagte zur Kellnerin:

»Eine mittlere Pizza Sa...«

»Wir teilen uns eine große Pizza Peking-Ente und eine große Pizza Durian«, fiel Tiffany mir ins Wort. »Heute lade ich euch ein.«

Ich wusste bereits, dass man in China demjenigen, der einlädt, auch die Speisenwahl überlässt. Der Gastgeber bestellt meist verschiedene Gerichte, die in die Mitte des Tisches gestellt werden, und alle teilen sie sich. Ich bin ein großer Freund dieser Essmethode. Es gibt immer viel Auswahl und es ist einfach gesellig. Meiner Pizza Salami trauerte ich dennoch etwas nach.

Die Kellnerin nahm die Bestellung auf und entfernte sich in Richtung Küche. Ich wollte gerade in die Lethargie versinken, die ich mir in Deutschland nach der Essensbestellung so angewöhnt hatte. Man nippt an seinem überteuerten Getränk und versucht, die Wartezeit zu überbrücken, ohne das Glas komplett zu leeren und sich ein neues Getränk bestellen zu müssen. Als Student muss man schließlich seine Ausgaben im Auge behalten. Als ich aber gerade zum zweiten Mal mein Glas warmes Wasser an meine Lippen führte, kam schon die Kellnerin mit zwei großen runden Blechen Pizza wieder. Das Ganze hatte keine fünf Minuten gedauert! Immer wieder vergaß ich, dass in Restaurants in China alles viel schneller ging und dass es in Shanghai undenkbar wäre, dass man mal 45 Minuten auf sein Essen warten muss.

Was auf der ersten Pizza drauf war, hatte ich, trotz meiner damals bescheidenen Chinesischkenntnisse, verstanden: *kaoya*, Peking-Ente. Aber was Durian ist, wusste ich nicht. Ich hatte auch keine Zeit, mir Gedanken darüber zu machen. Denn als die Kellnerin das heiße Blech auf den freien Platz vor mir platzierte, breitete sich ein unbeschreiblicher Geruch aus, der es mir unmöglich machte, auch nur einen klaren Gedanken zu fassen. Alle fünf Damen um mich herum schienen da ganz anderer Meinung zu sein, sie klatschten entzückt in die Hände und holten ihre Mobiltelefone hervor, um diesen denkwürdigen Moment festzuhalten. Ich ließ meines stecken, da ich keine Lust hatte, nochmal auf meine Rückständigkeit, was technische Geräte angeht, aufmerksam zu machen. Und sowieso war das Einzige, was ich gerne aufgenommen hätte, der absonderliche Geruch des Pizzabelags.

Durian ist eine sehr beliebte Frucht in Südostasien und heißt auf Deutsch auch »Stinkfrucht«. Einen besseren Namen hätte man nicht wählen können. Sobald sich eine europäische Nase einer Durian nähert, erschnuppert diese einen Odeur der die Ausdünstungen von Socken in Gummistiefeln nach einen heißen Sommertag, von Eiern, die ihre besten Tage schon weit, weit hinter sich haben, und den süß-säuerlichen Geruch von frischem Erbrochenen von Säuglingen nach dem Stillen in sich vereint. Und das egal, in welcher Form die Frucht daherkommt, sei es frisch geschält vom Obsthändler, als getrockneter Snack oder eben in kleine Stücke geschnitten und mit Käse überbacken auf der Pizza. Ich weiß nicht, was asiatische Nasen erschnuppern, wenn eine frische Durian geschält wird. Meine chinesischen Freunde beschreiben es immer so: Es stinkt, aber es duftet. Sehr aufschlussreich. Die ovale Stinkfrucht, die etwa so groß ist wie eine kleine Wassermelone, hat gelbes, saftiges Fruchtfleisch und eine olivgrüne, stachelige Außenhaut. Sie ist so beliebt in ganz Asien, dass die Autoritäten in Thailand und Singapur sich gezwungen sahen, in Flughäfen und U-Bahnstationen Verbotsschilder mit einer durchgestrichenen Stinkfrucht und der Aufschrift »No Durian« aufzuhängen.

Aus mir sehr schleierhaften Gründen hatten die verantwortlichen Köche dieser Restaurantkette die glorreiche Idee gehabt, die beliebtesten Zutaten aus Ost und West auf einen Pizzaboden zu klatschen: Durian und Analogkäse. Das Produkt dieser unrühmlichen Vereinigung stand nun dampfend auf dem Tisch und der penetrante Geruch bahnte sich unaufhaltsam seinen Weg in meine Nase. Bevor ich die Gewissensfrage beantworten konnte, was mir in diesem Moment wichtiger war, größtmögliche Nähe zu Liping oder größtmögliche Distanz zur Stinkfruchtpizza, hörte ich, dass Tiffany sich lautstark mit Liping unterhielt.

»Was ist, wenn ihr mal in Deutschland seid und er dich schlecht behandelt? Wir können nicht mal eben rüberfliegen und ihn zur Rede stellen!«

Thema war also ich. So langsam wurde mir bewusst, dass dies hier so eine Art Vorstellungsgespräch war. Inzwischen weiß ich: Wenn man ein chinesisches Mädchen daten möchte, muss man verschiedene Stufen von Prüfungen hinter sich bringen: erstens natürlich die Angebetete von sich überzeugen, dann die besten Freundinnen mit ins Boot holen, und schließlich ihre Eltern und die weitere Verwandtschaft erobern.

Nun waren wir also bei Stufe 2 angelangt und ich musste es schaffen, die besten Freundinnen, Lebens- und Eheberaterinnen in Personalunion auf meine Seite zu ziehen. Ganz abgesehen davon, dass Liping und ich uns erst zum zweiten Mal sahen und noch überhaupt nicht klar war, wie unsere Beziehung zu definieren war, platzte ich stolz heraus:

»Wir haben gar nicht vor nach Deutschland zu ziehen, wir werden immer in China leben. Dann könnt ihr euch gut um Liping kümmern.«

Damit hatte ich sie bestimmt im Sack.

»Och Mann, das ist aber doof! Dabei wollten wir euch so gerne in Europa besuchen kommen. Und außerdem kann ich die Mehrwertsteuer in Deutschland zurückbekommen, wenn ich meine Louis-Vuitton-Handtaschen dort kaufe. Es wäre so schön, wenn wir da bei jemandem wohnen könnten während unserer Shoppingtour«, setzte Tiffany hinzu und biss herzhaft in ihr sonnengelbes Stück Käse-Durianpizza.

»Na dann, äh, dann werden wir halt in Deutschland leben«, machte ich eine 180-Grad-Wendung. Wenn es das war, was sie hören wollten, musste ich es eben sagen.

»Siehst du?!«, Tiffany pochte mit dem Zeigefinger auf den Tisch vor Liping, die mit genervter Miene den Ausführungen ihrer Freundin zuhörte. »Er will, dass du ganz alleine mit ihm in Deutschland bist. Glaub ja nicht, dass wir dir da zur Seite stehen können.«

Um mir meine Verwirrung nicht anmerken zu lassen und meinem hungrigen Magen gerecht zu werden, begann ich, Daumen und Zeigefinger in Richtung der Pekingenten-Pizza zu spreizen.

»Euch ist schon klar, dass ich einen anderen Männergeschmack habe als ihr, oder? Ganz egal ob wir in Deutschland sind oder in China, ich bin fest davon überzeugt, dass Thomas mich gut behandeln wird. Mehr Sorgen mache ich mir, wie ich dir helfen soll, wenn Twinkle nach seinem nächtlichen Kneipenbesuch mal wieder nicht nach Hause kommt. Dann kann *ich* dir nicht helfen.«

Twinkle war der aktuelle Liebhaber von Tiffany, wie ich später erfahren sollte. Diese Antwort saß und die fünf Damen widmeten sich wieder ganz den Pizzastücken in ihren Händen, die sie genüsslich mit warmem Wasser hinunterspülten. Während ich mich an einem Stück Pekingenten-Pizza zu schaffen machte, sah ich Liping bewundernd an. Sie wirkte so souverän und fand für jede mir noch so kompliziert erscheinende Frage eine Antwort. Und selbst wenn sie diese sehr resolut vortrug, war sie dabei so charmant, dass niemand ihr das übelnahm. Sie hatte offensichtlich das Talent, mit ihrer charmanten Bestimmtheit die Leute ganz natürlich auf ihre Seite zu ziehen.

Überzeugt, dass die schwierigsten Fragen damit erledigt waren, nahm ich einen großen Bissen von der Pizza, auf welcher die Stücke der Pekingentenbrust mit einer dickflüssigen, süßen, braunen Soße an den Teig gepappt waren. Garniert war das Ganze mit Gurkenstückchen. Warme Gurken, das war wahrscheinlich ein Vorgeschmack darauf, was mich gleich erwarten sollte. Denn meine fünf Begleiterinnen hatten bemerkt, dass ich kein Stück von der Durianpizza zu mir genommen hatte. Das letzte Stück lag mutterseelenallein auf dem Blech und schien mich mit seiner hässlichen gelben Fratze anzugrinsen. Glücklicherweise stupste mich Dreamy in diesem Moment an:

»Thomas, also wenn ihr in Deutschland seid, finde ich das super. Mein Sohn hat einen wahnsinnig hohen Milchpulver-verbrauch. Da muss ich mir in Zukunft ja wohl keine Sorgen darüber machen, wer mir das Milchpulver besorgt. Vielen Dank schon mal!«

Dreamy, die geschätzt 16-Jährige, die mit ihrem Blümchen-kleid und den Spängchen im Haar so aussah, als sei sie gerade der Pubertät entwachsen, war schon Mutter?!

»Du bist schon Mama?«

»Ja, klar, ich bin doch schon 24! Vor zwei Jahren hat meine Tante mir einen netten jungen Mann vorgestellt, er ist Beam-ter, hat ein Haus und ein Auto in Shanghai und da haben wir geheiratet und einen Sohn bekommen. Jetzt habe ich meine Pflicht erfüllt und meine Eltern und Schwiegereltern lassen mich in Ruhe. Jetzt kann ich machen, was ich will. Meine Mama passt auf das Kind auf und ich bin frei wie ein Vogel.« Dabei wedelte sie mit ihren kurzen kräftigen Armen in der Luft, wobei der Grashalm auf ihrem Kopf hin- und herwippte.

»Und das findest du gut?«, fragte ich. Ich bekam eine leise Vorahnung von dem, was mich vielleicht in Zukunft erwarten würde.

»Ja, klar. Meine Eltern haben sich das ganze Leben lang für mich aufgeopfert, sie haben mein Schulgeld bezahlt, mir im-mer nur das beste Essen gekauft und alle ihre Beziehungen spielen lassen, damit ich einen guten Job bei der Bank be-komme. Ich muss ihnen dankbar sein und alles dafür tun, dass sie glücklich ihren Lebensabend verbringen können. Und dazu gehören eine verheiratete Tochter und natürlich ein, am bes-ten sogar zwei Enkel.« Sie beugte sich zu mir vor. »Bei euch wird das nicht anders sein.«

Jetzt schnürte sich mein Magen noch mehr zusammen, und dieser verdammte Stinkfruchtgeruch, der penetrant in der Luft hing, machte es nicht besser. Wir waren noch nicht einmal offiziell zusammen und ich musste mir schon Gedanken über Schwiegereltern, denen ich noch nie begegnet war, sowie über ihre zukünftigen Enkel machen.

Liping, die sich die ganze Zeit mit ihren Freundinnen unterhalten hatte, holte mich aus meinen Tagträumen, indem sie mir das letzte Stück Pizza unter die Nase hielt.

»Iss doch, kleiner Dicker. Sonst fallen dich noch die Straßenhunde an, weil sie dich für einen Knochen halten.«

Mit einem gequälten Lächeln setzte ich meinen Plan für diesen Fall um. Ich faltete das Viertel in die Hälfte und stopfte es mir komplett in den Mund. Ich versuchte den Schluckreflex zu unterdrücken. Mit vollem Mund murmelte ich »Mhmm, lecker«, griff nach einer Serviette und verabschiedete mich in Richtung Toilette. Als ich außer Sichtweite war, schnappte ich nach Luft und wollte gerade diese Mischung aus Schuhsohle und benutzter Windel ins Taschentuch entleeren, als die Kellnerin eifrig auf mich zugelaufen kam.

»Toilet?«, fragte sie beflissen.

Ich wusste ihren guten Service ja zu schätzen, aber in diesem Moment hätte ich sie am liebsten auf den Mond befördert. Ich musste das stinkende Etwas, das mittlerweile schon so lange in meinem Mund vor sich hin gärte, dass ich den Geschmack auch nach tagelangem Zähneputzen und Mundwasserbehandlungen nicht loswerden würde, unauffällig entfernen.

»Yes…«, versuchte ich so beiläufig wie möglich zu sagen, ohne dabei den Mund zu öffnen oder zu schlucken.

»I show you! Very far.« Und damit zeigte sie in die weite Ferne des riesigen Kaufhauses, in dem das Restaurant untergebracht war.

»Noooo…«, mehr brachte ich nicht raus. Bis zur Toilette würde ich es nicht mehr schaffen.

Jetzt stand ich vor der Wahl. Entweder schluckte ich das Stinkfruchtkäseteiggemisch herunter und kontaminierte damit meinen Magen bis zum Lebensende oder ich entleerte mich in die mitgebrachte Serviette. Unter den besorgten Blicken der Kellnerin, die sich unentwegt die Haare aus dem Gesicht wischte, entschied ich mich für Letzteres. Mit einem Geräusch, das einem Hirsch in der Brunft alle Ehre gemacht hätte, beförderte ich meinen kompletten Mundinhalt in die Serviette.

»Pizza not good?«

Eine deplatziertere Frage hätte ich mir in diesem Moment nicht vorstellen können. Ich schüttelte halb den Kopf und nickte halb. Sollte sie sich die Antwort doch selber aussuchen. Ich wusste, dass sie nichts dafür konnte, dass ihr Arbeitgeber solche Dinge wie Stinkfrucht und Käse kombiniert und diese auf einem Pizzaboden miteinander vereint, aber in diesem Moment konnte ich keine Rücksicht darauf nehmen. Mit einer Handbewegung in Richtung Restaurant bedeutete ich ihr, dass sie ihre Pflicht erfüllt hatte, und sie trottete langsam zurück zum sich mittlerweile leerenden Pizza Hut.

Ich machte mich dann trotzdem auf den gefühlt kilometerlangen Weg durch den Mega-Konsumtempel zu den Toiletten. Dort angekommen, spülte ich, obwohl man das Leitungswasser in Shanghai am besten nur äußerlich anwenden sollte, meinen Mund gründlich aus. Ich sah in den Spiegel und stellte fest, dass meine Gesichtsfarbe und die Farbe des Pizzabelags nun wunderbar miteinander harmonierten.

Da ich aber schon seit Ewigkeiten weg war, musste ich mich so langsam auf den Weg zurück zu Liping und ihren Begleiterinnen machen. Ich holte tief Luft und passierte die unzähligen Läden, in denen die Angestellten gelangweilt auf Kundschaft warteten. Die einzigen gut besuchten Orte in dem riesigen Einkaufskomplex waren die Restaurants. Ich schob mich an einem Grüppchen von Kellnern vorbei, die um die Kasse herumstanden, und bemerkte, dass »meine« Kellnerin mit ausladenden Bewegungen ihren Kollegen irgendeinen Sachverhalt erklärte. Sie gestikulierte mit einer Serviette in ihrer Hand und riss dabei den Mund weit auf. Da Liping mir aus der Ferne zuwinkte, beachtete ich die Szene nicht weiter und machte mich auf den Weg zurück zu unserem Tisch.

»Warst du auf der Toilette?«, fragte sie mich mit einem Augenzwinkern.

Ohne genau zu wissen, was das Augenzwinkern zu bedeuten hatte, zwinkerte ich geheimniskrämerisch zurück.

»Ja, ich war auf der Toilette.« Ich betonte jedes einzelne Wort besonders.

Zufrieden klatschte Liping in die Hände.

»Na, dann können wir ja gehen. Auf geht's, Schwestern!«

Wir näherten uns dem Ausgang, als die kleine Kellnerin uns mit der Quittung in der Hand entgegenkam. Liping schaute mich an, ich schaute unbedarft zurück, sie hob erstaunt die Augenbrauen und ich tat das gleiche. Was war passiert?

»Du hast doch gesagt, du warst auf der Toilette?«, zischte sie in meine Richtung. Ihre Freundinnen waren schon aus der Tür raus.

»War ich ja auch«, antwortete ich wahrheitsgemäß.

»Und warum hast du die Rechnung nicht bezahlt?«

Jetzt war die Verwirrung bei mir komplett. Was hatte der Toilettenaufenthalt mit der Rechnung zu tun? Und überhaupt, von diesem Restaurantbesuch hatte ich nur ein einziges Stück Pekingentenpizza im Magen und einen faulen Geschmack im Mund mitgenommen. Liping sah meine gerunzelte Stirn und erklärte mir geduldig:

»Wenn du in China als einziger Mann mit einem Haufen oder auch nur einer einzigen Frau ausgehst, musst du die Rechnung bezahlen. Und um das nicht so offensichtlich zu machen, sagst du, dass du zur Toilette gehst, und bezahlst dabei. Du kannst doch keine Dame bezahlen lassen.«

Ich wollte ja gern ein Gentleman sein, aber in mir regte sich Widerstand. Wenn ich schon bezahlte, dann wollte ich auch bestellen. So war doch die Regel! Eine schöne knusprige Pizza einfach nur mit Olivenöl, Salami und Mozzarella belegt. Doch die Erfüllung dieses Traums musste ich wohl aufschieben, denn immer noch warteten Liping und die Kellnerin mit der Rechnung in der Hand auf meine Reaktion. Da ich unser erstes »Date« nicht ruinieren wollte, fischte ich einen 100-Yuan-Schein aus meiner Hosentasche und hielt ihn der Kellnerin hin. Sie bedankte sich lächelnd und reichte mir die Rechnung. Ich musste feststellen, dass ihre Chefs sich erdreisteten, für diese Teufelskreation einen unverschämten Preis von umgerechnet mehr als 10 Euro zu verlangen. Seufzend zog ich einen weiteren Schein aus der Tasche. Ich dachte an die leckeren gebratenen Nudeln mit Ei und Lammfleisch, die ich für umgerechnet 1,50 Euro an jeder Ecke in Shanghai bekam. Die waren im Gegensatz zu dem heutigen Abendessen köstlich, günstig und sättigend.

Nun denn, was macht man nicht alles, um hübsche Frauen glücklich zu machen. In meinem Fall standen zwei davon vor mir und lächelten tatsächlich zufrieden. Die Kellnerin griff hinter die Theke und überreichte mir zusammen mit dem Wechselgeld einen Pizzakarton. Erklärend wandte sie sich an Liping:

»Dein Freund hat unsere Pizza heute nicht gut vertragen. Das tut uns leid. Unser Manager freut sich, euch kostenlos eine ofenfrische Durianpizza mitgeben zu dürfen.«

Ich wusste nicht, ob ich lachen oder weinen sollte.

Als Liping und ich im Taxi saßen, hatten wir endlich einen ruhigen Moment zu zweit. Darauf hatte ich so lange gewartet. »Ich glaube, sie mögen dich. Und Tiffany hat sich so gefreut, dass du ihr die Pizza geschenkt hast. Das war echt lieb von dir.«

»So bin ich«, sagte ich ohne falsche Bescheidenheit und freute mich, endlich mal etwas richtig gemacht zu haben. Als sich der Taxifahrer hupend den Weg an unzähligen Autos vorbei schimpfte, betrachtete ich Liping von der Seite. Sie hatte sich erschöpft in das graue Leder des Sitzes fallen lassen und ließ die kühle Klimaanlagenluft die kleinen Schweißperlen von ihrer Stirn pusten. Ein paar von ihnen hatten Strähnen ihres kurzen schwarzen Haars befeuchtet. Ich wischte ihr die Strähnen aus der Stirn und starrte sie unentwegt an, wie sie versuchte, im Trubel dieser Millionenstadt ein wenig zur Ruhe zu kommen.

Während ich sie so betrachtete, kamen mir immer mehr Zweifel. Ich konnte es einfach nicht glauben. Irgendwas musste hier nicht stimmen. Sie war einfach zu perfekt für mich. Sie sah gut aus, war selbstbewusst und witzig. Jeder schien sie zu mögen. Und ich? Klein, untersetzt, ohne jegliche Erfahrung, wie man eine Frau glücklich machen könnte. Das hier war doch keine Hollywood-Romanze, wo der Underdog das Herz der schönen Millionärstochter erobert.

Als hätte sie meine Gedanken gelesen, öffnete sie ihre Augen und lächelte mich an. Ich versuchte im tiefen Schwarz ihrer Augen zu deuten, was in ihrem Kopf oder vielmehr in ihrem Herzen vorging. Sie blickte mir ebenfalls tief in die Augen und unsere Gesichter kamen sich immer näher. Es war der perfekte Moment für unseren ersten Kuss. Als ich meine Lippen leicht öffnen wollte, machte sich jedoch der Fäulnisgeruch unseres Abendessens wieder in meinem Mund bemerkbar. Ich musste die Erster-Kuss-Aktion abbrechen. Unbedingt. Es war nicht nur unser erster Kuss, sondern mein erster Kuss überhaupt. Ich konnte nicht riskieren, dass dieser Kuss ein Leben lang in meinem Gedächtnis mit einem penetranten Stinkfruchtgeschmack behaftet war. Dieser Kuss musste einen besonderen Geschmack haben, Erdbeere oder Wassermelone, sowas in der Art, aber nicht Durian. Bloß nicht Durian. Das Einzige, was mir in den Bruchteilen einer Sekunde einfiel, war ein Niesen. Ich drehte mich leicht von ihr weg, hielt meine Nase in den Ellenbogen und schauspielerte ein wenig überzeugendes »Hatschi«. Achselzuckend deutete ich auf die kleine Öffnung, aus der die Klimaanlage uns mit kalter Luft versorgte und davor bewahrte, bei den schwülen 40 Grad einen Hitzekoller zu erleiden.

Leicht enttäuscht zog Liping ein Taschentuch hervor und reichte es mir.

»Meister, mach bitte die Klimaanlage aus. Wir öffnen ein Fenster, mein Freund hier erkältet sich sonst noch«, sagte sie mit leicht ironischem Unterton, aus dem ich Enttäuschung heraushörte.

Ich schnäuzte mir die Nase und hoffte, dass die kleine schauspielerische Einlage meine einmalige Chance auf ein Leben an der Seite einer so wunderbaren Frau nicht zerstört hatte. Viel Zeit hatte ich nicht mehr, um herauszufinden, wie ernst sie es wirklich mit mir meinte. Denn in 48 Stunden ging mein Flieger zurück in die Heimat, wo das deutsche Unileben auf mich wartete, das mir auf einmal recht trist erschien.

......

Mit einem Seufzer hievte ich mein Gepäck in den Kofferraum des wartenden VW Santana und schlug den Deckel etwas zu fest zu. Der Taxifahrer grummelte.

»Jetzt habe ich den Wagen schon zwanzig Jahre lang gefahren und will das noch ein paar Jahre tun. Immer diese jungen Männer, die ihre Kraft nicht unter Kontrolle haben.«

Ich hatte keine Lust, ihm etwas zu entgegnen. In den vergangenen zwei Tagen hatte ich zwischen Abschlusstests und Kofferpacken keine Zeit mehr gefunden, mich mit Liping zu treffen. Am Vortag hatte sie mir eine SMS geschrieben, dass sie zwei Tage außerhalb von Shanghai auf Geschäftsreise sei, und mich gefragt, wann ich heute zum Flughafen abreisen würde. Da sie mir auf Englisch schrieb, kam die SMS klar und deutlich bei mir an und ließ leider keinen Interpretationsspielraum zu.

Mit einem völlig unberechtigten Funken Hoffnung, dass ich vielleicht etwas überlesen haben könnte, klappte ich mein Handy nochmal auf. Nein, da stand nichts von einem baldigen Wiedersehen. Nichts von einer schönen Zeit. Und nichts davon, dass ich der Mann ihrer Träume war.

Das war es wohl. Ein kurzes Intermezzo, mehr nicht. Dabei schien es wirklich zwischen uns gefunkt zu haben. Auch war ich mir sicher, dass ich ihre Freundinnen, wenngleich etwas holprig, von mir überzeugt hatte. Hatten sie am Ende vielleicht doch ein Veto eingelegt? Oder war es mein misslungenes Niesen, das den Kuss, der unsere Beziehung hätte besiegeln können, verhindert hatte? Wahrscheinlich war es eine Mischung aus allem. Eigentlich war es mir ja von Anfang an klar gewesen: Wir waren einfach nicht füreinander gemacht.

Die dunklen Wolken am Himmel versprachen ein Sommergewitter, das vielleicht für einige Stunden die Schwüle aus der heißen Sommerluft Shanghais nehmen würde, die anschließend jedoch mit noch größerer Wucht zurückkommen würde.

Wie auf Bestellung klatschten einige dicke Regentropfen auf die Frontscheibe des alten Santanas. Ich kurbelte das Seitenfenster hoch.

»Zum Terminal 2, bitte.«

海水不可斗量

**MAN SOLLTE DAS MEER NICHT
MIT LÖFFELN MESSEN**

Als der Taxifahrer den ersten Gang einlegte, klopfte es am Fenster. Wahrscheinlich wollte sich ein Bettler sein letztes Abschiedsgeschenk von mir abholen. Ich kramte in meinen Taschen nach den verbliebenen Münzen, von denen ich mir eigentlich einen Kaffee am Flughafen kaufen wollte. Aber das machte jetzt auch keinen Unterschied mehr. So konnte ich zumindest im Flieger besser einschlafen. Die letzten paar Tage hatten mich um den Schlaf gebracht und ich hatte in dieser Hinsicht einiges nachzuholen. Unter den inzwischen leicht genervten Blicken des Taxifahrers im Rückspiegel kurbelte ich das Fenster nochmal herunter, um mit meinem letzten Kleingeld dem Bettler eine Freude zu machen.

»Lass mich endlich rein, sonst werde ich noch nass.«

Ich blickte auf und sah in das verschmitzte Gesicht der Frau, von der ich angenommen hatte, dass ich sie höchstens in meinen Träumen noch einmal wiedersehen würde.

»Was … äh, ich meine, wieso? Du bist doch nicht hier? Ich meine, warum bist du hier?«, rief ich ihr etwas zu laut durchs Fenster zu. Sie fuhr sich mit der rechten Hand lachend durch ihr kurzes Haar. Ich hatte sie nur zwei Mal gesehen, doch diese Bewegung raubte mir jedes Mal den Verstand.

»Ich kann auch wieder gehen, wenn du willst.«

»Nein, auf keinen Fall!« Im Nu war meine Erschöpfung wie weggeblasen. Ich schmiss die Tür auf und der Taxifahrer ließ ein lautes Stöhnen vernehmen.

»Meister, wirf das Taxameter schon mal an!«

Das ließ er sich nicht zweimal sagen, klappte mit seiner weißbehandschuhten rechten Hand die kleine antiquierte Vorrichtung herunter und der Zähler begann mit seiner Arbeit.

Dort neben dem Eingangstor des Studentenwohnheims gaben wir uns im Sommerregen Shanghais, gelehnt an einen jahrzehntealten Volkswagen Santana, unseren ersten Kuss.

Auf diesen sollten während der 50 Kilometer zum Flughafen Pudong unzählige weitere folgen.

Als ich kurz vor dem Start des Fliegers meine Tasche in dem Gepäckfach verstauen wollte, fiel mir ein Briefumschlag auf, der vorher noch nicht da war. Ich nahm ihn in die Hand und betrachtete die Aufschrift. Dort war in schwarzer Tinte ein chinesisches Sprichwort vermerkt: »Das Meer sollte man nicht in Löffeln messen.« Und auf Deutsch eine Notiz: »Nur in Deutschland öffnen. Liping« Das hatte sie anscheinend extra für mich nachgeschlagen. Ich war hin und weg.

Ich steckte den Brief zurück in meine Tasche und ließ mich mit einem Lächeln in den engen Sitz fallen. Ich schaffte es gerade noch, mit einem Klack meinen Anschnallgurt zu schließen, da war ich auch schon eingeschlafen.

Auf meiner Zunge hatte ich noch den Geschmack ihrer Lippen. Erdbeere.

......

Als ich nach dem zehnstündigen Flug und einer zweistündigen Autofahrt das Gepäck über die Schwelle meines Elternhauses trug, fühlte ich mich wie ein Traumwandler. Mein Vater hatte mir auf der Rückfahrt ausführlich von den Geburten, Hochzeiten und Todesfällen der letzten zwei Monate in Marienheide berichtet. Doch ich hatte nicht einmal eine Minute konzentriert zuhören können. War das alles wirklich passiert? Die knapp zwölf Stunden Schlaf im Flugzeug und das Grübeln im Auto hatten mich eher noch müder gemacht. Jetlag und das Kribbeln im Bauch, wenn ich an Liping dachte, trugen auch nicht gerade zur Verbesserung der Situation bei.

Meine Mutter begrüßte mich auf die ihr eigene Art und Weise.

»So, komm mal in die Küche, Thomas. Du musst was Vernünftiges in den Magen bekommen. Du siehst ja ganz ausgehungert aus. Hast du in China nichts zu essen bekommen? Ich habe dir dein Lieblingsgericht gekocht.«

Mütterlich wischte sie sich die Hände an ihrer Schürze ab und kniff mir in die Wange. Bratkartoffeln mit Speck und Röstzwiebeln hatte ich mir bei unserem letzten Telefonat gewünscht. Die brutzelten jetzt duftend in der Pfanne. Doch plötzlich hatte ich keinen Appetit mehr. Ich entschuldigte mich, dass ich mich vor dem Essen kurz frischmachen und ein wenig ausruhen wolle.

»Beim Essen musst du uns aber alles erzählen, was du in den letzten zwei Monaten erlebt hast. Ich habe mir alle Videos über China auf YouTube angeguckt. Die machen ja die verrücktesten Sachen da. Weißt du, dass man in China im McDonalds heiraten kann?«

»Nein Papa, das weiß ich nicht. Das hat vielleicht mal einmal einer gemacht, aber ich glaub nicht, dass das normal ist in China…«

In guter Hausfrauenmanier hatte meine Mama sich inzwischen schon am Gepäck zu schaffen gemacht, um die Wäsche der letzten zwei Monate, die ich in China nur notdürftig im Waschbecken per Hand gereinigt hatte, in Windeseile von allem Schmutz und Schweiß zu befreien. Als sie gerade im Begriff war, den Reißverschluss zu öffnen, riss ich ihr panisch die Tasche aus den Händen.

»Äh, da sind meine Studienunterlagen drin, die sind wichtig. Die räume ich selber auf!«

Mit dem misstrauischen Blick einer Mutter, die einen angeborenen siebten Sinn dafür hat, wenn das eigene Kind ihr etwas verheimlicht, ließ sie von dem Rucksack ab. Auf der Treppe hörte ich noch, wie mein Vater auf meine Mutter einredete.

»...habe ich wirklich bei YouTube gesehen. Die machen sogar Burgerhochzeitstorten da. Und Ronald McDonald ist Trauzeuge.«

Ich verdrehte die Augen. Ich würde in Zukunft bestimmt noch genug Gelegenheit haben, das China-Bild meiner Eltern geradezurücken. Nach anfänglicher Skepsis gegenüber meinem China-Studium waren sie mittlerweile recht interessiert an meinem exotischen Studienfach. Aus unserem Dorf mitten auf dem Land im Oberbergischen Kreis ging kaum einer studieren. Hier herrschte noch Ordnung und die jungen Leute erlernten vernünftige Berufe. Das hatte ich nach meinem Abitur auch gemacht und wie zwei meiner fünf Geschwister den Beruf des Bankkaufmanns erlernt. Doch nach der Ausbildung war mir klar, dass ich nicht mein ganzes Leben lang Sparbücher für lärmende Grundschulklassen eröffnen wollte. Oder Jugendlichen mit Textmarker und Kopierpapier die Funktion eines Bausparvertrages aufmalen, mit dem sie sich eines Tages den Traum eines gutbürgerlichen deutschen Spießerlebens mit einem, am besten von unserer Sparkasse finanzierten, Einfamilienhaus erfüllen könnten. So hatte ich mich an einem ruhigen Mittwochnachmittag während der Arbeitszeit mit dem Sparkassencomputer für einen Studiengang eingeschrieben, der die Wörter »China« und »Wirtschaft« im Titel führte. Das hörte sich an, als würde er sich irgendwann gut im Lebenslauf machen und könnte als Sprungbrett dienen – aus dem beschaulichen, katholischen Wallfahrtsort Marienheide hinaus in die weite Welt.

Behutsam schloss ich die Tür hinter mir ab. Der Schlüssel knarzte verdächtig laut im Schloss und ich war mir sicher, dass meine Mutter mit gespitzten Ohren am Fuße der Treppe stand und sich den Kopf darüber zerbrach, was ihr jüngster Sohn wohl für Geheimnisse von seinem zweimonatigen Chinaaufenthalt mitgebracht hatte. Ich kramte in meinem Rucksack und zog den von der langen Reise mittlerweile etwas lädierten Brief hervor. Vorsichtig schnitt ich ihn an der Seite auf, um ja nichts von dem kostbaren Inhalt zu zerstören. Obwohl keine 24 Stunden vergangen waren, seit ich Liping das letzte Mal berührt hatte, kam es mir wie eine Ewigkeit vor. Jedes noch so kleine Bild, jeder Duft und jede Berührung in meiner Erinnerung waren so kostbar. Und wie viel mehr dieser Brief, der das Einzige war, was ich anfassen konnte, um ihr näher zu sein. Ich faltete ihn auf. Das dicke, braune Briefpapier lag schwer in meiner Hand. Es war übersät mit unzähligen kleinen, kunstvoll geschwungenen chinesischen Zeichen. Noch reichten meine rudimentären Chinesischkenntnisse nicht dazu, aus dieser Kombination unendlich vieler Längs-und Querstriche ein für mich schlüssiges Gesamtbild zu entziffern. Doch ich stellte mir vor, wie Liping am Tag vor meiner Abreise in ihrem kleinen Zimmer im fünfzehnten Stock eines Hochhauses im Shanghaier Norden saß und zu Papier brachte, was in ihrem Kopf so vor sich ging. Ich konnte kaum erwarten, diesen Text zu übersetzen, doch das würde wahrscheinlich mehrere Stunden in Anspruch nehmen. Und so beließ ich es vorerst dabei, ihr eine SMS zu senden.

Bin gut zu Hause angekommen. Vermisse dich jetzt schon.

Die Antwort legte ihren fast 9000 Kilometer weiten Weg von Shanghai in mein deutsches Elternhaus in Sekunden zurück.

Hast Du den Brief gelesen?

Noch nicht. Mache ich gleich.

Als mehrere Minuten vergangen waren, ohne dass ich eine weitere Antwort erhalten hatte, klappte ich mein Handy zu und warf es auf das akkurat gemachte Bett. So schön es war, die heimischen Düfte von frisch gewaschener Bettwäsche und mit Liebe zubereiteten Bratkartoffeln in mich aufzusaugen, so sehr sehnte ich mich in die Arme meiner fernen Shanghaier Liebe zurück. Es war nicht abzusehen, wann wir uns wiedersehen und berühren konnten.

»Thomas, Essen ist fertig!« Der Ruf, der mich seit 25 Jahren als unverrückbare Konstante durch mein Leben begleitet, holte mich zurück in die Realität meines deutschen Familienlebens. Wie tausende Male davor raste ich die Treppe hinunter in Richtung Küche, fast wie im Wettrennen mit meinen Geschwistern. Da diese aber alle längst aus dem Hause waren, war der Tisch nur für drei Leute gedeckt. In der Mitte stand die Pfanne mit den dampfenden Bratkartoffeln und meine Eltern hatten ihre Hände bereits für das Tischgebet gefaltet. Als das gesprochen war, häufte meine Mutter mir so viele Bratkartoffeln mit Zwiebeln und Speck auf meinen Teller, wie nur draufpassten. Darüber verteilte ich zwei Löffel Dosenmais, der bei uns in der Familie als Salatersatz gereicht wurde – ursprünglich nur, wenn es schnell gehen sollte, aber im Laufe der Jahre hatte er sich als traditionelle Beilage zu Bratkartoffeln etabliert. »Jetzt sag schon! Wie war es in Shanghai? Was hast du so gegessen? Wie waren die Leute da? Du musst uns *alles* erzählen!«

Besonders betonte meine Mutter den letzten Satz und mir war klar, dass sie etwas ahnte. Ich wollte ihnen gerne irgendetwas von meinen Studien und den Erlebnissen in Shanghai erzählen. Doch ich befand mich in dem Dilemma, dass die Erlebnisse der letzten zwei Monate auf das Bild einer wunderschönen kurzhaarigen Chinesin mit einem bezaubernden Lachen im Gesicht zusammengeschrumpft waren. Liping.

Doch davon konnte ich ihnen nichts erzählen. Noch nicht. Die Ehepartner meiner Geschwister kamen alle aus demselben Ort und derselben Kirchengemeinde. Und selbst wenn meine Eltern meine Verbindungen mit China mittlerweile recht interessant fanden, so war doch eines klar: In Zukunft würde ihr Sohn genug von diesen Hirngespinsten haben und sich mit einer netten deutschen Frau in einem Umkreis von 5 km des Elternhauses niederlassen. Er würde zurück zur Sparkasse gehen und der Trubel mit dem ganzen Hin- und Hergefliege würde ein Ende haben. Wie ich ihnen erklären sollte, dass das ein sehr unrealistischer Plan war, das wollte ich erst in aller Ruhe mit Liping besprechen. Auch wenn wir uns erst eine gute Woche kannten, so war mir doch klar, dass sie eine super Strategin war und bestimmt mit einem perfekten Plan um die Ecke kommen würde.

»Also. Bratkartoffeln gab's da auf jeden Fall nicht. Überhaupt essen die Chinesen viel lieber chinesisches Essen als westliches.«

»Aber zumindest McDonald's gibt's da. Habe ich im Internet gesehen.«

»Ja, Papa, das wissen wir.« Meine Mutter und ich tauschten entnervte Blicke aus.

»Aber das, was da so als westliches Essen durchgeht, ist schon krass manchmal. Ich war einmal mit meiner, äh, also mit meinen Kommilitonen Pizza essen. Die Kellnerin hat uns die zwei Pizzen empfohlen, die am beliebtesten sind. Ihr werdet nicht glauben, was die uns da aufgetischt haben. Wisst ihr, was Durian ist?«

Und so berichtete ich fröhlich von Stinkfrucht, Peking-Enten und anderen Leckereien und war gleichzeitig froh, mal wieder Dinge zu mir zu nehmen, die ich sogar mit geschlossenen Augen zweifelsfrei identifizieren konnte. Ich achtete penibel darauf, dass ich Liping in meinen Geschichten wahlweise gegen Kommilitonen oder männliche chinesische Freunde austauschte. Das war nicht einfach, denn während ich meine Erlebnisse ganz unbedarft erzählte, war ich in Gedanken Tausende Kilometer weit entfernt in einem Taxi in den Armen meiner Liebsten, und Bratkartoffeln und neugierige Eltern waren weit, weit entfernt.

»Und sind die Chinesinnen hübsch?«, fragte meine Mutter, die meinen Ausführungen mit einem leicht ungeduldigen Blick gefolgt war und wahrscheinlich die ganze Zeit wie auf Kohlen gesessen hatte, nur um diese Frage zu stellen.

»Über alle Chinesinnen kann ich nichts sagen. Aber eine Chinesin, sie heißt Liping, ja, über die kann ich was sagen. Stellt euch eine exotische Schönheit vor, mit perfekten weiblichen Rundungen und wunderschönen, tiefschwarzen Augen. Und anders als man erwarten würde, mit kurzen schwarzen Haaren, durch die ich mein Leben lang wuscheln möchte. Wenn sie lacht, und das tut sie häufig, hat sie ein kleines Grübchen auf der linken Seite. Nicht besonders groß, aber man kann es sehen, wenn man ihr Gesicht genau betrachtet. Und ihr Charakter macht sie noch hübscher. Sie ist selbstbewusst und weiß genau, was sie will. Sie schafft es, mit ihren Geschichten immer alle zum Lachen zu bringen, und sie ist freundlich zu jedem, egal ob Straßenfeger oder Vorgesetzter. Natürlich kann sie auch mal wütend werden. Dann kommen zwei Falten zwischen ihren Augen zu Vorschein und ihr Kinn zieht sich nach oben. Dann sollte man vorsichtig sein. Aber was mich angeht, ich finde sie, wenn sie zornig ist, nur noch anziehender.«

Ich wünschte, ich hätte wirklich den Mut gehabt, diese Liebeserklärung einfach zwischen zwei Happen Mais und Bratkartoffeln meinen Eltern vorzutragen. Den hatte ich aber leider nicht.

»Wer? Die Chinesinnen? Also, äh, ganz ehrlich, auf die habe ich gar nicht so geachtet, ich war auch viel zu beschäftigt mit dem Studium, Chinesisch ist ja echt anstrengend, ich saß praktisch Tag und Nacht in meiner Studentenbude und habe Vokabeln gepaukt.«

Skeptisch sah mich meine Mutter an.

»Ja, und außerdem ist das viel zu kompliziert. Zwei komplett verschiedene Kulturen, und China ist viel zu weit weg. Zehn Stunden Flug sind echt anstrengend, wenn ihr mich dort besuchen solltet. Und das chinesische Essen ist ja auch nichts für jedermann.«

»Naja, zumindest gibt's da McDonald's.« Mein Vater konnte es sich einfach nicht verkneifen.

Ohne darauf einzugehen, ärgerte ich mich furchtbar über mich selbst. Wenn ich schon nicht den Mut hatte, ihnen von meiner chinesischen Liebe zu erzählen, dann musste ich ihnen den Gedanken daran doch nicht noch eigens madig machen. Ich hatte die wundersame Eigenschaft, manchmal erst zu reden und dann zu denken. Das würde mein deutsch-chinesisches Abenteuer nicht einfacher machen. So viel stand fest.

»Die kleinen asiatischen Kinder finde ich aber sehr süß, das muss ich zugeben.«

Überrascht sah ich meine Mutter an. Ihr siebter Sinn schien ihr zu sagen, dass irgendwas im Busch war und sie sich selbst darauf vorbereiten musste.

Inzwischen war ich pappsatt. Der volle Magen und meine Müdigkeit machten es mir schwer, mich zu konzentrieren und mich nicht zu verplappern. So verabschiedete ich mich für die Nacht in mein Zimmer.

Doch der wichtigste Grund für meinen frühzeitigen Aufbruch lag auf meinem Schreibtisch unter den Chinesischbüchern. Mein erster richtiger Liebesbrief, der darauf wartete, in mühevoller Kleinstarbeit von mir übersetzt zu werden.

Ich zog den Stuhl an den Tisch, knipste die Tischlampe an und holte mein dickes Deutsch-Chinesisches Wörterbuch aus der Schublade.

Liping hatte eine wunderschöne Schreibschrift, die schwarzen Linien eines Zeichens gingen fließend ineinander über

und die Sätze beendete sie jeweils mit einem perfekten kreis-
runden Punkt. Manchmal auch mit einem Ausrufezeichen,
wenn sie etwas besonders betonen wollte. So schön das
Schriftbild auch anzusehen war, so schwierig war es für mich,
den Brief zu übersetzen. Ich nahm ein leeres, liniertes Papier
zur Hand und begann. Zeichen für Zeichen schlug ich im Wörterbuch nach und schrieb die Bedeutung auf das Blatt Papier
vor mir. Hin und wieder musste ich meine Notizen wieder
durchstreichen und den Satz neu übersetzen. Einige Schriftzeichen waren so verschnörkelt, dass ich minutenlang rätseln
und verschiedene Varianten ausprobieren musste, bis der Zu-
sammenhang einen Sinn ergab. Doch die stundenlange Puz-
zlearbeit hatte sich gelohnt. Als die Uhr schon weit nach Mit-
ternacht zeigte, hielt ich in meinen Händen den schönsten
und romantischsten Liebesbrief, den ich mir nur vorstellen
konnte.

*Man kann weder einen Menschen an seinem Äußeren erken-
nen noch das Meer mit Löffeln messen.*

Lieber Thomas, mein kleiner Dicker,
den Tag, an dem du in mein Leben gekommen bist, werde ich
nie vergessen. Obwohl wir nur wenig Zeit miteinander ver-
bracht haben, habe ich einen sich kümmernden und aufrichti-
gen deutschen Mann kennengelernt. (Oder soll ich sagen, ei-
nen kleinen Jungen? Bei jedem Essen hast du auf deine
Kleidung gekleckert …)
Als wir uns bei der Party das erste Mal begegnet sind, fand ich
dich auf Anhieb süß. Dein kugelrunder Bauch und deine
Knopfaugen erinnerten mich sofort an den riesigen Teddybä-
ren, der meine ganze Kindheit über das Bett mit mir geteilt
hat.

Wir schüttelten uns die Hände und du hast dich vorgestellt:
»Hallo, ich bin Thomas.« Und mit einem Mal wurde dein Ge-
sicht so rot wie das Hinterteil eines Pavians.

Deine Hand war so nassgeschwitzt, dass meine Hand sich an-
fühlte, als hätte ich gerade frisch geduscht.

Obwohl deine Füße an dem Abend fürchterlich gestunken ha-
ben, …

Sie hatte es also gemerkt…

obwohl du der schlechteste Tänzer bist, den ich je gesehen
habe, und obwohl du wirklich nicht weißt, worüber man sich
beim ersten Date unterhält, …

Ich hatte ihr erzählt, wie kompliziert die deutsche Steuerge-
setzgebung ist. Wer schon mal eine Steuererklärung ausgefüllt
hat, wird mir doch zustimmen, oder?

obwohl du mich immer meinü nennst, …

Was ungefähr so unpassend und antiquiert ist, als würde man
seine deutsche Freundin »Backfisch« nennen.

trotz alledem wusste ich in dem Moment, als ich deine feuchte
Hand schüttelte: Du bist der Eine.

Ich habe nie an Liebe auf den ersten Blick geglaubt oder an
die große Liebe überhaupt, aber dann kamst du.

In der Nacht, nachdem wir im Club gewesen waren und drau-
ßen auf der Mauer frische Luft schnappten, habe ich erlebt,
dass ich recht hatte.

Als die zwei Jugendlichen auf der Straße angefangen haben
sich zu schlagen, waren da viele andere Männer, die es gese-
hen haben. Allesamt waren sie schlanker, größer, muskulöser
und besser aussehend als du. Aber du, mein kleiner Dicker,
warst der Einzige, der aufgestanden ist, um dem Schwächeren
zu helfen. In dem Moment wusste ich: Man kann weder einen
Menschen an seinem Äußeren erkennen noch das Meer mit
Löffeln messen.

In Bruchteilen einer Sekunde hast du dich von einem Teddy-bären in meinen persönlichen Superhelden verwandelt.
Ich muss weinen bei dem Gedanken, dass die schönsten Momente immer am schnellsten vergehen. Wenn du das liest, bist du bereits Tausende Kilometer von mir entfernt. (Es sei denn, du hältst dich nicht an meine Anweisung und hast den Brief schon im Flieger geöffnet.)
Wir kennen uns zwar erst seit wenigen Tagen, aber ich habe jetzt schon das Gefühl, dass ich ohne dich nicht mehr leben kann!
Außerdem hast du mir zwar viel über deutsche Steuern erzählt, aber nichts über deine Gefühle für mich. Ich habe nämlich Gefühle für dich und ich hoffe, dass das umgekehrt auch der Fall ist. Oder bin ich da etwa zu optimistisch?
Ich bin davon überzeugt, dass es eine Macht gibt, die unser Leben lenkt und die die Wege von Menschen sich kreuzen lässt, die zusammengehören. Ganz egal, ob du es jetzt Schicksal, Fügung oder Gott nennen möchtest. Wenn du diesen Text verstehst, dann soll es so sein. Dann glaube ich auch daran, dass wir eine gemeinsame Zukunft haben können. Ich hoffe inbrünstig, dass du diesen Brief verstehst.
Bis bald, mein kleiner, dicker, schwitzender Superheld.

Deine Liping

Ich las mir den Brief in Chinesisch und Deutsch zum gefühlt zehnten Mal durch. Ich versuchte herauszufinden, ob ich nicht vielleicht etwas falsch übersetzt hatte. So ein Glück konnte ich doch nicht haben. Vielleicht hatte ich den Brief falsch herum gelesen und andersrum hatten die Zeichen eine ganz andere Bedeutung. Ich drehte ihn auf den Kopf. Nein, das ergab keinen Sinn. Mein Herz drohte zu platzen, so heftig spürte ich es schlagen. Einerseits war ich so erfüllt von Glück über diese wunderschöne Liebeserklärung, andererseits zerriss mich die Sehnsucht nach Liping. In diesem Moment wünschte ich mir nichts mehr, als in ihrer Nähe zu sein. Nichts zu sagen. Sie einfach nur zu spüren und diese Frau meiner Träume nie wieder loszulassen.

Ich hielt den Brief vor meine Nase, in der Hoffnung, der ihm anhaftende Geruch ihres Parfüms würde mich ihr ein Stückchen näher bringen. Doch der Brief roch nur nach Kleber und getrockneter Tinte. Nun gut, trotz alledem waren wir ja schließlich nicht in einer Hollywood-Romanze. Als ich noch ein wenig an dem Kleber schnüffelte, klopfte es an der Tür und ich schob den Brief schnell unter meine Lernsachen.

»Ja?«

Meine Mutter öffnete die Tür halb und blieb im Türrahmen stehen.

»Du schläfst noch nicht?«

»Ich wiederhole noch ein paar Vokabeln. Bei Chinesisch muss man echt am Ball bleiben.« Gelogen war das nicht. An diesem Abend hatte mein Chinesisch-Leseverständnis große Fortschritte gemacht.

»Mach nicht zu lange. Der Flug war bestimmt anstrengend.«

Sie kam ins Zimmer, gab mir einen Kuss auf mein Haar und strich mir über die Wange.

»Egal wo du in Zukunft auch bist, Papa und Mama sind immer für dich da, o.k.?«

Sie ahnte also definitiv etwas. Aber natürlich brachte ich es wieder nicht über die Lippen.

»Wo sollte ich denn schon hin? Ich wurde hier geboren und will hier auch sterben.« Selbst das war gar nicht so unwahr. Nur wo ich die Jahrzehnte zwischen Geburt und Ableben eventuell verbringen wollte, das verschwieg ich lieber.

»Na, das sehen wir dann. So mein Kleiner, dann mal ab ins Bett.« Dass die Zeiten, in denen der jüngste Sohn am Wochenende und in den Semesterferien zu Mama kam, um sich bekochen und die Wäsche waschen zu lassen, sich so langsam dem Ende zuneigten, spürten wir beide.

Als ich im Bett lag, wollte ich den Brief nochmal lesen und ging zum Schreibtisch. Mit Schrecken stellte ich fest, dass ich zwar den chinesischen Brief unter den Büchern gut versteckt hatte, meine deutsche Übersetzung mit den Kritzeleien und Anmerkungen aber offen und sichtbar auf dem Schreibtisch lag. Wenn meine Mutter das Blatt gesehen hatte, so hatte sie sich jedenfalls nichts anmerken lassen. Mein schauspielerisches Talent hatte ich wahrscheinlich von ihr geerbt.

Ich stopfte die Papiere in die Schublade und warf mich ins Bett, um endlich mal wieder ungestört das Wochenende zu verschlafen. Ab Montag musste ich an der Uni meine Chinesischkenntnisse weiter vorantreiben. Ich war zwar hundemüde, doch schuldete ich Liping noch eine Antwort auf ihren Brief. Da das Verfassen eines Rückliebesbriefes auf Chinesisch samt Postweg zu viel Zeit in Anspruch nehmen würde, schrieb ich ihr auf Englisch eine kurze SMS.

Ich habe den Brief verstanden. ♥

Ein schwarz-weißes Herz bekam selbst mein Handy noch hin. Ich zögerte. Schnell fügte ich noch ein *Ich liebe dich!* hinzu und drückte auf Senden, bevor ich mich umentscheiden konnte.

Das war's. Ich hatte einer Frau meine Liebe gestanden. Und sie liebte mich auch. Bestimmt.

赶鸭子上架

DIE ENTE AUF DEN AST TREIBEN

In dieser Nacht träumte ich, dass ich auf dem Vordersitz eines Taxis saß. Draußen regnete es in Strömen und der Taxifahrer haute unentwegt auf das Taxameter, das einfach nicht anspringen wollte. Voller Wut trat er immer fester aufs Gaspedal, als würde das dem Taxameter Angst einjagen. Als ich mich umdrehte, sah ich auf der Rückbank meine Mutter mit einem asiatischen Kind auf dem Schoß sitzen. Sie hielt ein Handy ausgestreckt vor sich und machte pausenlos Selfies mit dem Baby. Mein Vater saß neben ihr, starrte mich genervt an und fragte unentwegt: »Wann fahren wir endlich zu McDonald's? Wann fahren wir endlich zu McDonald's?«

Als ich von dem Vogelzwitschern wach wurde, das mir viel lauter als früher vorkam, war ich total verwirrt. In Shanghai war ich jeden Morgen vom Motorenlärm und den Rufen der Straßenhändler, die Zwiebel-Pfannkuchen und Teeeier als schnelles Frühstück verkauften, geweckt worden. Ich öffnete die Augen und der Taxifahrer und das asiatische Kind waren verschwunden. Dass Liping in dem Traum nicht vorgekommen war, war mir völlig egal, denn nun war sie Teil meiner Realität. Die bestand jedoch daraus, dass wir uns in dem nächsten Jahr wohl nur auf Computerbildschirmen und Fotos sehen würden. Ich griff verschlafen nach meinem Handy. 17 Uhr. Es war noch auf Shanghaier Zeit eingestellt. In diesem Moment wurde mir bewusst, was in Zukunft auf uns zukommen würde. Während ich noch nicht gefrühstückt hatte, war Liping wahrscheinlich schon auf dem Weg zum Abendessen.

Ich öffnete den SMS-Eingangsordner meines Handys und sah, dass ihre Antwort auf meine gestrige Nachricht aus nur drei Wörtern bestand. *Ich dich auch.*

Jetzt konnte mich nichts mehr im Bett halten. Ich warf die geblümte Decke auf die Seite, öffnete das Fenster und ließ ein lautes »Juhuuuuuuuuuuuu!« erschallen.

Die Nachbarshühner erlitten einen mittelschweren Schock und stoben erschrocken auseinander. Der Nachbar schob die Küchengardine beiseite und blickte mich böse an. Wahrscheinlich würde durch meine Aktion seine heutige Eierernte starke Einbußen erleiden. Mir sollte es recht sein. Ich war einfach nur glücklich.

»Alles in Ordnung da oben?«, hörte ich die Stimme meines Vaters aus dem Wohnzimmer im unteren Stock. Ich zog mir eine Jogginghose an und streifte mir ein T-Shirt über. Polternd rannte ich die Treppe hinunter, wobei ich nur jede zweite Stufe nahm. Mein Vater saß kaffeetrinkend am Küchentisch bei der Samstagsausgabe der *Oberbergischen Volkszeitung* und blickte mich verwundert über den Rand seiner Lesebrille an.

»Ich freu mich einfach zurück zu sein. Die Landluft hier ist herrlich.«

Ich drückte auf den Knopf der Kaffeemaschine und nach wenigen Sekunden gesellte sich das Aroma der gemahlenen Kaffeebohnen zu dem Duft der frischen Brötchen. Egal, wie lange man als Deutscher im Ausland lebt, bei diesem Geruch wird es einem warm ums Herz und im Magen. Während ich das knusprige Vollkornbrötchen mit dem roten Brotmesser in zwei Hälften schnitt, reichte mir mein Vater den Lokalteil der Zeitung. Dort tippte er mit dem rechten Zeigefinger auf ein Foto ganz oben auf der Seite mit einem kleinen Text rechts daneben.

Brautpaar der Woche

Am Wochenende haben sich der Gummersbacher Matthias Kausemann (31) und seine koreanische Frau Yuna Kausemann-Pak (29) auf dem Marienheider Schloss Gimborn im Kreise ihrer Familie das Jawort gegeben. Das Paar wird zukünftig in Seoul, Südkorea leben.

Auf dem Foto war ein glücklicher Bräutigam mit einer vollen, blonden Mähne sowie seine strahlende Braut zu sehen. Diese hatte die schwarzen, langen Haare zu einer kunstvollen Frisur hochgesteckt. Die zierliche Asiatin zeigte selbstbewusst und glücklich ihre perlweißen, perfekten Zähne in die Kamera.

»Ja, und? Ich kenne sie zwar nicht, freue mich aber für die beiden. Die sehen doch total glücklich aus.« Das war die Gelegenheit, meinen Eltern von unserem Glück zu erzählen! Als hätte »die Macht«, die Liping in ihrem Brief beschrieben hatte, das so angeordnet, hörte ich in diesem Moment den Toyota meiner Mutter die Auffahrt hochfahren, mit dem sie wie jeden Samstag zum Einkaufen gefahren war.

Ich konnte mir nicht vorstellen, wie meine strenggläubigen Eltern auf eine chinesische Freundin aus buddhistischem Elternhaus reagieren würden. Ihren Segen für diese Beziehung zu bekommen, war genauso wie der Versuch eine Ente auf den Baum zu treiben – ein Ding der Unmöglichkeit. Dann aber sah ich Liping vor meinem geistigen Auge, wie sie mir aufmunternd zuzwinkerte. Ich fasste einen Entschluss. Wenn meine Mutter gleich reinkommt, sage ich es ihnen einfach. Sie werden schon keinen Herzinfarkt erleiden. Dann zeige ich ihnen ein Foto von Liping und sie werden nach einmal Schlucken diese wunderschöne und liebenswerte Frau an der Seite ihres jüngsten Sohnes akzeptieren. Ich knetete die Gelenke meiner Finger so fest, dass sie ganz weiß wurden.

»Ich sag dir was. So ein Foto«, dabei tippte mein Vater noch einmal auf die Zeitung, »wollen wir hier nicht hängen haben.«

Ich blickte auf die Wand hinter ihm mit den Hochzeitsfotos meiner verheirateten Geschwister. Allesamt waren vor der örtlichen Kirche mit lokalen Schwiegertöchtern bzw. -söhnen aufgenommen worden. Ich stellte mir vor, wie wir, ich im Anzug und Liping im weißen Kleid, dort zwischen meinen Geschwistern hängen würden. Schön sah das aus. Ich lächelte in mich hinein. Doch mein Vater war keineswegs so begeistert wie ich.

»Am Anfang sieht alles rosig aus, aber im Alltag ist das zu schwierig mit den verschiedenen Kulturen. Die Gebräuche und der Umgang sind total verschieden von dem, was wir gewohnt sind. Und natürlich auch die Religion. Selbst das Essen ist ja total anders. Das hast du selbst gesagt.«

»Naja, in Korea gibt's bestimmt auch McDonald's«, erwiderte ich halb scherzend.

»Selbst bei mir und deiner Mutter«, er zeigte mit dem Daumen hinter sich in Richtung Hof, »gab es Probleme. Und dabei kommen wir nur aus zwei verschiedenen Dörfern. Aber auch da gibt es Kulturunterschiede!« Die Theorie der Dorf-Kulturunterschiede hörte ich zum ersten Mal in meinem Leben, mein Vater brachte sie aber in einem sehr überzeugten Ton vor.

»Wir finden China auch toll, aber eine chinesische Schwiegertochter, das wird deine Mama nicht überleben.«

Ich wollte ihm erwidern, dass sie wahrscheinlich mehr wusste, als er ahnen konnte, aber solche Anspielungen würde er sowieso nicht verstehen. Die Macht hatte mir also gezeigt, dass es momentan vielleicht doch nicht die beste Gelegenheit war, ihnen von ihren zukünftigen familiären Verbindungen nach China zu erzählen. Ich verschob das Vorhaben wohl besser auf ein anderes Mal. Stattdessen stand ich auf, um meiner Mutter beim Schleppen der Einkaufstüten zu helfen.

»Ich habe Frühlingsrollen gekauft, die mache ich zu Mittag, da fällt dir die Umgewöhnung leichter«, rief sie mir begeistert zu, während sie die Kofferraumklappe zuschlug.

......

Zurück an der Uni investierte ich erst einmal ein gefühltes Vermögen in ein Smartphone, das Chinesisch konnte und mit dem man Videoanrufe ins ferne Shanghai tätigen konnte.

Unsere Fernbeziehungsroutine sah so aus, dass wir uns immerzu schrieben, was wir gerade taten und wie sehr wir einander vermissten und liebten. Wie liebte und hasste ich doch dieses kleine elektronische Gerät, das mir meine Liebe so nah und doch so fern erscheinen ließ. Jeden Nachmittag beeilte ich mich, nach der Vorlesung schnell in meine Studentenbude zurückzukommen, um per Video mit Liping zu sprechen und ihr eine Gute Nacht zu wünschen.

»Na, Backfisch?«, sagte ich scherzhaft. Meine Chinesischkenntnisse verbesserten sich rasant und ich musste immer weniger englische Vokabeln in unsere Konversation einfließen lassen.

»Na, mein kleiner Dicker?«

Manchmal schauten wir uns stundenlang nur gegenseitig an, ohne etwas zu sagen, ohne dass dies auch nur ansatzweise unangenehm war. Wir waren einfach froh, uns ungestört von allen äußeren Einflüssen sehen zu können.

Eines Tages, es waren vielleicht zwei Monate nach meiner Rückkehr nach Deutschland, hatten wir jedoch viel zu bereden.

»Ich habe gestern mit meinen Eltern gesprochen«, fing sie das Gespräch an.

»Und?«

»Ich habe ihnen nicht direkt von dir erzählt. Ich habe sie einfach gefragt, wie sie es finden würden, wenn ich mit einem Ausländer zusammen wäre.«

»Und? Was haben sie gesagt?«, fragte ich gespannt.

»Meine Mutter sagte erstmal, solange es kein Italiener ist, sei ihr das egal. Die seien zwar sehr romantisch, hingen aber zu sehr an der Mama und könnten keiner anderen schönen Frau widerstehen.«

Ich lachte laut auf. Anscheinend hat Lipings Mutter Erfahrungen mit italienischen Casanovas.

»Mein Vater ist komplett ausgerastet. Er hat mir gesagt, wie undankbar ich doch wäre. Sie hätten mich mehr als zwei Jahrzehnte lang aufgezogen, nur um erleben zu müssen, dass die Tochter herzlos ihre eigenen Eltern verstößt. Ich selbst würde im Ausland ein Leben in Saus und Braus führen, während sie arm und allein in China ihrer Tochter nachtrauern würden.«

Auch wenn es ein ernstes Thema war, musste ich bei ihren Ausführungen unwillkürlich grinsen. Denn aus Lipings Erzählungen wusste ich, dass ihre Eltern wahre Genießer waren und sehr wohl wussten, wie man das Leben mit Freunden, Mah-Jongg, Reisschnaps und ohne Tochter angenehm gestalten konnte.

»Und dann sagte er noch, dass er alle Kontakte mit mir abbrechen würde, mich enterben würde und meine Kinder ohne ihren Großvater aufwachsen müssten, wenn ich einen Ausländer heiraten würde.«

»Und was hast du dann gemacht?«

»Ich habe gesagt, dass es für meine zukünftigen Kinder wahrscheinlich auch das Beste sein würde, wenn sie jemand so Intolerantes und Starrköpfiges nicht kennenlernen. Dann bin ich aufgestanden und gegangen.«

Ich klatschte in die Hände. Diese Frau war einfach der Wahnsinn! Von ihr konnte ich noch sehr viel lernen. Ich hoffte inständig, dass ich ebenfalls bald den Mut haben würde, so mutig vor meinen Eltern aufzutreten und ihnen von unserer Liebe zu berichten.

»Du bist echt super, Liping, wir werden das schon schaffen. Egal was die Alten hier in Deutschland und in Shanghai sagen.«

»Ich kann es einfach nicht verstehen. Wir lieben uns doch nur. Wir begehen doch keine Straftat. Wir machen doch keinen unglücklich damit, wenn wir zusammen sind.« Zwinkernd fügte sie hinzu:»Außer meine ganzen Verehrer, die werden ein Leben lang unglücklich sein.« Ich setzte einen Schmollmund auf, konnte aber ihrem ansteckenden Lachen nicht widerstehen und stimmte mit ein.

»Wir machen es so: Du sagst es erst deinen Eltern. Dann überlegen wir, wie wir es meinen beibringen. Deine Eltern sind bestimmt viel lockerer drauf als meine. Das bekommst du schon hin.«

Da war ich mir zwar nicht so sicher, stimmte aber ihrem Plan zu. Wenn ich am nächsten Wochenende zurück nach Hause fahren würde, würde ich es ihnen erzählen. Ohne Wenn und Aber.

Mittlerweile war es mitten in der Nacht in Shanghai und wir verabschiedeten uns mit einem imaginären Kuss in die Kamera. In diesem Moment stellte ich mir immer den Erdbeergeschmack ihrer Lippen vor. In wenigen Monaten konnte ich den endlich wieder schmecken. Für meine beiden Abschlusssemester hatte ich nämlich eine Zulassung für die Fudan-Universität in Shanghai bekommen. Es war also Land in Sicht.

......

Als ich am nächsten Freitagabend mit einer Reisetasche voller dreckiger Wäsche und einem grummelnden Bauch aus der Regionalbahn stieg, nahm ich mir fest vor, meinen Eltern so schnell wie möglich von meinem Glück zu erzählen.

Am Abendbrottisch versuchte ich meine Gedanken zu sammeln.

»Papa und Mama, also äh, ich wollte euch etwas fragen, also äh, vielmehr sagen.«

Gespannt schauten die beiden mich an.

»Also, ja, folgendermaßen. Es ist nämlich so, ich war doch in China, ne?«

Ich biss in mein Brot und kaute langsam darauf herum.

»Und als ich in China war, da habe ich, also, als ich da Pizza essen war…«

Mit einem Schluck Tee spülte ich das Brot die Kehle herunter.

»Also am Abend mit der Stinkfrucht-Pizza…«

So langsam schienen sie sich zu fragen, ob ich es schaffen würde, noch an diesem Abend zum Punkt zu kommen, oder ob sie sich auf eine lange Nacht einstellen mussten. Meine Mutter stand auf und fing an das Geschirr abzuräumen. Während meiner Stammeleien hatten die beiden ihr Butterbrot längst verzehrt.

»Ja, was war denn da, als du Pizza essen warst? Was ist denn los, Thomas?«, fragte meine Mutter leicht genervt, als sie die Teller und Tassen energisch in der Spülmaschine verstaute. Ich biss noch einmal in mein Schinkenbrot.

»In China, beim Pizzaessen, da habe ich jemanden…«

Ich bemerkte zwei wieder interessiert in meine Richtung blickende Augenpaare.

»Ich meine, da habe ich mir gedacht, also, ähm, wollt ihr am Wochenende mit mir zum Chinesen essen gehen? Ich lade euch ein!«

Ich ohrfeigte mich innerlich selber. Da hatte mich Liping in ihrem Liebesbrief gelobt, was für ein männlicher Superheld ich doch sei, und ich schaffte es nicht, meinen Eltern die Liebe zu einer so wundervollen Frau zu gestehen. Wie sehr ich mir wünschte, dass sie jetzt hier wäre. Sie würde es mit ihrem Charme und mit ihrem Lachen in wenigen Augenblicken schaffen, das Herz meiner Eltern zu erobern. Doch wie sollte ich ihnen bloß eine Frau beschreiben, die ich selber erst wenige Male persönlich getroffen hatte und bei der ich doch das Gefühl hatte, sie schon ein Leben lang zu kennen?

»Ja, sehr gerne! Du weißt, wie gerne wir zum Chinesen gehen. Der macht das beste Kartoffelgratin in der ganzen Umgebung.«

Moment mal. Das war es. Ich musste Liping sich selber vorstellen lassen! Dann würde sie mit ihrem Witz und ihrer Persönlichkeit meine Eltern direkt auf ihre Seite ziehen. Wozu hatte ich mir denn dieses überteuerte Smartphone gekauft? Und selbst bei uns auf dem Dorf waren mittlerweile DSL-Leitungen angekommen, auch wenn es nicht die allerschnellste Verbindung war. Ich war so glücklich über diesen grandiosen Einfall! Liping musste mit meinen Eltern telefonieren.

»Dann am Sonntagmittag?«

»Ja, super, am Sonntagmittag! Ich sag ihr sofort Bescheid«, rief ich ganz aufgeregt.

Meine Eltern starrten mich verständnislos an.

»Wem?«

Erst jetzt merkte ich, dass ich voller Vorfreude über das Telefonat mit meiner chinesischen Freundin und mein Vater über das glutamatverseuchte pseudo-chinesische Büffet in unserem Dorf gesprochen hatte.

»Katharina!«

Puh, das war gerade nochmal gut gegangen. »Ja, ich wollte Katharina fragen, ob sie nicht mit zum Chinesen kommen will.«

Zum Glück war mir meine ältere Schwester eingefallen. Sie gesellte sich immer gerne zu uns dazu.

......

Weder das Kartoffelgratin noch die Pekingsuppe sagten mir an diesem Sonntag so richtig zu. Mit jedem Bissen wurde die Zeit bis zu meiner Abreise zurück zur Uni knapper. Ich musste Ergebnisse liefern. Am Abend wollte ich mit Liping telefonieren und ihr sagen, wie es gelaufen war. Ansonsten lief ich in Gefahr, mich vom Superhelden zurück in den Teddybären zu verwandeln, den man einmal sehr geliebt hat, an dem man nach einiger Zeit aber das Interesse verliert.

Zurück in meinem Zimmer, verschloss ich die Tür fest hinter mir. Ich nahm beschämt mein Handy in die Hand und startete einen Videoanruf mit Liping.

»Hallo«, sagte ich leise und ohne richtig in die Kamera zu gucken.

Auch über Tausende Kilometer Entfernung und das verpixelte Bild hinweg wusste sie sofort, dass etwas nicht in Ordnung war.

»Haben sie dich rausgeschmissen?«

»Nein, quatsch, natürlich nicht. Ich habe noch nicht geschafft, es ihnen zu sagen. Ich dachte, du könntest…«

Ich konnte sehen, wie sich ein trauriger Ausdruck auf ihr Gesicht legte.

»Liebst du mich?«

»Ja.«

»Willst du auch in Zukunft mit mir zusammen sein?«

»Ja, natürlich!«

»Dann musst du es ihnen sagen. In ein paar Monaten ist dein Semester zu Ende und du kommst wieder nach China zum Studieren. Was ist, wenn deine Eltern dich besuchen kommen wollen? Dürfen sie mich nicht sehen? Darf ich sie nicht kennenlernen? Ist es das, was du willst?«

Ihr trauriger Gesichtsausdruck war einem zornig-entschlossenen gewichen. Natürlich wollte ich das nicht.

»Natürlich will ich das nicht.«

Die Antwort ließ einen Moment auf sich warten, da das Bild stockte. Unsere Internetgeschwindigkeit auf dem Lande ließ sich eben doch nicht mit der in Shanghai vergleichen. Nachdem die verirrten Pixel mit ein paar kratzenden Geräuschen ihren Weg an die richtige Stelle gefunden hatten, sah ich Liping wieder klar und deutlich.

»Dann sag ich dir, wie wir es jetzt machen.« Da war sie wieder, die Planerin.

»Wo sind deine Eltern jetzt?«

»Unten im Wohnzimmer. Wieso?«

»Du gehst jetzt sofort runter, holst sie nach oben und ich stelle mich ihnen vor. Ich sage, dass ich dich liebe, dass ich mit dir zusammen sein will und du sagst dann das Gleiche nochmal.«

»Auf Deutsch?«

Liping hatte in den letzten Monaten fleißig Onlinekurse belegt und deutsche Vokabeln und Grammatik gelernt.

»Ja natürlich. Das kriege ich schon hin.«

»Na gut, dann sag ihnen einfach, dass du mit ihnen persönlich sprechen und dich vorstellen willst. Alles andere übersetze ich dann.«

»Jetzt ab mit dir nach unten.«

Eine Frau, ein Wort. Sie wollte den Plan tatsächlich durchsetzen, aber sie hatte ja recht. Besser ein kurzer starker Schmerz als ein lang anhaltender chronischer. Trotzdem war mir mulmig zumute, als ich mein Smartphone auf dem Schreibtisch an ein Buch lehnte, ohne aufzulegen. Ich wusste, wie wichtig Kirche und Religion für meine Eltern waren. Aber es half nichts. Ich hatte mich nun mal in eine Frau aus einem anderen Land und einem anderen Kulturkreis verliebt und war mir zu hundert Prozent sicher, dass sie die Eine war.

Langsam drehte ich den Schlüssel im Schloss um und drückte die Türklinke nach unten. Die Treppe, die ich sonst mit verbundenen Augen runterlaufen konnte, kam mir ewig lang und wackelig vor. Da ich Angst hatte, meine schlotternden Knie würden mich nicht sicher bis ins Erdgeschoss bringen, beschloss ich von oben hinunterzurufen.

»Papamama (bei uns in der Familie war der Ruf zu einem Wort verschmolzen), kommt ihr mal bitte nach oben?«

Ich bekam keine Antwort, sondern hörte nur das Rascheln von Papier und wie ein Buch zugeklappt wurde. Sie mussten ahnen, dass dies kein gewöhnlicher Gesprächsanlass war, denn normale Unterhaltungen führten wir eigentlich in der Küche oder im Wohnzimmer. Ich konnte mich nicht daran erinnern, wann mein Vater das letzte Mal mein Zimmer betreten hatte. Das lag vielleicht auch daran, dass wir so grundverschieden waren. Er ist sehr penibel und ordnungsbewusst und ich fühle mich nur wohl, wenn Bücher und Papier sich auf meinem Schreibtisch stapeln, die Kleidung auf meinem Bett zu drei ordentlichen Haufen aufgetürmt und das Regal von einer weichen, dunkelgrauen Staubschicht bedeckt ist.

Während ich unten die Schritte meiner Eltern vernahm, hörte ich im Hintergrund, wie Liping leise deutsche Wörter vor sich hin murmelte, wobei es in der Leitung immer mal wieder knackte und zu Unterbrechungen kam.

»sprechen…, persönlich …, …stellen, mit Ihnen…«

Meine Mama, die als Hausfrau und Mutter von sechs Kindern immer sehr energisch unterwegs war, kam als Erste schnellen Schrittes die Treppe hoch. Sie war zwar nicht mehr so schnell wie zu meinen Kindheitstagen und musste sich auch immer öfter am Geländer festhalten. Doch an ihrer resoluten Art sich zu bewegen, erkannte man die Frau, die jahrzehntelang eine Großfamilie verköstigt und aufgezogen hatte.

»Was ist denn los? Ist irgendwas passiert?«

»Ich hoffe, es ist was Wichtiges, dass du deinen Vater am Sonntagabend noch die Treppe rauf und runter hetzt«, maulte mein Vater schnaufend hinter meiner Mutter.

»Ich will euch etwas zeigen.«

Das Zimmer war nur von dem blauen Licht des Displays beleuchtet, auf dem das Gesicht von Liping zu sehen war. In froher Erwartung hatte sie ihr schönstes Lächeln aufgesetzt. Meinen Eltern war das Handy auf dem Schreibtisch noch gar nicht aufgefallen, da mein Vater sich erstmal über »das Chaos hier« beschwerte und meine Mutter pflichtbewusst anfing, die T-Shirts auf meinem Bett zu falten.

»Hallo«, tönte Lipings Stimme aus dem kleinen Lautsprecher. Zeitgleich wandten sich meine Eltern von der Unordnung im Zimmer ab und sahen auf das Smartphone, das an dem *Großen Deutsch-Chinesischen* Wörterbuch lehnte. Da die beiden ihre Brillen unten vergessen hatten, bewegten sie ihre Gesichter so nah an das Display, dass Liping unwillkürlich ein wenig zurückwich. Auf dem kleinen Bildschirm, der das Bild der eigenen Kamera anzeigt, sah ich, was Liping nun in Groß auf ihrem Handybildschirm sah: nämlich die beiden Nasen meiner Eltern, die sie ungünstig vor der Handykamera platziert hatten, um einen Blick auf das exotische Wesen zu werfen, das ihnen gerade »Hallo!« zugerufen hatte. Liping ließ sich von den hohen europäischen Nasen nicht aus dem Konzept bringen und setzte an, ihren einstudierten Text auf Deutsch aufzusagen.

»Hallo, ich bin Liping, die Freundin von Thomas.«

Meine Eltern fuhren vor Schreck ein Stück zurück, drehten sich fragend zu mir um, doch ich grinste sie nur unbeholfen an. Jetzt war es raus. Liping, die jetzt die kompletten Gesichter meiner Eltern sehen konnte, fuhr unbefangen fort.

»Also«, sie räusperte sich, »ich habe schon oft mit Thomas geschlafen.«

Ich spürte plötzlich einen starken Druck auf meinen Schläfen. Die Schläfenmassage musste wieder her. Während ich meine Zeige- und Mittelfinger langsam in Richtung meiner Schläfen bewegte, standen meine Eltern wie zwei Salzsäulen erstarrt da und wagten nicht, sich zu rühren. Liping war so sehr auf ihr Deutsch konzentriert, dass sie nicht sah, wie ich im dunklen Hintergrund versuchte, sie zu korrigieren. Mit den Lippen formte ich lautlos die Worte:

»Ge-spro-chen, ge-spro-chen, nicht: geschlafen.«

Ich betonte jede Silbe extra deutlich. Doch sie war so überzeugt von sich selbst und ihren Deutschkenntnissen, dass sie mich gar nicht wahrnahm, sondern unbeirrt weiter auf meine Eltern einredete.

»Ich habe also mit Thomas geschlafen und jetzt wollte ich auch gerne mit Ihnen beiden schlafen.« Meine Augen wurden immer größer und im kleinen Bildschirm sah ich, dass sich so einiges im Gesicht meiner Eltern abspielte.

»Und ich persönlich stelle mir vor, dass…« In diesem Moment stockte das Bild und wir konnten nicht mehr hören, was Liping sich wohl mit meinen Eltern so vorstellen konnte. Ihr Gesicht auf dem Bildschirm war genau an der Stelle eingefroren, als sie den Mund besonders weit aufmachte, um das Gesagte zu betonen.

Das Abbild meiner Eltern auf dem Bildschirm war ebenfalls zum Stillstand gekommen, doch die echten drehten sich jetzt in Zeitlupe zu mir um. Sie hatten während der ganzen Zeit keinen Ton von sich gegeben. Meine Mutter hatte noch das T-Shirt in der Hand, das sie gerade hatte falten wollen. Wenn ich es genau betrachtete, musste es wahrscheinlich gleich noch mal gebügelt werden.

»Ja, äh, wie gesagt, das ist also Liping, meine chinesische Freundin. Wir haben uns in Shanghai kennengelernt. Und sie meinte ›gesprochen‹, sie hat mit mir gesprochen. Und überhaupt, wir haben noch gar nicht …«

»Vielen Danke euch!«, ertönte Lipings Stimme plötzlich wieder aus dem Lautsprecher.

Dann war es einen Moment lang ganz still.

»Ja, äh, bitte.«

Das war das Erste, was meiner Mutter einfiel. Wenn wir alle auch nicht wussten, wofür Liping dankbar war.

»Du kannst schon gut Deutsch, aber ein paar Vokabeln musst du vielleicht nochmal wiederholen«, scherzte mein Vater. Ich war verwundert über seine Reaktion. Dass er nach dieser Offenbarung zum Scherzen aufgelegt war, damit hätte ich wirklich nicht gerechnet.

»Wie war dein Name nochmal?«

»Liping.«

Ich sah und hörte, wie die beiden versuchten, die richtige Aussprache nachzuahmen.

Li-ping. Li-ping.

»Das ist ja ein schöner Name«, rief mein Vater aus. »Liping, das hört sich fast so an wie Liebling.« In der Sorge, dass sie es nicht verstanden hatte, näherte er sich wieder der Kamera. Dieses Mal war nur noch sein Mund in dem kleinen Bildschirm zu sehen. »Weißt du, Liebling heißt ›Darling‹ auf Deutsch, Liebling, äh, also ich meine Liping.« Er kicherte über seinen eigenen Scherz. »Liebling darf dich nur Thomas nennen.«

»Äh, ja, na gut. Es war schön dich kennenzulernen, Liping. Wir lassen euch beide dann jetzt mal alleine. Wie spät ist es bei dir jetzt?« Meine Mutter blickte auf die Wanduhr.

»Zwei Uhr nachts.«

»Na dann, gute Nacht, wir müssen auch ins Bett.«

Selbst wenn meine Eltern immer zeitig ins Bett gingen, wusste ich, dass acht Uhr Schlafenszeit sogar für sie zu früh war. Aber mir war klar, dass sie jetzt einiges zu verdauen hatten, und so ließ ich sie von dannen ziehen. Das war wirklich nicht das, womit ich gerechnet hatte. Nachdem sie die Tür von außen geschlossen hatten, ging diese nochmal kurz auf und im Lichtspalt sah ich, wie meine Mutter ins Zimmer hineinlugte.

»Sie ist aber nicht schwanger, oder?«

Entnervt machte ich eine abweisende Handbewegung in Richtung Tür.

»Oh Mama, wir haben noch gar nicht miteinander…«

Doch bevor ich ihr weitere Details aus meinem Liebesleben verraten konnte, hatte sie die Tür schon wieder zugezogen und ich grinste den Bildschirm an, auf dem ich sah, dass Liping an ihrem Schreibtisch eingenickt war.

Diese Ente hatten wir erfolgreich auf den Ast getrieben.

……

Nach dieser Lebenslektion im Kurs »Mach dir im Vorhinein nicht in die Hose wegen etwas, das noch nicht passiert ist und mit höchster Wahrscheinlichkeit auch in Zukunft niemals passieren wird«, feierten Liping und ich den ersten Sieg dieser Odyssee, an deren nächster Station nicht der Meeresgott Poseidon stand, sondern eine furchterregende Gestalt namens Tigervater. So nannten wir meinen zukünftigen Schwiegervater heimlich, denn er war – das wusste ich aus Lipings zahlreichen Erzählungen – so unberechenbar und schwer zu zähmen wie ein Tiger in freier Wildbahn.

Meine Eltern hingegen bewegten sich, was meine Beziehung zu einer chinesischen Frau anging, so vorsichtig, als würden sie auf Porzellanschalen gehen, die ja nicht kaputtgehen durften. Nachdem die Frage nach einer möglichen Schwangerschaft geklärt war, drehten sich die Fragen meist um unsere gemeinsame Zukunft.

»Wo werdet ihr denn später leben?«

»Wo werden eure Kinder zur Schule gehen?«

»Wann kommt sie mal nach Deutschland?«

»Wann können wir euch in China besuchen?«

Und natürlich:

»Hoffentlich ähneln eure Kinder Liping, die chinesischen Babys sind ja alle so süß.«

»Ja, Mama.«

......

Meine Beziehung mit Liping entwickelte sich weiterhin wunderbar, selbst wenn unsere gemeinsame Zeit nur darin bestand, uns jeden Tag durch ein Smartphone zu unterhalten und anzusehen. Wenn man es als Paar geschafft hat, mehrere Monate miteinander zu verbringen, ohne Meinungsverschiedenheiten durch körperliche Aktivitäten zu kompensieren, dann steht einem aller Wahrscheinlichkeit nach eine rosige Zukunft bevor. Diese rosige Zukunft sollte für uns in exakt 101 Tagen beginnen.

»In 101 Tagen fliege ich endlich nach China!«, erklärte ich glückselig meinen Eltern beim Abendessen. Das hatte ich mit meinem Smartphone berechnet. Wozu die Dinger alles gut waren!

»Na, dann muss ich dich ja vorher noch mindestens einhundert Mal gut bekochen.«

Meine Eltern hatten sich mittlerweile zu großen Chinaexperten gemausert, und gerade weil ich wusste, dass es meinen Eltern, besonders meiner Mutter, schwerfiel zu akzeptieren, dass Marienheide und die Kirche jetzt nicht mehr mein Lebensmittelpunkt waren, freute ich mich sehr über ihre Neugier. Sie schnitten jeden Zeitungsartikel zum Thema China aus der Zeitung aus und schauten sich jedes verfügbare Video dazu im Internet an. Schließlich wollten sie wissen, worauf sich ihr jüngster Sohn da eingelassen hatte. Und doch glaubte meine Mutter immer noch fest daran, dass es in China nichts Vernünftiges zu essen gab. Zumindest nicht für den deutschen Magen. Ich versuchte nicht, es ihr auszureden, denn ihre Augen strahlen immer am hellsten, wenn man ihr versichert, wie köstlich – und vor allem sättigend – doch ihre gute deutsche Hausmannskost ist.

Es machte meine Eltern zwar ein wenig traurig, wenn sie am Sonntagmorgen alleine in die Kirche gingen und ich lieber im Bett blieb, um mit Liping zu telefonieren. Doch einmal hörte ich aus dem offenen Fenster, wie mein Vater sich mit unserem Nachbarn unterhielt, während dieser seine Hühnereier einsammelte.

»Unser Sohn zieht bald wieder zum Studium nach China.«

»So ganz alleine? Macht ihr euch da gar keine Sorgen? Ich habe im Fernsehen gesehen, dass die da die verrücktesten Sachen essen.«

Ein Huhn gackerte zustimmend.

»Naja, zumindest gibt es da auch McDonald's. Aber er ist sowieso nicht alleine da. Er hat jetzt eine Freundin dort. Sie heißt Liping, wie Liebling. So kannst du es dir besser merken.«

Ob der Nachbar Ambitionen hatte, sich den Namen der chinesischen Freundin des Sohnes der Nachbarn merken zu wollen, weiß ich bis heute nicht. Aber ich konnte in der Stimme meines Vaters einen gewissen Stolz mitschwingen hören. Mittlerweile hatten sie sich nicht nur damit abgefunden, dass sich der Radius unseres Familienlebens von 5 Kilometern um den oberbergischen Mittelpunkt herum um ein Tausendfaches in Richtung Osten erweiterte. Sie waren regelrecht stolz und aufgeregt bei dem Gedanken, später mal Bilder von sich auf der Chinesischen Mauer in der WhatsApp-Gruppe meiner Onkel und Tanten posten zu können. Da soll mal einer sagen, nur junge Leute seien social-media-geschädigt. Bei der Elterngeneration meiner großen Verwandtschaft war ein regelrechter Wettbewerb um die schönsten Fotos von den exotischsten Urlaubsorten entbrannt. Ein potentielles Foto von der Chinesischen Mauer, gepaart mit einem vor Tränen lachenden Smiley, damit lägen meine Eltern bestimmt ganz vorne in der Rangliste der schönsten Urlaubsfotos. Lächelnd schrieb ich Liping eine Nachricht:

Meine Eltern freuen sich, wenn sie dich bald persönlich kennenlernen dürfen.

Am nächsten Morgen klopfte es an der Tür. Zu meinem Erstaunen war es nicht meine Mutter, sondern mein Vater, der um Einlass bat. Seit dem ersten Gespräch mit Liping war er nicht mehr hier oben gewesen. Er sagte eine Zeit lang nichts und drehte nur nervös einen kleinen Gegenstand in seinen von der Arbeit rau gewordenen Händen hin und her.

»Hier, das habe ich für dich gekauft.«

Mit diesen Worten reichte er mir ein gelbes Maßband. Ich betrachtete das ungewöhnliche Geschenk in meinen Händen.

»Äh, danke?«

»Du musst wissen, als ich beim Wehrdienst war, konnte ich deine Mutter, damals noch meine Freundin, für mehrere Monate nicht sehen.« Meine Eltern sind in der damaligen Sowjetunion, im heutigen Kasachstan geboren und aufgewachsen. Wie jeder männliche 18-Jährige musste auch mein Vater seinen Wehrdienst bei der Roten Armee absolvieren.

»Deine Oma hat mir bei der Abreise für je 150 Tage ein Maßband mitgegeben. Das habe ich in der Kaserne in meinen
Spind gehängt. Jeden Morgen beim Anziehen habe ich mit
meiner Nagelschere einen Zentimeter abgeschnitten. So verkürzte sich die Zeit bis zum Wiedersehen jeden Tag sichtbar.«
Ich rollte das Maßband auseinander und betrachtete jeden
einzelnen Zentimeter. Mir fiel auf, dass an einem Ende ein paar
Zentimeter fehlten.
»Da es nur noch 100 Tage sind, habe ich die ersten 50 Zentimeter schon abgeschnitten. Du kannst es dir in dein Studentenzimmer hängen, wenn du heute Abend wieder da bist. Du
wirst sehen, die Zeit vergeht wie im Flug und schon bist du in
China bei Liping.«
Ich sah ihm an, dass ihn dieser Umstand auch ein wenig
wehmütig machte, denn das bedeutete, dass wir uns mehrere
Monate am Stück nicht sehen würden. Und bevor ich mich
nochmal bedanken konnte, schloss er schon hastig die Tür.
Als ich am Abend in meiner Studentenbude angekommen
war, nahm ich eine Reißzwecke und pinnte das Maßband, bzw.
den portablen Countdown, an die Wand. Noch war es sehr
lang. Ich kramte in der Schublade, fand eine Schere und fast
andächtig schnitt ich den Zentimeter mit der Markierung 100
ab. Noch 99 Tage. Ich machte ein Foto von dem Ein-Zentimeter-Schnipsel und schickte es kommentarlos an meine Liebste
im fernen Shanghai.

......

Zwischen Semesterabschlussprüfungen, dem täglichen Zentimeterabschneideritual und Kofferpacken für ein Studienjahr
im Ausland vergingen die letzten neunundneunzig Tage tatsächlich wie im Flug.

In den letzten Tagen vor meiner Reise nach China kreisten meine Gespräche mit Liping fast nur darum, wie wir ihren Eltern unsere Liebe beibringen sollten. Da meine Eltern schon mit im Boot saßen, galt es nun, die Herzen ihrer Eltern ebenso mutig zu erobern. Einen richtigen Plan hatten wir nicht bis zu meinem Abflug, aber als der Flieger auf die Startbahn rollte, war ich noch sehr zuversichtlich. Wir würden es schon irgendwie schaffen.

刀子嘴，豆腐心

MESSERMUND UND TOFUHERZ

Und nun stehe ich mit Liping in einer dunklen Tiefgarage im Norden Shanghais völlig ungeplant dem alten Tiger gegenüber. Im trüben Licht der von der Decke baumelnden Glühbirne fasse ich mir ein Herz.

Jetzt ist der Moment gekommen, ein Held zu sein. Schützend werfe ich mich mit meinem ganzen Körpergewicht (und das will was heißen) dem wütenden Chinesen entgegen, um die Schläge, die in den nächsten Minuten auf uns einprasseln werden, abzuwehren.

Doch Liping schiebt mich energisch beiseite, stemmt ihre Fäuste in die Hüften, baut sich vor dem Mann auf und teilt ihm kurz angebunden mit: »Papa, das ist mein Freund aus Deutschland!«

Seine Gesichtszüge wandeln sich von wütend zu ungläubig und wieder zurück, doch bevor er auch nur ein Wort in meine Richtung schleudern kann, haben seine Freunde ihn schon umringt. Freudengejohle, Schulterklopfen und Glückwünsche wechseln sich ab. Der untersetzte Glatzkopf reißt sich die Sonnenbrille von der Nase und fuchtelt damit in meine Richtung:

»Alter Zhu, dein Schwiegersohn! Gratulation!«

Die anderen stimmen ein: »Bald wirst du Großvater, mein Lieber!«

»Wann nimmst du uns mit nach Deutschland, Alter Zhu? Das wird eine super Reise!«

Bei so viel Aufmerksamkeit kann sich Lipings Vater ein Lächeln nicht verkneifen. Er kramt in seiner Jackentasche, holt eine gelb-orange Zigarettenschachtel heraus und bietet mir eine Zigarette der chinesischen Edelmarke »Panda« an.

Ich setze eine traurige Miene auf und mache eine abweisende Bewegung mit der Hand. »Seit meiner Kindheit habe ich einen Lungenschaden, wenn ich auch nur einen Zug Nikotin inhaliere…«.

Schweigen.

Ich blicke auf Liping, um mir ein stilles Lob für meinen genialen Einfall abzuholen. Doch auch sie schaut nur betreten zu Boden. Die Freunde des zukünftigen Schwiegervaters ziehen hastig an ihren Zigaretten und schauen mich entgeistert an. Der ausgestreckte Arm des Alten Zhu mit der »Panda«-Zigarette hängt wie eingefroren in der Luft, und ich spüre, wie Liping mich ruckartig in Richtung Auto schiebt.

»Tja, da will wohl einer nicht mit dir befreundet sein, Alter Zhu«, höre ich den Glatzkopf mit der Sonnenbrille grunzen.

»Halt die Klappe, Alter Gao!« Der Alte Gao fängt sich für diese Bemerkung einen klatschenden Schlag von seinem Kumpan ein. Das ist wohl nicht der richtige Zeitpunkt für blöde Scherze.

Aus den Augenwinkeln beobachte ich, wie der Alte Zhu mittlerweile seinen Arm wieder eingefahren hat und die Zigarette scheinbar emotionslos zurück in die gelb-orange Packung mit den zwei bambusfressenden Pandas schiebt.

»Du hättest sie ja nicht rauchen müssen, aber zumindest hättest du die Zigarette annehmen und dich bedanken können«, sagt Liping in einem Ton, als wäre das simples Allgemeinwissen. Mittlerweile haben wir die Tiefgarage verlassen und fahren durch die hellbeleuchteten Straßen Shanghais.

»Dass er dir eine Zigarette anbietet, bedeutet, dass er mit dir Freundschaft schließen will. Das hast du jetzt gründlich vermasselt.«

Sie hupt energisch, um den Rollerfahrer wieder auf den Fahrradweg zu scheuchen, wo er wiederum einem Fußgänger ausgewichen war.

»Bist du wütend?«

Ich kann es ihr nicht ansehen, denn Liping starrt nur auf die Straße vor sich. Keine Antwort.

Ich beiße mir auf die Lippe, denn ich weiß, dass die erste Begegnung mit ihrem Vater doch so wichtig für uns war.

»Entschuldige«, flüstere ich leise.

Einige Minuten später hat sie sich beruhigt, nimmt eine Hand vom Lenkrad und streichelt mir über die Wange.

»Naja, den alten Tiger werden wir schon erledigen. Er sieht furchterregender aus als er ist. Früher oder später wirst du ihn streicheln können, ohne dass er beißt. Natürlich nur bildlich gesehen. Mein Vater hasst Körperkontakt mit anderen Menschen.«

Sie lacht ihr ansteckendes Lachen, während sie gleichzeitig den Fahrer vor uns beschimpft, der es gewagt hat, bei Gelb schon an der Ampel anzuhalten. Ich bin froh, dass sie nicht mehr sauer ist. Immerhin habe ich dem alten Tiger mit meiner Antwort quasi den Krieg erklärt – nicht gerade der beste erste Schritt, um sein Herz zu gewinnen.

Als Liping sich verabschiedet hat, blicke ich aus dem Fenster meines Hotelzimmers auf die wahre Stadt, die niemals schläft. Unter mir kann ich die Straßenköche hören, die zu später Stunde ihre Grills und mobilen Gaskochstellen aufgestellt haben, um die vielen Nachtschwärmer da draußen zu verkösti-gen. Dazu gesellen sich die Geräusche von Motorrollern und das Hupen der Autos, die sich an den Menschen vorbeizwän-gen. Mit ein wenig Heimweh betrachte ich die wuselige Szene da unter mir. Das ist also meine Heimat für das nächste Jahr. Oder die nächsten Jahre. Vielleicht sogar für den Rest meines Lebens?

Ich lege mich aufs Bett und starre die weiße Decke mit den Wasserflecken an. Es ist eine Mischung aus Lärm, Jetlag und Erinnerungen, die mich nicht schlafen lässt. Die Schwieger-mutter haben wir beim Abendessen mit ins Boot geholt. Aber bei dem ersten Versuch, den Tiger handzahm zu machen, habe ich durch meine Naivität das Boot fast zum Kentern gebracht.

......

Seit dem Desaster in der Tiefgarage sind nun einige Tage vergangen. Ich ziehe aus dem Hotelzimmer aus und in die mir von der Uni zugewiesene WG im Ausländer-Studentenwohnheim ein. Das Zimmer dort ist zwar klein, aber es eignet sich wunderbar als Rückzugsort für uns zwei nach der langen Fernbeziehung liebeshungrigen Turteltäubchen.

Liping holt mich mit dem Auto vom Hotel ab. Wir laden meine Koffer ein und fahren, bevor wir sie zum Wohnheim bringen, erst noch in die Wohnung meiner zukünftigen Schwiegereltern. Zumindest hat der Alte Zhu mich schon mal gesehen. Auch wenn wir noch lange keine Freunde sind, so weiß er jetzt immerhin, dass ich kein töchterfressendes Monster bin. Ich hingegen bin mir da umgekehrt nicht ganz so sicher und bin mächtig nervös vor der zweiten Begegnung mit Lipings Vater. Liping bemerkt, dass ich an meinen Fingernägeln kaue.

»Mach dir keinen Kopf, das kriegen wir schon hin. Ich übernehme das Reden und du lächelst und nickst einfach nur.«

Sie biegt in die »Straße des großen weißen Baumes« ein, in der das Hochhaus mit der elterlichen Wohnung steht. Dort soll nun ein zweites großes Familienabendessen stattfinden – mein erstes im Kreise der ganzen Familie samt Lipings Vater. »Groß« bedeutet in diesem Fall: viel Essen, denn die Familie besteht in China meist nur aus drei Personen. Dazu stoße ich nun als Neuankömmling hinzu. Auch wenn ich in den Augen des Alten Zhu natürlich noch lange kein vollwertiges Familienmitglied bin. Schließlich haben wir noch nicht geheiratet und ich habe meine Männlichkeit noch nicht unter Beweis gestellt. Aber er muss wohl oder übel zur Kenntnis nehmen, dass ich jetzt ab und zu Gast in seinem Hause sein werde – auch wenn ich sein Freundschaftsangebot ein paar Tage vorher kaltblütig ausgeschlagen habe.

»Die Kinder heutzutage wollen ja nicht auf die Warnungen der Eltern hören. Soll unsere Tochter eben sehenden Auges in ihr Unglück laufen«, hat er sich am Tag, nachdem er mich gesehen hat, bei Lipings Mutter beschwert. Die hat es natürlich brühwarm ihrer Tochter erzählt. Das trägt nicht gerade zu meiner Beruhigung bei.

Als wir die Wohnung betreten, ist die Mutter in der Küche bereits damit beschäftigt, zwei handtellergroße Krabben in mehrere Stücke zu zerteilen, um sie anschließend in den Wok zu werfen, in dem das Öl schon verheißungsvoll vor sich hin brutzelt. Sofort verfärbt sich das schlammgraue Krustentier und erscheint nun im milden Rotweiß. Als Frühlingszwiebeln, etwas Sojasauce und eine Prise Zucker dazukommen, bereitet sich ein wunderbarer Duft in der ganzen Wohnung aus. Ich freue mich, dass ich nun ein ganzes Jahr in diesem Land der kulinarischen Vielfalt verbringen darf.

Lipings Vater sitzt auf dem Sofa und schaut die Abendnachrichten. Gedankenverloren angelt er eine Zigarettenpackung aus der Brusttasche seines karierten Hemdes. Als ich gerade das Klicken des Feuerzeugs höre, sieht er sich um und erblickt mich, wie ich dastehe und der Nachrichtensprecherin zuhöre. Er lässt die Flamme wieder erlöschen.

»Ich geh in den Flur rauchen«, sagt er, während er sich in Richtung Ausgangstür bewegt. »Alleine.«

Den Nachsatz kann er sich wohl nicht verkneifen. Ich frage mich, wie lange die Begegnung in der Tiefgarage und das Abschlagen seines Freundschaftszigarettenangebots wohl wie eine dunkle Gewitterwolke über uns beiden hängen wird.

Als wir uns gemeinsam an den Tisch setzen, scheint es ein ganz harmonisches Abendessen zu werden. Lipings Mutter gibt mir Nachhilfe darin, wie man das Krabbenfleisch nur mit Stäbchen und ohne jegliche weitere Hilfsmittel fachmännisch aus der Kruste in den Mund balanciert. Das klappt natürlich nicht beim ersten Mal. Diese ungelenken Versuche sorgen für Erheiterung bei meiner neuen chinesischen Familie, nun ja, zumindest bei den weiblichen Familienmitgliedern. Der Alte Zhu verzieht keine Miene, ich glaube aber ab und zu seine Augen ein wenig zucken zu sehen. Wahrscheinlich amüsiert er sich klammheimlich doch ein wenig.

»Was war sein Job nochmal?«

Der Alte Zhu schiebt sich einen Löffel Reis in den Mund und schaut seine Tochter dabei an. Auch wenn er so über mich redet, als wäre ich gar nicht anwesend, erschrecke ich mich doch darüber, dass er das Gesprächsthema plötzlich auf mich lenkt. Ich schlucke aus Versehen das Krabbenbein mitsamt Kruste herunter. Das kratzt mächtig in der Speiseröhre und ich versuche hustend meinen Schmerz und die Peinlichkeit zu überspielen.

»Thomas arbeitet nicht, er ist Student, Papa.«

Bis jetzt funktioniert der Plan. Mit einem Schluck warmen Wassers versuche ich schweigend, die Krebskruste ganz bis in den Magen zu befördern und Liping das Gespräch führen zu lassen.

»Student also, hmhmhmhm«, sagt er mit einem skeptischen Seitenblick auf mich. »Was studiert er denn? Nicht etwa Sprachen oder so ein Zeug? Damit wird man nie reich werden.«

»Doch, er studiert Chinesisch und Wirtschaft. Und er ist wahnsinnig fleißig. Und selbst wenn er Kristallografie studieren würde, wäre mir das egal. Wichtig ist, dass er mich liebt.«

Liping schaut ihren Vater mit böse funkelnden Augen an. Der hat offenbar keine Lust mehr auf die Diskussion und pickt mit den Stäbchen die letzten paar Reiskörnchen aus seiner Schale. Sein kurzer Blick in meine Richtung lässt mich seine Verachtung dafür spüren, dass ich nicht Ingenieurswissenschaften oder Jura studiere. Ich wende mich ab und sehe lieber auf Liping, die in meinen Augen immer besonders attraktiv ist, wenn sie böse auf jemanden ist.

Nachdem das Fleisch aus der letzten Krebsschere rausgesaugt und ich den letzten Schluck Tomatensuppe zu mir genommen habe, lege ich satt meine Holzstäbchen auf die Porzellanschale. Bei diesem Abendessen hat unsere Strategie gut geklappt. Aber trotzdem frage ich mich, ob es ein Leben lang so weitergehen soll. Ich kann den Alten Zhu doch nicht die nächsten Jahrzehnte anschweigen. Nun gut, vorerst heißt es wohl: »Abwarten und heißes Wasser trinken«.

»Ich bring Thomas dann mal zurück ins Wohnheim. Das Gepäck ist noch alles im Auto«, sagt Liping mit Blick auf die Uhr und in der Hoffnung auf ein wenig Zeit allein für uns. Auch wenn wir zwei nun seit einem halben Jahr ein Paar sind, so ist doch alles neu und aufregend. Die meiste Zeit über haben wir unsere Beziehung ja nur mit dem digitalen Gegenüber geführt.

»Ich fahr euch.«

»Aber Papa…«

»Es ist schon dunkel und nicht sicher für ein junges Mädchen alleine da draußen.« Dass Shanghai eine der sichersten Großstädte der Welt ist, zählt in diesem Moment für den »besorgten« Vater nicht. Es geht schließlich um die »Sicherheit« seiner einzigen Tochter.

»Wir fahren mit dem großen Buick.« Er zündet sich eine Zigarette an und macht sich ohne weitere Diskussion auf den Weg in die Tiefgarage. Liping zuckt ein wenig enttäuscht mit ihren Schultern.

»Na dann, wenn er unbedingt will. Dann kann er uns zumindest mit deinen schweren Koffern helfen. Wahrscheinlich lädt er sie gerade schon um.«

Als wir unten ankommen, sehen wir, dass er schon dazu gekommen ist, die Kofferraumklappe der beiden Wagen zu öffnen. Doch er ist zu beschäftigt damit, die Folie von einer neuen Packung Zigaretten abzureißen, um mit dem Umladen zu beginnen. Dieses Mal ist es die Marke »Reiskorn«. Er holt mit skeptischem Blick eine der Zigaretten aus der grünen Packung heraus, riecht daran und steckt sie sich schließlich an.

»Der Alte Wang, dieser Sohn einer Ratte«, sagt er mehr zu sich selbst als zu uns. »Will Geschäfte mit mir machen und schenkt mir eine Stange »Reiskorn«-Zigaretten. Die kosten nur 40 Yuan pro Schachtel. 40 Yuan! Dass er sich nicht schämt! Mit solchen Knausern kann ich keine Geschäfte machen.«

Während seiner Tirade habe ich die Koffer bereits unter großer Anstrengung von einem Kofferraum in den anderen geschleppt.

»Pass auf deine Hüfte auf«, gibt er mir noch einen großzügigen Rat mit auf den Weg und setzt sich auf den Fahrersitz. Mit einem Stöhnen klappe ich die Kofferraumtür zu. Die Koffer sind schwer wie Zementsäcke. Aber ich habe nun mal XXL-Kleidung für ein ganzes Jahr dabei. Da kommen so einige Kilos zusammen.

Auch wenn Liping ihrem Vater in einigen Hinsichten sehr ähnelt, wie ich schon festgestellt habe, ist ihr Fahrstil doch völlig verschieden. Liping bewegt sich selbstbewusst und schnell, aber sicher durch den Shanghaier Stadtverkehr. Ihr Vater hingegen tritt im Sekundentakt abwechselnd aufs Brems- und Gaspedal. Ich bin froh, dass sein Buick, wie die meisten Autos in China, ein Automatikgetriebe hat. Nicht auszumalen, wie mein Gesundheitszustand wäre, wenn noch eine Kupplung und ein Schalthebel mit im Spiel wären. Die kurzen freien Strecken fährt er so schnell es geht, nur um vor den Ampeln eine Vollbremsung hinzulegen. Auch wenn in China das Anschnallen auf der Rückbank keine Pflicht ist, würde ich es doch jedem wärmstens ans Herz legen. Zumindest jedem, der in den Genuss kommen sollte, Fahrgast im Auto meines Schwiegervaters zu sein. Die Pausen an den Ampeln nutzt er dazu, WeChat-Nachrichten auf seinem Handy abzuhören, um wiederum Sprachnachrichten zurückzusenden, gespickt mit Schimpfwörtern, die ich hier leider nicht wiedergeben kann. Nur dass die Mutter des Gegenübers in den Schimpftiraden auffällig häufig eine Rolle spielt, so viel kann ich verraten. Da er ein äußerst gefragter Mann ist, hat er keine Zeit zu schauen, wann die Ampel wieder grün ist. Diesen Job übernehmen dafür die Autofahrer hinter ihm. Sobald die Ampel auch nur eine Millisekunde Rot-Gelb anzeigt, bricht ein Hupkonzert aus, das die angrenzenden Wohnhochhäuser zum Einstürzen bringen könnte.

Liping hat mir erzählt, womit ihr Vater mittlerweile sein Geld verdient. Nachdem er sich mit allen Vorgesetzten beim Militär und bei der Polizei in die Haare geraten ist, hat er sich selbstständig gemacht. Er ist Chef einer großen Fahrschule im Shanghaier Norden. Er hat als einfacher Fahrlehrer angefangen und sich nach oben durchgekämpft, bis er schließlich die gesamte Fahrschule aufgekauft hat. Und jemand mit so einem Fahrstil bringt anderen Leuten das Fahren bei? Ich schaue auf die Kreuzung vor uns, auf der zwei Autos sich gegenseitig blockieren und keins auch nur einen Zentimeter zur Seite lenkt. Jetzt wundert mich gar nichts mehr. Meine Uni und das Wohnheim liegen weniger als zehn Kilometer von Lipings Wohnung entfernt, und doch kommt mir die Autofahrt wie eine Ewigkeit vor. Bleich halte ich mich am Griff fest und bin froh, als wir endlich das Tor des Studentenwohnheimes erreichen.

Der in China allgegenwärtige Portier, Parkwächter und Wachhund in Personalunion kommt aus seinem Büdchen neben der Schranke hervor.

»Es ist alles voll. Kein Parkplatz mehr frei.« Lipings Vater kurbelt das Fenster hinunter. Ohne dass ein Wort fällt, wechselt eine »Reiskorn«-Zigarette den Besitzer. Wie von Geisterhand geht die Schranke auf und gibt den Weg zu drei leeren Parkplätzen frei.

Der Alte Zhu parkt auf zwei von ihnen gleichzeitig, was der Pförtner in seiner grauen Fantasieuniform grummelnd kommentiert, während er sich die Zigarette anzündet. Dann verschwindet er aber in seinem Büdchen, um sich wieder der Talkshow zu widmen, die auf seinem kleinen Taschenfernseher läuft.

»Welcher Stock?«, fragt Lipings Vater.

»Fünfter, Zimmer 503«, antworte ich und reiche ihm die Türschlüssel. Ohne uns zu beachten, greift er sich diese, stapft in Richtung Eingangstür, wendet sich dann zum Treppenhaus und beginnt die Stufen zum fünften Stock hinaufzusteigen. Das Gepäck hat er – absichtlich oder unabsichtlich – uns überlassen. Ich hieve es aus dem Kofferraum. Liping schultert den Rucksack und nimmt die kleine Reisetasche in die rechte Hand. Die beiden schweren Koffer trage ich mit jeweils einer Hand. So machen wir uns daran, die schwere Last über die schier endlosen Stufen bis in den fünften Stock zu transportieren. Sollte ich das noch häufiger machen, so werde ich meinen Traum, in China mein Gewicht zu halbieren, sehr schnell verwirklichen können.

In der dritten Etage rutscht mir ein Koffer aus der schweißnassen Hand, das Schloss springt auf und Unterhosen und

T-Shirts purzeln zusammen mit Büchern und Shampoo die Stufen herunter. Stöhnend setzt Liping sich auf eine Betonstufe, um einen Moment lang zu verschnaufen. Sie stellt die Reisetasche neben sich. Ich sammele derweil meine Habseligkeiten wieder ein und stopfe sie zurück in den Koffer.

»Hier zieh ich nie wieder aus«, sage ich erschöpft. »Die Koffer will ich nicht noch einmal fünf Stockwerke runter oder rauf schleppen.«

Liping lacht zustimmend. Da hören wir die Stimme ihres Vaters von oben: »Liping, Thomas, kommt ihr bald? Ich muss mit euch sprechen!« Wir sammeln unsere letzten Kräfte und hieven das Gepäck Stufe für Stufe hinauf, bis wir endlich schwitzend und schnaufend den fünften Stock erreicht haben. Ich lehne mich an die nackte Betonwand, deren Kühle eine Wohltat für meinen durchnässten Rücken ist. Liping schaut ihren Vater fragend an, der uns mit verschränkten Armen an der Eingangstür erwartet.

»Ich hab's mir angeschaut. Das Zimmer ist viel zu klein für dich. Jemand mit deiner Körperfülle kann sich nicht einmal im Kreis drehen.« Er blickt prüfend an mir auf und ab. »Und in das Bett passt du nur seitlich rein. Nein, nein, wenn das jemand von meinen Freunden erfährt, dass du in so einem schäbigen Zimmer wohnst, ist das eine Schande für mich. Ich kann den Freund meiner Tochter nicht in so einem Loch absteigen lassen.«

Ich nutze die Gelegenheit, um ihm ein wenig Honig um den Mund zu schmieren.

»Ich würde deine Freunde nie hier in meine Studentenbude einladen. Ich weiß, dass sie alle anspruchsvolle Geschäftsleute sind. Wenn überhaupt, dann würde ich sie…« Er scheint für meine lobenden Worte gar nicht empfänglich zu sein. Ungeduldig unterbricht er mich.

»Und die zwei Typen da drin« – mit einer abfälligen Handbewegung in Richtung Tür macht er klar, dass er über meine beiden zukünftigen Mitbewohner spricht –»die sind ja ganz furchtbar, die kommen aus der Schweiz oder so.«

Aus dem Verwaltungsbüro weiß ich, dass es zwei Schweden sind, mit denen ich die kleine Wohnung teilen werde. Aber die Namen für Schweden und Schweiz klingen im Chinesischen sehr ähnlich und für den Alten Zhu sind es sowieso nur zwei unbedeutende kleine europäische Länder. Ich wage einen Blick durch die Tür und sehe, dass die beiden 18-jährigen Schweden es vor Semesterbeginn bereits geschafft haben, unsere gemeinsame Wohnung in ein Trümmerfeld zu verwandeln. In der Spüle stapelt sich Einweggeschirr, das doch sowieso nicht gewaschen werden muss; wahrscheinlich, weil der Mülleimer ebenfalls überquillt von Wassercontainern, Einweg-Kaffeebechern und undefinierbaren Essensresten.

Ich bin nach China gekommen, um im chinesischen Umfeld und mit chinesischen Lehrbüchern, und natürlich auch mit meiner chinesischen Freundin, meine Sprachkenntnisse aufzupolieren. Dieselben Ziele schweben wahrscheinlich den Eltern meiner Mitbewohner vor – doch Stockholm ist weit weg und die Jungs haben offensichtlich einen anderen Weg eingeschlagen, um Chinesisch zu lernen. Ich blicke in ein Schlafzimmer und sehe, wie der eine der Jungen seine chinesische Eroberung der letzten Nacht in den Armen hält und ihr betrunken unentwegt auf Chinesisch ins Ohr lallt:»Du bist so hübsch, du bist so hübsch.« Die Empfängerin dieser Nachricht hat, den drei leeren Flaschen Reiswein auf dem Boden nach zu urteilen, einiges von dem Getränk intus. Sie ist in den starken Armen ihres Chinesischschülers eingeschlafen und wird sich am nächsten Morgen unter Garantie nicht mehr an seine vorabendlichen Liebesbekundungen erinnern.

Aus dem Nachbarzimmer höre ich das Lachen eines weiteren weiblichen Gastes. Eigentlich sind Besuche des anderen Geschlechts streng verboten, doch für eine Zigarette pro Nacht drückt der Portier-Wachhund gerne mal ein Auge zu. Das Lachen kenne ich doch. Das ist Marina, meine bulgarische Kommilitonin, die ein sehr passables Chinesisch mit einem sympathischen osteuropäischen Akzent spricht. Ich habe sie bei der Einführungsveranstaltung an der Uni kennengelernt. So hat wohl jeder meiner beiden Mitbewohner seine eigene Chinesischlehrerin gefunden, wobei sie praktischen Unterricht dem theoretischen vorzuziehen scheinen.

Als ich dann in mein eigenes Zimmer schaue, weiß ich, wovon der Alte Zhu gesprochen hat. Das Zimmer ist praktisch ein langer Flur mit einer schmalen Pritsche auf der rechten und einem Holzschreibtisch auf der linken Seite. Daneben steht ein so kleiner Kleiderschrank, dass wahrscheinlich nur zwei meiner T-Shirts hineinpassen würden.

»Dieses Zimmer ist nicht geeignet für jemanden mit deinen Ausmaßen«, stellt Lipings Vater fest, der sich, dem Tabakgeruch nach zu urteilen, eine Zigarette im Treppenhaus gegönnt hat. Er steht nun hinter mir und wirft über meine Schulter einen weiteren Blick ins Zimmer. Es gibt wirklich nichts, was diesen Raum wohnlich oder gemütlich wirken lässt. Die Glühbirne baumelt einsam an einem blauroten Kabel von der gelblichen Decke. Der graue Betonboden ist glattpoliert und die einzige Steckdose im Raum ist von einem Vorbewohner aus der Verankerung gerissen worden.

»Auf geht's, wir fahren wieder zurück. Hier wirst du nicht wohnen. Unsere Wohnung ist groß genug.«

Wieder ist dies kein Angebot oder Vorschlag, über den man diskutieren könnte, sondern ein Befehl. Ohne eine Antwort abzuwarten, macht er auf dem Absatz kehrt und wendet sich zur

Ausgangstür. Ich stimme ihm zwar darin zu, dass das hier kein besonders geeigneter Ort für ein konzentriertes Chinesischstudium ist, will aber wenigstens zuerst mit Liping darüber reden. Sie hat nach dem anstrengenden Aufstieg im Eingang eine Verschnaufpause eingelegt. Ich sehe sie fragend an.

»Also ziehe ich jetzt nicht hier ein?«

»Wenn ich ihn richtig verstanden habe, dann meint er, dass du bei uns zu Hause wohnen kannst«, flüstert sie mir zu.

Ihr Vater beachtet uns nicht weiter, da er wieder damit beschäftigt ist, seine Mitarbeiter mit Sprach-Nachrichten zu traktieren.

»Aber, äh, wir sind doch noch gar nicht verheiratet. Du hast doch gesagt, dass er so traditionell ist. Wieso können wir denn jetzt auf einmal schon zusammen wohnen…?«

»Tu einfach, was er sagt. Denn wenn es soweit ist, wird er irgendwann unsere Hochzeit bezahlen. Wenn er sagt, dass du bei uns wohnen sollst, dann tust du das eben.«

Der Alte Zhu hat eine scharfe Zunge oder, wie die Chinesen sagen, einen Messermund. Aber in diesem Moment dämmert mir, dass er ein weiches Herz hat. In China nennt man es ein Tofuherz. Er liebt seine Tochter, ich liebe Liping und sie liebt mich und das spürt er wohl. Sonst hätte er mich nie im Leben eingeladen, mit ihm unter einem Dach zu leben. Nur: Freunde sind wir noch keineswegs. Wie kann ich es ihm denn recht machen? Was soll ich tun, um mich nicht an seinem Messermund zu schneiden und sein Tofuherz für mich zu erweichen?

»Ich geh dann schon mal runter. Der Aufstieg hat mich fertiggemacht. Meine Hüfte macht nicht mehr so mit, wie sie sollte.« Mit diesen Worten nimmt Lipings Vater leichtfüßig die Stufen hinunter zum vierten Stock. Liping, die zwei Koffer, Reisetasche, Rucksack und ich bleiben verdattert auf der obersten Stufe stehen und blicken ihm hinterher. Dann seufzen wir zwei einmal tief auf und machen uns halb gehend, halb stürzend auf den Weg zurück nach unten. Dort angekommen begrüßt uns der Alte Zhu mit einem »Das hat aber gedauert! Es ist schon mitten in der Nacht. Ich möchte nach Hause, ich bin müde.« Richtig leidtun kann er einem.

Nachdem ich das ganze Gepäck wieder im Wagen verstaut habe, falle ich auf dem Rücksitz erschöpft in einen kurzen Schlaf. Noch nie zuvor und nie wieder danach war ich so froh, dass das Hochhaus, in dem meine Schwiegereltern und Liping residieren, über einen funktionstüchtigen Aufzug verfügt.

Als wir drei wenig später in demselben stehen, hebt Lipings Vater an zu einer Rede über Familie und die Verantwortung eines Mannes dafür.

»Weißt du, Thomas, Familie muss zusammenhalten. Wir gehören zusammen. Deswegen ist es gut, dass du hier wohnst.«

Damit ist die Rede auch schon zu Ende. Sie hat genau zwei Stockwerke lang gedauert. Ich warte auf eine Fortsetzung. Es kommt aber nichts. Liping, die sich müde an die verspiegelte Kabinenwand des Aufzugs lehnt, lächelt mich an. Immerhin ist es das erste Mal, dass ihr Vater etwas Nettes gesagt hat.

Doch ich bin erschöpft und durchgeschwitzt und habe keine Lust auf diese mittelalterlichen Familien-Vorstellungen. Der Deutsche in mir will erwidern, dass ich noch gar nicht an Familiengründung gedacht habe. Und wenn überhaupt, dann will ich mit seiner Tochter eine Familie gründen und nicht mit ihm. Aber eigentlich will ich erst einmal einfach mit Liping zusammen sein. Als Chinese sollte ich sagen, wie dankbar ich bin, dass der Alte Zhu mich in seinem Hause wohnen lässt. Aber darüber kann ich mich bisher noch nicht so richtig freuen. Daher sage ich lieber gar nichts.

Heimlich drücke ich Lipings Hand und freue mich jedenfalls, in ihrer Nähe zu sein.

Da geht auch schon die Aufzugstür auf und wir stehen im Flur vor der Wohnung. Lipings Vater schiebt die Vorrichtung an der Eingangstür hoch, die das Schloss verdeckt. Doch statt eines Schlosses kommt ein kleiner Scanner zum Vorschein. Darauf legt er die Kuppe seines Zeigefingers und sofort öffnet sich das mechanische Türschloss mit einem Piepen. Er drückt die verzierte Kupferklinge hinunter und schiebt die schwere Holztür auf.

Ermattet stelle ich meine Koffer im Flur ab, gehe von dort ins Wohnzimmer und blicke mich um. Ich bin zwar schon zweimal hier gewesen, aber jetzt, wo dies für die nächste Zeit mein Zuhause sein wird, nehme ich die Einrichtung der Wohnung noch einmal neu wahr. Die Möbel sind alle aus kunstvoll verziertem Holz und sehen so aus, als hätten sie ein Vermögen gekostet. Die Sitzgelegenheiten sind mit roten Kissen und Sitzpolstern ausgelegt – die kenne ich schon und weiß sogar dank der *guma*, dass die darauf in Gold und Schwarz abgebildeten Drachen und Phönixe die Stärke von Männern und die Eleganz von Frauen symbolisieren und damit einen positiven Einfluss auf das Familienleben haben sollen. Sie sind heute alle zum Fernseher hin ausgerichtet, der prominent an der Wand gegenüber hängt und den ich trotz seiner Größe – er kommt mit seinen 75 Zoll einer Kinoleinwand sehr nahe – erst jetzt bemerke.

Mir kommt der Gedanke, dass der Stil seiner Wohnung dem Charakter und Verhalten des Alten Zhu vielleicht ähnelt: Einerseits ist alles sehr traditionell, andererseits gibt es die neuesten technischen Erfindungen.

Als ich kehrtmache, um den zweiten Koffer aus dem Treppenhaus zu holen, und ihn neben dem ersten fallenlasse, scheint mein Schwiegervater das erste Mal an diesem Abend Notiz von meinem Gepäck zu nehmen. Mit erstaunlicher Kraft und ohne irgendein Anzeichen von Hüftschmerzen hebt er die beiden schweren Koffer mit einem Ruck an, steuert zielstrebig auf ein Zimmer zu, das ich bei meinen ersten Besuchen gar nicht wahrgenommen habe, stellt sie dort demonstrativ neben dem Bett ab. Ich bin mir nicht sicher, ob er das tut, weil er Angst um seinen teuren Marmorboden hat, weil er zeigen will, wie stark er ist, oder weil er mir schlicht sofort klarmachen will, wo mein Platz als Freund und Noch-nicht-Schwiegersohn in diesem Hause ist. Es ist natürlich nicht Lipings Zimmer, sondern stellt sich als das Gästezimmer heraus.

Ich bin dem Alten Zhu mit Rucksack und Reisetasche gefolgt und blicke mich um, während er wortlos den Raum wieder verlässt. Ähnlich wie das Wohnzimmer ist das Gästezimmer sehr erlesen ausgestattet. Das breite Holzbett nimmt den größten Teil des Raumes ein. Als ich mich probeweise darauf setze, merke ich, dass es recht hart ist, und erinnere mich daran, dass Liping mir erzählt hat, dass sich ihre Mutter, seit sie in den Wechseljahren ist, auf einem Gesundheitstrip befindet. Das Auswechseln der weichen Matratzen gegen steinharte Bretter ist wohl eine der vielen Maßnahmen für ein besseres körperliches Wohlbefinden der Familie Zhu. Ich schiebe meine Koffer an die Seite. Meine Kleidung werde ich morgen früh in dem schweren Mahagoni-Kleiderschrank verstauen. Ich ziehe an der kleinen Kette der Schreibtischlampe, deren grüner länglicher Schirm aus Glas von einem Kupferstab gehalten wird, und das Zimmer füllt sich sofort mit einem warmen gelben Licht.

Ich lege mich auf den Rücken und betrachte das Zimmer, das aus einem jahrhundertealten chinesischen Skizzenbuch zu stammen scheint. Nur der große Flachbildschirm gegenüber vom Bett erinnert daran, dass wir uns im 21. Jahrhundert befinden.

Auch wenn das Klima, die Kultur und vor allen Dingen der Vater meiner Freundin für mich doch sehr anstrengend sind, bin ich in diesem Moment glücklich. Dies ist der Ort, dies ist die Zeit, die ich monatelang herbeigesehnt habe. Meine Liebste und mich trennen keine Tausende Kilometer, kein bläulich schimmernder Bildschirm mehr, sondern nur noch eine Wand. Ich kann sie sehen, wenn ich aufwache, ich kann sie in den Arm nehmen, um sie zu trösten, ich kann sie berühren und spüren, und wenn mein Schwiegervater mal außer Haus ist, dann ist vielleicht auch mehr drin als nur Händchenhalten und verstohlene Küsse.

»Mach dir keine Sorgen!«, beruhigt mich Liping. Ich habe sie, bei offener Tür natürlich, ins Zimmer gezogen, um ihr einen Gutenachtkuss zu geben. »Mein Papa ist ein vielbeschäftigter Geschäftsmann. Wenn er nicht in der Fahrschule ist, dann ist er mit seinen Freunden unterwegs. Sobald er mal nicht da ist, schleichst du dich einfach rüber in mein Zimmer und wir können alles nachholen, was wir in den letzten Monaten verpasst haben.«

Sie streicht sich die Haare aus der Stirn und lacht übermütig. Da steht sie vor mir, diese aufregende, junge Frau, die ich damals auf der Party kennengelernt habe. Die mit ihrer frechen Frisur und den funkelnden schwarzen Augen an diesem Abend wahrscheinlich nicht nur mir den Kopf verdreht hat. Und in diesem Moment wünsche ich mir, Zimmer hin oder her, nichts mehr, als dass wir uns doch für das Studentenwohnheim entschieden hätten. Das ist zwar klein, doch hat es ein Schloss und in diesem Moment würde ich die schwedisch-bulgarisch-chinesische Mitbewohnerschaft der Anwesenheit meines Schwiegervaters vorziehen. Oder sollen wir ihn einfach ignorieren?

Entschlossen schiebt Liping mich von sich.

»Jetzt nicht. Warte, bis mein Vater mal außer Haus ist. Dann ist es umso schöner.«

山中无老虎，猴子称大王

IST KEIN TIGER IN DEN BERGEN, NENNT SICH DER AFFE KÖNIG

Der Tag lässt nicht lange auf sich warten. Ich verzehre gerade lustlos mein Frühstück, das aus zwei Scheiben weichem, süßem Toast und einer Tasse Instantkaffee besteht. Wir wohnen zu weit vom Stadtzentrum entfernt, um in den Genuss eines vernünftigen Brotes und frischen Kaffees zu kommen. Außerdem würde mein Studentenbudget sowieso nicht dafür ausreichen, jeden Morgen die umgerechnet zehn Euro auszugeben, die die Cafés in den Shanghaier Hipstervierteln für ein westliches Frühstück verlangen.

Als Liping ihrer Mutter bei meinem Einzug erzählt hat, dass ich zum Frühstück Brot und Kaffee gewöhnt bin, schaute diese mich nur mitleidig an.

»Davon wird man ja nicht satt, du musst doch etwas Vernünftiges in den Magen bekommen.« Dass die Familie etwas »Vernünftiges« in den Magen bekommt, dafür ist sie zuständig. Schon früh am Morgen dampfen die Kochtöpfe über den Gasflammen und der Geruch von Nudelsuppe zieht durch die Wohnung.

Dennoch hat die Mutter noch am selben Tag für mich im Supermarkt »Brot und Kaffee« gekauft. Ich habe mir darunter ein knuspriges Mehrkornbrötchen mit frischer irischer Butter, mittelaltem Goudakäse, einer Scheibe saftigem Kochschinken, einem knackigen Salatblatt und einem Klacks Remoulade vorgestellt. Dazu einen frischgemahlenen Kaffee aus duftenden Arabicabohnen mit einer dünnen Schicht goldenem Schaum auf der Oberfläche. Stattdessen würge ich nun einen labbrigen süßen Toast herunter, der die Konsistenz und den Geschmack eines Turnschuhs nach einem Regenspaziergang hat. Den spüle ich mit einem Kaffee runter, bei dem das Kaffeepulver »praktischerweise«, wie Lipings Mutter sagt, direkt mit Trockenmilchpulver und Zucker vermengt ist. Doch der Kaffee ähnelt eher einer Cola mit Milch, aber ohne Kohlensäure.

Meine neue chinesische Gastfamilie hingegen genießt ihr Frühstück sichtbar – und hörbar. Vor meiner Freundin und ihren Eltern steht jeweils eine große Schüssel mit dampfenden Nudeln in einer dicken Brühe. Das warme Frühstück hat Lipings Wangen erröten lassen, und sie sieht sehr glücklich aus, als sie mit den Holzstäbchen Nudeln aus der Schüssel in ihren Mund führt und einen Schluck Brühe aus dem kurzen, dicken Porzellanlöffel mit den blauen Verzierungen folgen lässt. Auf der Suche nach einer Alternative zu meinem kärglichen Frühstück frage ich, was sie denn da essen.

»Das ist eine Enten-Glasnudelsuppe, Mamas Spezialität und die Leibspeise von Papa und mir.«

Wie zur Bestätigung schlürft der Alte Zhu besonders lautstark und befördert die Glasnudeln mit einem kurzen Saugen in seinen Mund. In diesem Moment wird mir die Bedeutung des ersten Sprichworts, das unser Chinesischlehrer in Deutschland uns beigebracht hat, klar: »Essen ist des Volkes Himmelreich.« Mich als Deutschen kann ein trockenes Brötchen und ein Kaffee zufriedenstellen, doch meine chinesische Freundin nicht. Dieses Leuchten in den Augen, dieses zufriedene Schlürfen, dieses warme Gefühl im Magen, das kann nur eine chinesische Nudelsuppe herbeizaubern. In der Suppe, über die sie sich beugt, schwimmen außer Glasnudeln noch kleine dunkelrote Quadrate und lange, weiße Streifen, die die drei genussvoll verzehren.

»Ist das Entenfleisch?«

»Nein, das ist kein Entenfleisch, das ist viel besser.«

Na, da bin ich gespannt. Vielleicht kann ich mich ja daran gewöhnen, mein westliches Frühstück gegen eine kräftige chinesische Nudelsuppe auszutauschen?

»Das hier«, meine Schwiegermutter pickt mit den Stäbchenenden einen der langen weißen Streifen aus der Suppe heraus,

»das ist Entendarm.« Mit einem Schmatzen verschwindet dieser in ihrem Mund. »Und das hier ist Entenleber, das kleine hier sind die Nieren, aber das Beste ist das hier.«

Sie holt mit ihrem Porzellanlöffel einen der tiefroten, zuckerwürfelgroßen Quader aus der Suppenschüssel. Er hat die Konsistenz von Fruchtgummi: weich, aber elastisch.

»Probier doch mal«, sie hält mir den Löffel aufmunternd vor die Nase. »Das ist Entenblut. Sehr nahrhaft und besonders gut für den Blutkreislauf.«

Damit ist diese Frühstücksalternative für mich leider gestorben. Ich lehne dankend ab, widme mich dem letzten Bissen Toast und spüle ihn mit einem großen Schluck süßen Milchkaffees hinunter.

Das chinesische Konzept von dem, was nahrhaft ist und was nicht, lässt sich mit dem bekannten Satz »Du bist, was du isst«, zusammenfassen. So wie Schweine- oder Entenblut gut für das eigene Blut ist, so hilft das Aussaugen der Suppenknochen dabei, das eigene Knochenmark zu stärken. Die Spitze der Ernährungspyramide ist dann erreicht, wenn den Schülern am Tag vor der großen Universitätsaufnahmeprüfung frisches Schweinehirn serviert wird, um die Denkleistungen am nächsten Tag zu fördern.

Doch während ich noch über zukünftige Frühstücksmöglichkeiten für meinen westlichen Magen sinniere, sagt mein Schwiegervater plötzlich den Satz, der mich alle diese Luxusprobleme vergessen lässt.

»Ich bin heute Abend zum Abendessen nicht da. Ich komme morgen früh wieder. Wir gehen mit meinen Freunden Mah-Jongg spielen.«

»Wie viel Geld brauchst du?«

Erstaunt stelle ich fest, dass das Familienvermögen augenscheinlich von meiner Schwiegermutter verwaltet wird. Mein

Schwiegervater, mag er nach außen hin noch so chauvinistisch auftreten, muss sich offensichtlich jede Ausgabe von ihr genehmigen lassen.

»2000 Yuan müssten reichen, und ich bringe dir mindestens das Doppelte wieder zurück!«, verspricht er großmäulig und stopft die zwanzig roten Scheine mit dem Mao-Emblem darauf, die Mutter Wang aus ihrer Handtasche geholt hat, in seine Hosentasche.

»Wie lange dauert denn so ein Mah-Jongg-Spiel?«, frage ich beinahe beiläufig.

»Also mindestens bis zwei, drei Uhr nachts. Wartet nicht auf mich«, antwortet mein Schwiegervater, dankbar für meine Nachfrage. Dass ich keinesfalls die Absicht habe, auf ihn zu warten, sondern vielmehr hoffe, dass er so lange wie möglich außer Haus bleibt, verschweige ich geflissentlich.

»Dann koche ich heute Abend nicht«, unterbricht Lipings Mutter meine freudigen Überlegungen. »Ich gehe mit meinen Freundinnen zum Sumpfkrebsessen und danach ein bisschen shoppen.«

Dann haben wir also mindestens sechs Stunden für uns alleine, überschlage ich in Gedanken.

Ich grinse Liping an und sie grinst zurück. Wir freuen uns auf einen ungestörten Abend zu zweit.

Während meine Schwiegermutter den Tisch abräumt, packe ich meine Tasche für die Uni. Liping hat sich schon ins Büro verabschiedet und der Alte Zhu macht sich auf zur Fahrschule. Meine überschwängliche Verabschiedung »Viel Glück beim Mah-Jongg! Bis morgen dann!« erwidert er mit einem leichten Nicken und verschwindet mit einer Zigarette im Mundwinkel im Aufzug.

Ich kann mich an keine einzige Vokabel erinnern, die ich an diesem Tag an der Uni gelernt habe. Während unsere junge Lehrerin in einem Affentempo chinesische Schriftzeichen an die Tafel krakelt, spiele ich in Gedanken den lang ersehnten Abend durch. Zuerst werden wir uns ein Abendessen bestellen und es gemeinsam vor dem Fernseher verspeisen. Das ist normalerweise nicht möglich, denn »gegessen wird am Tisch«. In diesem Punkt überschneiden sich die Ansichten meiner deutschen Eltern und der chinesischen Gasteltern – wobei Lipings Mutter wahrscheinlich eher Angst um ihre teuren roten Sofabezüge hat, als dass es ihr um irgendwelche Spießer-Haushaltsregeln geht. Dann werden wir uns Arm in Arm gemeinsam eine romantische Liebeskomödie anschauen. Anschließend werden wir uns in ihr Schlafzimmer zurückziehen.

Wenn kein Tiger in den Bergen ist, nennt sich der Affe König. Oder wie wir Deutschen sagen: Wenn die Katze aus dem Haus ist, tanzen die Mäuse auf dem Tisch. Ob nun als königliche Affen oder tanzende Mäuse, die Abwesenheit des Alten Zhu werden wir auf jeden Fall richtig ausnutzen.

Soweit der Plan.

Als ich am Nachmittag nach dem Unterricht nach Hause komme, finde ich nur Lipings Mutter vor, die sich für die Shoppingtour vorbereitet. Sie steht vor dem Spiegel und wählt gerade aus, welches Seidenhalstuch am besten zu dem heutigen Outfit passt.

»Esst heute Abend etwas Gesundes!«

»Ja, natürlich. Das machen wir.«

»Soll ich nicht vielleicht eine Kleinigkeit für euch kochen? Nicht, dass ihr euch Hamburger oder so ein Zeug kauft. Ich habe Brokkoli und Spinat im Kühlschrank. Die könnte ich euch eben fertigmachen.«

»Nein, Mama«, inzwischen bin ich der Bequemlichkeit halber dazu übergegangen, sie Mama zu nennen. Beim Alten Zhu traue ich mich das nicht. Dazu ist es viel zu früh. »Wir kommen schon klar. Wir bestellen uns bestimmt was Gesundes.«

»Ja, aber bei den Restaurants da draußen weiß man nie, was die für Öl benutzen, in den Nachrichten habe ich gesehen…« Es folgt eine minutenlange Aufklärung darüber, wie bestimmte Restaurants altes Öl wiederbenutzen, um Kosten zu sparen und dass es krebserregend ist, wenn man zu viel davon verzehrt.

»…und deswegen musst du immer auf das Zertifikat des Ordnungsamts achten. Ihr dürft nur bei Restaurants mit einem grünen Smiley bestellen.«

Dieses Bewertungssystem ist mir tatsächlich schon aufgefallen. Das chinesische Gesundheitsamt prüft die Restaurants und je nach Hygienezustand der Küche vergeben sie dann einen grünen lachenden, einen gelben emotionslosen oder einen roten traurigen Smiley. Dieser muss dann an prominenter Stelle angebracht werden, damit die Kunden wissen, worauf sie sich einlassen, sobald sie das Restaurant betreten. Ich habe aber das Gefühl, dass die roten Smileys den meisten Kunden den Appetit nicht verderben.

»Ok, Mama. Wir bestellen ganz bestimmt gesundes Essen.«

»Und die Klimaanlage darf nicht zu kalt sein. Ihr erkältet euch sonst. Und sitzt ja nicht direkt im Windzug, ansonsten bekommt ihr Nackenschmerzen.«

Bestätigend nehme ich die Fernbedienung in die Hand und drücke auf den roten Knopf.

»Dann mache ich sie am besten direkt aus. Das ist am gesündesten.« Ich hoffe, dass sie das beruhigt, sodass sie schneller zum Sumpfkrebsessen mit ihren Freundinnen aufbrechen kann.

Vorher muss ich mir allerdings noch anhören,»dass die Kälte von den Füßen in den Körper kriecht«. Ich ziehe mir gehorsam Hausschuhe an. Auch verspreche ich, nicht ständig auf mein Handy zu starren, nichts Frittiertes zu essen und nicht zu lange auf dem Klo zu sitzen,»da das einer der am weitesten verbreiteten Gründe für Hämorrhoiden ist«. Nun gut, wieder was dazugelernt.

Als sie sich endlich für das rote Halstuch entschieden hat, verabschiedet sie sich und ich setze ich mich auf den Einsitzer im Wohnzimmer. Die Möbel sehen zwar alle gut aus, sind aber furchtbar hart und ungemütlich. Wie im Museum eben.

Ich nehme mein Handy zur Hand. SMS von Mama.

Es ist Joghurt im Kühlschrank. Den müsst ihr vor dem Schlafengehen essen, das ist gut für die Verdauung. Mama

Ich überlege kurz, einfach nicht zu antworten, doch das würde eine Reihe weiterer Nachrichten nach sich ziehen, in der Sorge, wir wären verhungert oder irgendeiner Epidemie erlegen.

Ja, machen wir. Die Klimaanlage ist aus, ich habe Hausschuhe an und den Apfel und die Orange habe ich schon aufgegessen.

Als Antwort bekomme ich einen Daumen-nach-oben-Emoji und weiß, dass ich heute zumindest meine zukünftige Schwiegermutter zufriedengestellt habe.

Ich stelle die Klimaanlage erstmal wieder auf Hochtouren. Der Shanghaier Sommer hat Einzug gehalten und Temperaturen von über 40 Grad zusammen mit einer Schwüle, die die Luft in eine dicke, feuchtheiße Wand verwandelt, werden in den nächsten drei Monaten die Shanghaier Bevölkerung quälen.

Entgegen aller Versprechungen lasse ich die angenehm kühle Klimaanlagenluft einige Minuten direkt in mein Gesicht pusten, um meine Körpertemperatur etwas herunterzufahren.

Um mir nicht doch eine handfeste Erkältung zu holen, beschließe ich, mich lieber unter der Dusche abzukühlen. Als das kühle Nass meine klebrige Haut erreicht, spüre ich ein wohliges Gefühl im ganzen Körper. Das verstärkt sich nur noch, als ich die Wohnungstür gehen höre und die Stimme Lipings vernehme.

»Thomas, Schatz, ich bin zurück!«

Endlich haben wir Zeit für uns! Und zwar nicht in einem schmuddeligen Hotelzimmer, das wir uns von unserem schmalen Budget leisten können, sondern in einer ganzen Wohnung. Drei große Schlafzimmer und ein Wohnzimmer gehören uns ganz alleine!

Ich trockne mich ab und ziehe mir frische Kleidung an. Am liebsten hätte ich Liping in diesem Moment gleich ins Schlafzimmer gezogen und nie wieder rausgelassen, doch ich weiß, dass sie müde ist. Ich habe sie bereits ein paar Mal vom Büro abgeholt und weiß, was sie hinter sich hat. Die Rechtsanwaltskanzlei, in der sie als Assistentin einer Partnerin arbeitet, befindet sich im 65. Stock des Shanghai Financial Centers. Die Klimaanlage des gesamten Gebäudes wird zentral gesteuert. Der Bediener derselben hat entweder früher in einem Kühlhaus gearbeitet oder die Intention, durch die offenen Eingangstüren ganz Shanghai direkt mitzukühlen. In den Sommermonaten herrscht im ganzen Gebäude eine Temperatur von etwa 17 Grad. Das führt dazu, dass so manch eine Angestellte vor Arbeitsbeginn Sandalen und T-Shirt gegen Daunenjacke und Fellstiefel umtauscht.

Nach Feierabend muss Liping etwa 100 Meter vom Büroausgang bis zum Eingang der Metro gehen. Diese 100 Meter reichen in der Regel, um sich in eine Saunalandschaft versetzt zu fühlen. Das abendliche Shanghai kann nämlich immer noch mit schwülen 35 Grad aufwarten. Zum Trost dafür kann man sicher sein, dass man dieses Wechselspiel der Jahreszeiten innerhalb von wenigen Stunden mit Temperaturunterschieden von bis zu 20 Grad nicht alleine durchstehen muss. Ganz Shanghai hat gefühlt die gleiche Arbeitszeit. Um Punkt 18 Uhr strömen sämtliche Angestellte nicht nur aus den 101 Etagen des Financial Centers, sondern ebenso aus den unzähligen großen und kleinen Bürotürmen drumherum in Richtung U-Bahn. So drängt man sich mit Zehntausenden weißbekragten Sekretärinnen, Informatikern und Bankangestellten auf die Rolltreppe, die täglich Millionen Leute in die Unterwelt Shanghais befördert. Dort transportiert die Metro jeden Einzelnen dann pünktlich und schnell an sein Ziel. Mit über 600 Kilometern Strecke hat Shanghai das längste U-Bahnnetz der Welt, und es ist noch lange nicht fertig ausgebaut. Wenn man es geschafft hat, sich durch die Türen in den Wagen zu zwängen und einen halbwegs bequemen Stehplatz zu erkämpfen, kann man erst einmal durchatmen – falls der Raum zwischen einem selbst und den Nebenmännern und -frauen dafür reicht, versteht sich. Dann muss man feststellen, dass der Klimaanlagenbediener des Financial Centers nach Feierabend offenbar für die U-Bahn tätig ist, oder zumindest ein naher Verwandter. Unbarmherzig pustet die U-Bahn-Klimaanlage unglaublich kalte Luft in die verschwitzten Gesichter und Nacken der Fahrgäste. Diese haben meist ihren Kopf wie zum Gebet geneigt. Ihr Interesse gilt in diesem Fall jedoch dem Mobiltelefon in ihrer Hand. Auf diesem verfolgt ein Großteil der Fahrgäste die neueste koreanische Serie oder die Nachrichten, während ein weiterer Teil versucht, sich mit Musik in eine andere Welt zu versetzen. Versüßt wird das Erlebnis durch das kostenlose WLAN in der U-Bahn, das fast flächendeckend verfügbar ist. Manchmal hoffe ich, dass es der Deutschen Bahn oder den Berliner Flughafenbetreibern gelingt, ein paar Infrastrukturplaner aus Shanghai abzuwerben. Denn die haben wirklich Erfahrung und wissen, wie man eine 25-Millionen-Stadt organisiert und am Laufen hält. Nach 60 Minuten U-Bahnfahrt mitsamt einem Umstieg muss Liping nochmal durch die Abendhitze einen Kilometer bis zu unserem Wohngebiet laufen.

Ich kann gut verstehen, dass sie jetzt erstmal eine Pause braucht und etwas zwischen die Zähne. Erschöpft lässt sie sich auf das harte Sofa fallen und schließt die Augen. Ich krame mein Handy hervor und öffne die App mit dem passenden Namen »Bist du hungrig?«. Mit ein paar Klicks bestelle ich Pizza für uns beide, wobei ich den gelben Smiley, der auch online angezeigt wird, ignoriere. Das wird meine Schwiegermutter schon nicht mitbekommen. In nur zwanzig Minuten ist die Pizza, und zwar richtige Pizza, mit Salami und so, da, und wir machen es uns vor dem Fernseher so bequem wie möglich. Ich schaue Liping an, die genussvoll ein Stück Pizza verzehrt.

»Irgendwie ist das alles seltsam.«

»Was denn?«, fragt Liping mich, ohne ihren Blick vom Fernseher abzuwenden.

Da sitze ich, ein Ausländer, mit einer Chinesin auf einem roten, mit Drachen und Phönixen verzierten Seidensofa. Um uns herum stehen Holzbuddhas, teure Teekannen sowie allerlei Möbel aus massivem Palisanderholz. Wir essen Pizza aus einem Pappkarton und schauen uns gemeinsam eine amerikanische Liebeskomödie auf einem gigantischen Flachbildschirm an. Das ist so ein typisches Bild für das China des 21. Jahrhunderts. Dieser Mix aus Tradition und Moderne, aus chinesischer Kultur und internationalen Einflüssen, von Menschen aus verschiedenen Nationen und Provinzen, ist der Grund, warum ich dieses Land, und ganz besonders Shanghai, so sehr liebe.

Ich lasse Lipings Frage unbeantwortet im Raum stehen und schweigend schauen wir den Film zu Ende. Als die letzten

Takte der Filmmusik verklungen sind, flüstert Liping mir ins Ohr:

»Ich geh mich jetzt duschen, und wenn ich fertig bin und die Luft rein ist, dann kommst du rüber in mein Zimmer.«

Liping geht ins Badezimmer und ich beseitige die Spuren des Abends. Ich schalte den Fernseher aus, falte den Pizzakarton und schiebe ihn ganz nach unten in den Müllsack, damit er ja keine unnötige Aufmerksamkeit erregt. Inzwischen ist es zehn Uhr abends, es ist schon dunkel und wir haben noch mindestens zwei, drei Stunden für uns alleine.

Ich mache die Tür des Gästezimmers von außen zu und begebe mich in Lipings Zimmer. Dort entledige ich mich meiner Kleidung und lege mich in Erwartung dessen, was gleich geschehen wird, auf das frischbezogene Bett. Aus der Dusche dringt ein verheißungsvolles Plätschern und außer dem Rauschen des Duschwassers und den Schritten der Nachbarn in der Wohnung über uns ist alles still. Das Fenster steht offen. Es ist ein lauer, friedlicher Sommerabend. Mittlerweile hat sich die Luft auf angenehme 25 Grad abgekühlt und ich verzichte darauf, mich zuzudecken. Der leichte Sommerwind kitzelt auf meiner Haut und sorgt für die perfekte Atmosphäre an diesem Abend. Ich bin mental und vor allen Dingen körperlich ganz darauf vorbereitet, die Zweisamkeit mit meiner Liebsten zu genießen. Ich schließe die Augen und warte, bis Liping soweit ist. Das ist anscheinend der Fall, denn ich höre Geräusche vor der verschlossenen Tür. Alles steht bereit und wartet nur auf die Hauptdarstellerin des heutigen Abends. Es klopft an der Tür. Das ist aufregend. Sie hat sogar noch Lust auf ein Rollenspiel, schießt es mir durch den Kopf. Ich verändere meine Position, sodass sie mich beim Reinkommen direkt sehen kann. Nachdem ich alles zurechtgerückt habe, rufe ich voller Vorfreude: »Herein! Die Tür ist offen.« Die Türklinke wird fast heruntergerissen. Sie kann es also genauso wenig erwarten wie ich. Die Tür öffnet sich und ich schließe die Augen.

»Das ist doch Lipings Zimmer!?«

Das ist verstörend. Nicht nur der Satz passt nicht in das Rollenspiel, das sich gerade in meiner Fantasie abspielt, sondern auch die Stimme. Nein, diese Stimme passt gar nicht. Ich habe immer noch die Augen geschlossen in der Hoffnung, dass ich mir die ganze Situation noch irgendwie erklären kann. Doch es hilft nichts. Irgendetwas ist gewaltig schiefgelaufen.

Als ich schließlich meine Augen öffne, fällt mein Blick auf das wutverzerrte Gesicht des Alten Zhu. Dann folge ich seinem Blick und bemerke, dass ich immer noch in der extra für Liping eingenommenen Erwartungshaltung verharre. Schleunigst ziehe ich die dünne Decke über meinen Körper. Ich bin ihm noch eine Antwort schuldig.

»Ja, äh, das ist in der Tat Lipings Zimmer«, versuche ich ihn zu beschwichtigen, »sie duscht noch und kommt dann auch gleich.«

Dieser Satz trägt allerdings nicht gerade zu seiner Beruhigung bei. Wortlos knallt er die Tür zu und ich höre draußen das nervöse Klacken eines Feuerzeugs.

Dann höre ich die Außentüre ein weiteres Mal aufgehen. Das muss Lipings Mutter sein. Auch sie ist viel früher als geplant zurück. Da werden mir zwei Dinge klar. Erstens, dass ich mich nicht auf chinesische Zeitangaben verlassen kann. Und zweitens, dass wir so schnell wie möglich ausziehen müssen.

Liping ist inzwischen endlich mit ihrer Dusche fertig. Sie hat sich ein großes Handtuch um den Körper und ein kleines um den Kopf zu einem Turban gewickelt. Nach frischem Blumengarten und Honig duftend, kommt sie barfüßig in ihr Zimmer hinein. Ich sitze noch immer auf dem Bett und halte die dünne Decke umschlungen. Die verfrühte Anwesenheit ihrer Eltern ist ihr nicht entgangen. Wütend zieht sie sich das Handtuch fester um den Körper.

»Ich habe doch gesagt, dass du auf mich warten sollst. Ich muss doch erst checken, ob die Luft rein ist!«

»Ja, aber ich habe doch ausgerechnet, dass sie…«

»Hör mal, mein Freund, Berechnungen sind hier fehl am Platz. Wir sind nicht in der Sparkasse. Das ist mein Vater. Und der ist unberechenbar.«

»Ich weiß.«

Ich greife nach meinem T-Shirt und ziehe es mir über.

»Beim nächsten Mal musst du dich unbedingt an meine Anweisungen halten.«

Sie hat ja so recht. Wenn wir meinen zukünftigen Schwiegervater auf unsere Seite ziehen wollen, muss ich sie die Zügel in die Hand nehmen lassen.

Zwei Zimmer weiter ist inzwischen eine hitzige Diskussion entbrannt. Durch die Wände ist kaum etwas zu hören, doch ich brauche nicht viel Phantasie, um mir vorzustellen, worum es geht. Ich schnappe nur vereinzelte Satzfetzen auf. Da ist die Stimme von Lipings Vater: »Wir sind eine ehrenhafte Familie.« Und etwas leiser die ihrer Mutter: »Als wir jung waren, warst du auch kein Unschuldslamm.« Eine Antwort ist nicht mehr zu hören, sondern nur noch schwere Schritte auf dem Marmorboden, die vor unserer Tür verstummen. Daraufhin hören wir den Alten Zhu laut und deutlich in Richtung Elternschlafzimmer rufen:

»Morgen früh zieht er aus. Er kann ja zurück ins Studentenwohnheim. Das ist also der Dank für meine Gastfreundschaft.«

Dann fällt mit einem lauten Schlag die Haustür in Schloss. Ich ziehe mir den Rest meiner Kleidung an, und mit wehleidigem Blick auf meine frisch geduschte Liping trotte ich aus ihrem zurück ins Gästezimmer. Doch sie lässt kein Mitleid walten. Sie folgt mir in mein Zimmer. Mit einem Ruck zieht sie ihr Handtuch noch fester um den Körper. Den werde ich so schnell nicht mehr zu Gesicht bekommen. Dann setzt sie zu einer erneuten Schimpftirade an:

»Das hier ist China. Ich weiß, dass vieles für dich kompliziert ist. Aber das kann ich nicht ändern. Du musst auf mich hören, bitte! Sonst wird das nichts mit uns. Mein Vater ist zwar seltsam, aber er ist immer noch mein Vater. Und ich bin überzeugt davon, dass wir es schaffen können, dass er spätestens auf unserer Hochzeit stolz sein wird, dich zum Schwiegersohn zu haben.«

Na, die ist ja optimistisch.

»Aber dafür musst du auf mich hören…«

Aus der Küche kommt Lipings Mutter herein und winkt beschwichtigend mit einem Pizzakarton in der Hand. »Ist ja gut, ist ja gut. Guck dir doch den armen Kerl an. Er hat seine Lektion gelernt.«

In diesem Moment stelle ich fest, dass meine zukünftige Schwiegermama und ich ein super Team sind. Was immer ich auch tue, sie steht auf meiner Seite.

»Nichtsdestotrotz, morgen früh packst du am besten deine Sachen und ziehst zurück in dein Wohnheimzimmer.«

Das schmerzt. Da das Zimmer im Studentenwohnheim über mein Stipendium bezahlt wird, habe ich es immerhin nicht gekündigt.

»Das war aber auch ein schlechtes Timing. Gerade heute hat er beim Mah-Jongg die ganzen 2000 Yuan verspielt und ist früher nach Hause gekommen. Naja, wenn ihr irgendwann heiratet, könnt ihr zusammenziehen. Papa will das so.«

Puh, heiraten. Da ist es wieder. Ich weiß, dass ich Liping liebe und sie mich auch. Aber müssen wir denn so überstürzt heiraten? Können wir nicht erst einmal zusammenleben? In

Deutschland geht das doch auch. Aber wir sind nun mal nicht in Deutschland. Außerdem hat keiner gesagt, dass so eine deutsch-chinesische Beziehung einfach werden würde. Davor hat mich mein Vater damals schon am Küchentisch gewarnt.

Lipings Mutter betrachtet den Pizzakarton in ihrer Hand. Einen Moment lang scheint es, als wolle sie etwas dazu sagen, doch dann entscheidet sie sich dagegen. Es gibt wichtigere Themen heute Abend.

Als Liping mir einen Gute-Nacht-Kuss auf die Stirn drückt und ich ihre weichen Lippen auf meiner Haut spüre, da weiß ich wieder, für wen ich das alles hier mache. Und als sie die Tür leise von außen schließt, bleibt der Blumenduft ihres Shampoos noch die ganze Nacht in der Luft hängen. Zumindest ein kleiner flüchtiger Eindruck davon, was mich eigentlich an diesem Abend erwartet hätte, bleibt zurück.

......

Am nächsten Morgen stehe ich sehr früh auf, um meine Koffer zu packen. Heute will ich um alles in der Welt vermeiden, dem Alten Zhu über den Weg zu laufen. Mein kurzer Schlaf war tief und ich habe nicht gehört, ob er nachts wieder nach Hause gekommen ist.

Ich wuchte die Koffer aufs Bett und werfe meine gesamte Kleidung achtlos hinein. Wenn ich tagelang einsam in meiner Studentenbude sitzen werde, habe ich genug Zeit, um alles ordentlich zu falten. Da anscheinend alle noch schlafen, versuche ich so leise wie möglich das Gepäck über den Marmorboden in Richtung Wohnungstür zu schieben. Ich nehme mir gleich ein Taxi zum Wohnheim und werde dann meine Gepäckstücke eins nach dem anderen alleine in den fünften Stock des Gebäudes schleppen. Übung habe ich ja schon reichlich darin.

Nachdem ich die schweren Sachen neben dem Aufzug deponiert habe, gehe ich ein letztes Mal in mein Zimmer, um die Tasche mit den Büchern zu holen. Als ich am Schlafzimmer von Lipings Eltern vorbeikomme, höre ich drinnen das Holzbett knarzen. Ich schnappe mir die Tasche und haste durch das Wohnzimmer. Dabei stoße ich versehentlich mit der Tasche gegen ein Regal. Die Teekanne, die die Form eines Kürbisses hat und ganz oben am Rand des Regals auf einem Untersetzer steht, beginnt gefährlich zu wackeln. Ich stelle die Tasche ab und nehme die Kanne schnell in die Hand, um das teure Stück ja nicht auf dem Marmor zerschellen zu lassen. Das Regal schwankt ein wenig. Als ich versuche, es mit der anderen Hand zu stabilisieren, geht die Tür nebenan auf und ich blicke in das erstaunte Gesicht des Alten Zhu. Er schaut erst mich an, dann die teure Teekanne in meiner Hand. Im Hintergrund sieht man durch die offene Tür meine gepackten Koffer stehen.

»Wo willst du hin?«

»Ich, äh, also, gestern, da hast du doch gesagt, also, ich ziehe zurück ins Studentenwohnheim.«

Bestimmt wird er sich freudestrahlend von mir verabschieden. Endlich wird wieder Ruhe einkehren, endlich ist er wieder der einzige Mann im Hause, endlich muss er den armen, wollüstigen Studenten nicht mehr sehen. Er schweigt einen Moment und ich stehe stramm, die eine Hand am Regal und mit der anderen die Teekanne umklammernd. Wahrscheinlich sucht er noch nach den richtigen Abschiedsworten. Doch anstatt mich freundlich aus der Tür hinauszukomplimentieren, verfinstert sich sein Gesicht. Er wirft die Hände in die Luft und schimpft:»Fragt mich denn jetzt überhaupt keiner mehr nach meiner Meinung?«

Zum Glück gehen in diesem Moment zwei Türen auf und Liping und ihre Mama schauen beide verschlafen zu uns herüber. Der Alte Zhu verschränkt beleidigt die Arme ineinander.

»Zieht hier jetzt jeder ein und aus, wie es ihm beliebt? Heute zieht Thomas aus, morgen die Mama und übermorgen sitze ich ganz alleine in der Wohnung, oder wie? Nein, nein, nein, so geht das nicht! Wir sind hier doch keine öffentliche Toilette, wo jeder rein und raus geht, wie es ihm passt! Pack deine Koffer wieder aus, du bleibst hier. Und mit hier meine ich das Gästezimmer. Damit das klar ist!«

Weder Liping, ihre Mutter noch ich wagen, ein Wort zu sagen, sondern schauen den Alten Zhu erstaunt an. Der fummelt in seiner Hosentasche, holt seine Packung »Panda«-Zigaretten hervor und steckt sich erregt eine davon an. Er zieht drei Mal heftig, als sein Blick wieder auf die Teekanne in meiner Hand fällt.

»Und die bleibt gefälligst da, wo sie hingehört, und zwar auf dem Regal. Ich sollte mir wirklich überlegen, eine Überwachungskamera anzuschaffen.«

Eigentlich will ich mich verteidigen, doch das klassische »Es ist nicht das, wonach es aussieht« hat noch nie jemanden aus einer prekären Situation gerettet. Jetzt ist er also auch noch überzeugt davon, einen Dieb im eigenen Hause zu beherbergen. Aber all das reicht nicht aus, um mich rauszuschmeißen. Warum nur?

......

In den folgenden Nächten schlafe ich schlecht. Und das liegt nicht daran, dass ich mutterseelenallein ins Gästezimmer verbannt bin. Nein, mein Gehirn arbeitet auf Hochtouren.

Mir ist bewusst: An dem Alten Zhu vorbei führt kein Weg zu Liping. Ich muss ihn von mir überzeugen. Wenn schon nicht durch Geld, Stärke oder sonstige Schwiegersohnqualitäten, dann am besten, indem ich ihm beweise, dass ich es ernst meine und keineswegs seiner Tochter nur »ein Ei ins Nest legen« will. Und plötzlich ist mir sonnenklar, dass nur eines infrage kommt: Ich werde Liping einen Heiratsantrag machen. Danach wird er wissen, wie ernst es mir mit seiner Tochter ist. All das Zögern, all das Genervtsein vom ständigen Schwiegersohn-Gerede lasse ich einfach über Bord fallen.

»Warum eigentlich nicht?«, frage ich laut in die Dunkelheit hinein.

Erstmals seit ich in China bin, fällt der Druck ein bisschen ab, und ich bin voller Zuversicht, dass letzten Endes doch noch alles gut wird.

计划赶不上变化

**PLAN UND WIRKLICHKEIT SIND
SCHLECHTE FREUNDE**

In den Wochen danach haben Liping und ich ein idiotensicheres System entwickelt, wie wir nachts doch noch für einige Stunden zusammen sein können. Ich stelle mir, meist in der Nacht von Freitag auf Samstag, den Wecker auf zwei oder drei Uhr und schleiche auf Katzenpfoten in Lipings Schlafzimmer, das ich vor Sonnenaufgang wieder verlasse. Zum Frühstück erscheine ich gut gelaunt aus dem Gästezimmer und begrüße die Eltern mit einem fröhlichen »Guten Morgen«. Der Vater äugt dennoch immer misstrauisch in meine Richtung. Er war ja schließlich selbst mal jung und, so wie ich es mitbekommen habe, auch kein Unschuldslamm. Doch in Ermangelung von Beweisen kann er mir nichts vorwerfen.

Aber ich habe nicht vor, jahrelang heimlich nachts durch die Wohnung von Lipings Eltern zu schleichen. Mein Beschluss, Liping einen Heiratsantrag zu machen, steht fest. Auch wenn wir uns erst seit gut einem Jahr kennen, wären damit alle glücklich, ich vorneweg. Und mit einem seriösen Antrag wären wir dann zumindest schon einmal verlobt, das ist in China nicht anders als in Deutschland.

Heute Nacht bleibe ich in meinem Zimmer. Beleuchtet vom gedämpften Licht der kleinen Tischlampe mit dem grünen Schirm liege ich bäuchlings auf dem Bett. Zum Glück federt mein Bauch, der dank der Kochkünste meiner Schwiegermutter immer noch kaum an Größe verloren hat, die Härte des Brettes etwas ab. Vor mir habe ich ein Blatt Papier und einen Stift. In großen Lettern schreibe ich darauf das deutsche Wort ANTRAG. Ich plane den Hochzeitsantrag für Liping. Da ihre Deutschkenntnisse mittlerweile jedoch große Fortschritte gemacht haben, schreibe ich nur die zweite Hälfte des Wortes auf den Zettel. Bei meinem Glück findet sie ihn bestimmt irgendwo. Und dieses Ereignis darf ich nicht vermasseln. Mit einem gelungenen Heiratsantrag kann ich ihr und ihrem Vater beweisen, dass ich sowohl romantisch sein kann als auch das Zeug habe, einen funktionierenden Plan auf die Beine zu stellen.

RING schreibe ich als Zweites darunter. Das hier soll ein Brainstorming mit mir selbst werden. Denn meine deutschen Eltern will ich nicht fragen. Zu deren Zeiten gab es so eine Geld- und Zeitverschwendung nicht. Damals waren sie froh, wenn sie einen halben Tag Urlaub für die Hochzeit bekamen, von Klimbim wie Antrag und Verlobung oder Flitterwochen ganz zu schweigen.

Meine Schwiegereltern – so nenne ich sie jetzt in Gedanken – kann ich noch viel weniger zu Rate ziehen. Ich bemerke, dass der Alte Zhu immer weggeht, wenn wir nur im Entferntesten über unsere gemeinsame Zukunft oder Hochzeiten im Allgemeinen sprechen.

»Für so einen Weiberquatsch interessiere ich mich nicht. Sind sowieso alle gleich, die Hochzeiten heutzutage.«

Doch wir alle wissen genau, dass hier nur sein Messermund spricht. Tief in seinem Tofuherzen bangt er ängstlich dem Tag entgegen, an dem seine einzige Tochter das Haus für immer verlassen wird. Er fällt also als Gehilfe weg. Und Liping naturgemäß sowieso. Dann muss ich da wohl alleine durch.

Bis jetzt habe ich also ANTRAG und RING aufs Papier gebracht. Was für eine Meisterleistung.

Da Ressourcen und Personal begrenzt sind, schreibe ich unter ORT *Zuhause* hin. Das ist logistisch am einfachsten zu bewerkstelligen. Kerzen und Rosen müssen her und der Ring natürlich. Das alles kann ich online kaufen. Wieder einmal bin ich Jack Ma sehr dankbar. Dank seiner Plattform Taobao, einer chinesischen Mischung aus Ebay und Amazon, sind sämtliche Waren und Dienstleistungen in Windeseile an der Haustür. Ich öffne die Taobao-App und bestelle für übermorgen frische rote

Rosen, Unmengen Kerzen und einen Diamantring. Alles mit dem Zustellvermerk *Beim Pförtner abgeben*. So kann ich in einem unbeobachteten Moment, wenn Liping im Büro ist, die Dinge dort abholen und alles vorbereiten. Die anschließende Szene stelle ich mir so vor:

Nach einem stressigen Arbeitstag wird Liping die Haustür öffnen und die Wohnung still und dunkel vorfinden. Wenn sie dann um die Ecke ins Wohnzimmer kommt, wird sich ein Kerzenmeer vor ihr auftun. In der Mitte wird ein Herz aus Rosen liegen. Ich werde gestriegelt und geschniegelt daneben knien und ihr zu Geigenklängen einen glitzernden Ring entgegenhalten.

Dann wird sie mir unter Tränen ein Ja ins Ohr hauchen und wir leben glücklich und zufrieden bis an unser Lebensende. Ich bin von meiner eigenen Vorstellung so gerührt, dass ich mir eine Träne aus dem Augenwinkel wischen muss.

Der Plan steht also. Es kann nichts mehr schiefgehen. Mit einem beruhigenden Gefühl fallen mir die Augen zu.

Ich werde erst wach, als die Sonne schon recht hoch am Himmel steht.

»Ich muss die zukünftigen Schwiegereltern doch dazu einladen«, geht es mir durch den Kopf. Dieser romantische Moment wird ihnen ein für alle Mal zeigen, was für einen guten Schwiegersohn in spe sie sich da ins Haus geholt haben. Meine Schwiegermutter, die mich sehr mag, wird mich noch mehr in ihr Herz schließen. Und der Alte Zhu wird sehen, dass er seine Tochter ganz beruhigt mir anvertrauen kann. Ich werde ihm beweisen, dass ich es ernst meine und mit Liping nicht nur mein Bett, sondern auch mein restliches Leben teilen möchte.

Das ist eine super Idee. Darüber muss ich am besten zuerst mit Lipings Mutter reden. Sie muss dafür sorgen, dass sie und der Alte Zhu am besagten Abend zugegen sind. Ich benötige keine Hilfe, nur ihre bloße Anwesenheit. Weil ich das nicht am Telefon mit ihr besprechen will, schwinge ich mich auf eins der vielen orangen Leihfahrräder vor unserem Wohnviertel und radele hastig die drei Kilometer zur Fahrschule.

Als ich ganz verschwitzt und aufgeregt dort ankomme, sehe ich meine zukünftige Schwiegermutter am Computer sitzen und irgendwelche Formulare ausfüllen. Auch wenn ihr Mann theoretisch der Chef der Fahrschule ist, wissen wir alle, dass sie es ist, die den Laden schmeißt. Der Alte Zhu ist weit und breit nicht zu sehen. Nur mit einem überfüllten Aschenbecher auf dem Tisch hat er ganz deutlich sein Revier markiert. Wahrscheinlich ist er wieder in irgendeinem Massagesalon unterwegs oder versucht beim Mah-Jongg die Einnahmen des Tages zu verdoppeln.

»Hallo Mama, hast du schon gegessen?«

Egal zu welcher Uhrzeit, dies ist die erste Frage, die man stellt, wenn man sich in China über den Weg läuft.

»Ja, habe ich. Was gibt's denn?«, fragt sie, während die Tastatur fröhlich weiterklackert.

»Folgendes.« Ich komme direkt zum Thema. »Ich will Liping einen Heiratsantrag machen. Ich weiß, dass der Alte Zhu es nicht gerne sieht, wenn wir unverheiratet unter einem Dach wohnen. Von daher denke ich, dass es das Beste sein wird, wenn wir einfach heiraten. Das wollen wir früher oder später sowieso. Papa wird sich bestimmt sehr darüber freuen.« Ich plappere weiter vor mich hin, ohne auf ihre Reaktion zu achten.

»Ich habe schon alles geplant. Ihr müsst nur am Freitagabend ab 18 Uhr zu Hause sein, wenn Liping nach Feierabend…«

»Es gibt keine Tür!«, unterbricht sie mich. Das Klackern der Tastatur ist verstummt.

Ich drehe mich um und sehe sehr wohl eine Tür, direkt hinter mir.

»Es gibt keine Tür«, sagt sie ein weiteres Mal. Ich hole mein schlaues Smartphone hervor. *K-e-i-n-e T-ü-r* tippe ich in mein Wörterbuch ein. *Chinesisches Pendant für »Kommt gar nicht in die Tüte«* steht da. Das ist unmissverständlich.

Mit einem Satz hat sie das Kerzenmeer meiner Träume ausgepustet. Auch die Geigenmusik ist verstummt.

»Ja, ich weiß, es ist kompliziert. Lipings Vater ist kompliziert. Einerseits will er, dass ihr heiratet, damit seine Freunde nichts zu tratschen haben, andererseits läuft er immer weg, wenn es nur im Entferntesten um das Thema Heirat geht. Und jetzt hast du keine Ahnung, was du machen sollst.«

Sie bringt es auf den Punkt. Jetzt weiß ich, von wem Liping ihren klaren Verstand hat. Auf jeden Fall nicht vom Vater.

»Mein Mann hat ein schwaches Herz. Wenn er Zeuge davon sein muss, wie Liping Ja zu dir sagt, endet das in einer Katastrophe. Für ihn bedeutet es, dass ihm seine geliebte Tochter aus den Händen gerissen wird und er nicht mehr der wichtigste Mann in ihrem Leben ist.«

So ist das Leben halt, denke ich. Das haben vor ihm Millionen anderer Väter schon er- und überlebt.

»Er hat es mir zwar noch nie gesagt, aber ich glaube, er kann dich gut leiden. Von daher kannst du deinen Heiratsantrag gerne machen, aber bitte irgendwo, wo er nichts davon mitbekommt.«

Damit ist das Thema für sie anscheinend erledigt. Sie haut wieder auf die Tastatur ein und nimmt zwischendurch genüsslich einen Schluck von ihrem Blumentee. Ich wische mir den Schweiß von der Stirn. Jetzt bin ich wieder auf mich alleine gestellt. Eines ist mir inzwischen klar: Familie ist unheimlich wichtig in China, und Liping liebt ihren Vater über alles. Es muss also ein neuer Plan her. Aber welcher? Vielleicht denke ich noch zu deutsch. Wenn ich eine Chinesin für mich gewinnen will, muss ich wie ein Chinese denken.

»Arbeite an dir, Thomas«, sage ich mir. »Lerne von Liping. Beweise ihr, dass du so gut planen kannst wie sie.«

An zweiter Stelle nach der Familie kommen die Freunde. Das ist bei Liping nicht anders als bei ihrem Vater. Manchmal habe ich sogar das Gefühl, dass die ersten beiden Plätze auswechselbar sind. Als wir beim letzten Mal beim Karaoke waren, hat Lipings Vater mit Inbrunst den chinesischen Gassenhauer »Freunde« gesungen.

»Weine nicht, mein Freund,
wir gehen diesen Weg gemeinsam,
weine nicht, mein Freund,
ich bin dein Zufluchtsort.«
So viel Zeit, wie er mit seinen Freunden verbringt, ist mir klar, dass diese seine zweite Familie sind.

»Freunde als zweite Familie«, murmele ich vor mich hin, während ich zurück zur Wohnung strampele. »Freunde.«

Das ist es! Wenn Lipings erste Familie nicht mitmacht, dann vielleicht ihre zweite! Die Rosen bestelle ich vorsichtshalber erst einmal wieder ab.

......

Ich entscheide mich für Tiffany und Dreamy. Tiffany ist am längsten mit Liping befreundet, sie kennen sich seit der Grundschule. Außerdem hat sie eine Menge Erfahrung mit Heiratsanträgen. Laut Liping hat sie bereits unzähligen Verehrern eine Abfuhr erteilt, weil deren Heiratsantrag nicht »aufrichtig und ehrlich« genug war. Übersetzt heißt das, dass der Verlobungsring entweder zu wenig Karat oder das Konto zu wenig

Deckung hatte. Dreamy ist bereits Ehefrau und Mutter und kann mir bestimmt ein bisschen auf die Sprünge helfen, wenn es darum geht, was Frauen glücklich macht. So verabrede ich mich mit beiden in einem Café und bitte sie, strengste Geheimhaltung zu wahren. Trotzdem bin ich ein wenig besorgt, dass Liping Wind davon bekommt.

Wir treffen uns ein paar Tage später, an einem Mittwochnachmittag. Da Liping noch im Büro ist, muss ich mich mit keiner kruden Ausrede verdächtig machen. Und ihre beiden Busenfreundinnen werden sowieso von ihren Ehemännern bzw. den wechselnden Liebschaften durchgefüttert, weswegen sie den ganzen Tag zur freien Verfügung haben.

Busenfreundin heißt im Chinesischen übrigens so etwas wie »Honig im Frauengemach«. Das klingt für mich sehr vielversprechend. Schließlich möchte ich mit ihrer Hilfe Einblick in die geheime Wunschwelt meiner Frau gewinnen und ihr das Leben versüßen: Honig ins Frauengemach bringen also.

»Einmal Hongkong Style Milk Tea für mich, bitte.«

Ich bestelle das günstigste Getränk auf der Karte, um den beiden jungen Damen klar zu machen, dass es sich hier um ein effizientes, kurzes Meeting mit begrenztem Budget handelt.

»Für mich das Gleiche, bitte.« Tiffany lächelt den Kellner an. Ich atme auf.

»Und dann bitte noch drei Mal Zitronentörtchen, zwei Durianpasteten, einen Pudding mit roten Bohnen, vier Blaubeermuffins und drei Stücke von der Buttertorte.«

Mir ist jedweder Appetit vergangen. Ich brauche ihre Hilfe, und auch wenn die beiden die Unmengen an Kuchen und Gebäck im Leben nicht aufessen können, muss ich das ganze trotzdem bezahlen. So viel habe ich in den Monaten hier schon dazu gelernt.

In knappen Worten erzähle ich ihnen von meinem Dilemma.

»Ich möchte Liping einen Heiratsantrag machen. Ich habe keine Ahnung, wie das in Deutschland funktioniert und erst recht nicht in China. Der Antrag muss einhundert Prozent perfekt sein.«

»Das regeln wir schon«, versichert mir Tiffany und schiebt sich einen großen Bissen Kuchen in den Mund. Bei den schmalen Hüften frage ich mich immer neidisch, wo die ganzen Kalorien bei ihr landen. Höchstwahrscheinlich in ihren Beinen.

»Am besten machen wir es am nächsten Sonntag. Ich werde mich mit Liping zum Einkaufsbummel im neuen Shoppingcenter verabreden«, schlägt sie vor, nachdem sie den Kuchen minutenlang im Mund hin und her geschoben hat.

Das ist in vier Tagen. Viel Vorbereitungszeit brauche ich sowieso nicht. Die Kerzen und der Ring liegen schon seit Tagen beim Portier. Der beschwert sich zwar jedes Mal, wenn er mich sieht, wie eng es ist in seiner Bude und dass ich meine Sachen doch bitte mitnehmen soll. Doch mit einer Packung »Panda«-Zigaretten vom Supermarkt nebenan bringe ich ihn eine Zeit lang zum Schweigen.

»Aber am Sonntag geht man doch nicht Shoppen?« Ich schaue Dreamy, die die ganze Zeit noch nichts gesagt hat, fragend an. Doch anstatt mir zu antworten, nippt sie an ihrer zweiten Tasse Tee und verputzt ein Zitronentörtchen nach dem anderen. So langsam frage ich mich, warum ich sie überhaupt hierher beordert habe. Außer meine Ausgaben in die Höhe zu treiben, hat sie bisher keinen Beitrag zu dieser mir so wichtigen Aktion geleistet. Dafür ist Tiffany um so engagierter bei der Sache.

»Wir sind in China, Thomas. Hier hat alles sieben Tage die Woche geöffnet«. Sie verdreht die Augen ob meiner Naivität. Ich schlürfe nachdenklich an dem für meinen Geschmack viel zu süßen Tee.

»Aber ehrlich, ich kann doch meinen Heiratsantrag nicht in einem Einkaufszentrum machen«, sage ich stirnrunzelnd. »Könnte ich da nicht genauso gut auf einem Parkplatz oder der Autobahnbrücke um ihre Hand anhalten?«

Ein bisschen was von Romantik verstehe ich doch und ein Einkaufszentrum teilt sich mit besagtem Parkplatz den letzten Platz auf der Liste der »Orte, an denen der Heiratsantrag auf jeden Fall gelingt«.

»Du hast eben keine Ahnung«, schnappt Tiffany ein bisschen beleidigt zurück. Sie ist felsenfest überzeugt von ihrem Vorschlag. »Liping wird das lieben. Wir alle lieben shoppen! Und je mehr Leute das sehen, umso romantischer. Dann zeigt ihr euer Glück der ganzen Welt.«

Sie wird wohl recht haben, denn schließlich habe ich die beiden ja hierher bestellt, weil sie meine Zukünftige viel länger kennen als ich es tue. Ich muss wohl oder übel auf sie hören. Aber das Bild, wie ich neben der Rolltreppe eines riesigen Einkaufszentrums auf den glattpolierten Boden auf die Knie falle, um Liping im Beisein von Dutzenden Schaulustigen ein »Ja« abzuringen, lässt sich in meinem Kopf einfach nicht in das Schubfach »Romantik« pressen, so viel Mühe ich mir auch gebe, es dort abzulegen. In meine Grübeleien hinein fährt Tiffany fort:

»Aber wenn du auf Diskretion bestehst, dann machen wir es so: Hinter dem Einkaufszentrum gibt es einen Park, also vielmehr eine Grünfläche. Mit Bäumen. Wir gehen nach dem Bummeln dahin, und da wartest du auf sie.«

Ich schöpfe Hoffnung. Ein Park erscheint mir schon eher geeignet für so einen wichtigen Moment als ein gesichtsloses Einkaufszentrum. »Und was mache ich, wenn ihr da seid?«

Tiffany lächelt geheimnisvoll.

»Halt dich fest. Jetzt kommt der Clou!«

Ich bin gespannt. Welcher Clou wird meine chinesische Freundin dazu verführen, ihr ganzes Leben mit mir zu teilen?

»Mein Freund hat sich einen neuen Porsche gekauft. Klaviertastenschwarz, die edelste Ausstattung, der Traum einer jeden Frau. Wenn Liping den sieht, wird sie in Ohnmacht fallen.«

Aha, ein Porsche. Ich hatte ja eher an ein Herz aus Fackeln oder ein Rosenmeer gedacht.

»Und, äh, also, ich soll den Porsche fahren?«, frage ich ein wenig verwirrt. Tiffany aber ist umso begeisterter.

»Ja, genau. Wir kommen aus der Tür des Einkaufszentrums raus. Der Porsche kommt vorgefahren und du steigst im schwarzen Anzug aus, mit hundert Rosen im Arm, und fällst vor ihr auf die Knie. Welche Frau würde da nicht sofort Ja sagen?«

Begeistert klatscht sie in die Hände.

»Was meinst du dazu?« Ich wende mich fragend an Dreamy.

»Lecker! Ganz besonders die Durianpasteten.« Damit verabschiedet sie sich in Richtung Toilette. Wahrscheinlich muss sie die Unmengen an Milchtee loswerden, die sie seit unserer Ankunft getrunken hat.

»Aber Liping interessiert sich doch überhaupt nicht für Luxusautos!«

»Alle Frauen interessieren sich für Luxusautos!«

»Aber...«, erwidere ich schwach. Mir fällt jedoch kein weiteres Argument ein. Schließlich kennt Tiffany Liping viele Jahre länger als ich. Wahrscheinlich verstehe ich einfach nur zu wenig von den geheimen Wünschen junger Chinesinnen. Habe ich mich nicht genau deshalb mit Lipings Busenfreundinnen getroffen, um zu erfahren, von welchem Honig die Frauen in ihrem Gemach am liebsten kosten?

»Na gut, wenn du meinst. Dann komme ich halt im Porsche vorgefahren.«

Ich verlange nach der Rechnung und bezahle die überteuerten Kuchen und den viel zu süßen Tee mit einem Seufzen.

......

»Ich gehe heute Nachmittag mit Tiffany zum Bummeln. Willst du mit?«, fragt mich Liping beim Sonntagsfrühstück.

Ich schmiere meinen Toast mit Marmelade. Das Vollkornbrötchen konnte ich zwar noch nicht auftreiben, aber zumindest besitze ich inzwischen eine Kaffeemaschine und so trinke ich einen Schluck echten, schwarzen Kaffee, bevor ich scheinbar leichthin antworte:

»Nein, nein. Amüsiert ihr euch nur. Ich bleibe zu Hause und lese mein Buch weiter.«

Dabei denke ich an meinen Anzug, der frisch gebügelt im Schrank hängt. Liping hat mich vor einigen Wochen zum Schneider mitgenommen und wir haben einen Anzug maßanfertigen lassen. »Falls mal ein wichtiger Anlass bevorsteht«, meinte Liping. Auch wenn sie damit vielleicht nicht gerechnet hat, so ist der erste wichtige Anlass gleich ein Heiratsantrag. Und zwar ihr eigener. Bei dem Gedanken, dass es bald passiert, röten sich meine Wangen leicht. Das bemerkt Liping sogleich.

»Hast du irgendwas angestellt?« Sie schaut mich fragend an. Ich verneine das halbherzig und räume schnell mein Geschirr in die Küche, um vom Thema abzulenken.

Gegen 13 Uhr verabschiedet sich Liping mit einem Kuss bei mir.

»Bis gleich, äh, später. Also, ich meine, bis heut Abend.«

Sie bemerkt nichts von meiner Nervosität oder tut zumindest so.

Als sie aus der Haustür raus ist, mache ich mich daran, meine Sachen zu packen. Lipings Eltern sind mit Freunden zum Mah-Jongg verabredet, und so muss ich keine unbequemen Fragen beantworten. Wir haben uns mit Tiffany für 15.13 Uhr verabredet. Es muss diese Uhrzeit sein, weil die Zahlen eins fünf eins drei der chinesischen Aussprache des Satzes »Ich will dich ein Leben lang« ähneln. Das kann doch nur ein gutes Omen sein.

Ich nehme den Anzug aus dem Schrank. Hemd und Hose ziehe ich bereits zu Hause an. Die Krawatte und das Jackett nehme ich in die Hand. Ich habe sowieso schon das Gefühl, dass mein Blutdruck recht hoch ist. Wenn ich jetzt noch einen Hitzeschlag erleide, rücken Verlobung und Hochzeit erstmal in weite Ferne.

Mit der Kleidung und den Paketen, die ich gerade beim dankbaren Pförtner abgeholt habe, in der einen Hand und einem gerade rechtzeitig gelieferten frischen Strauß roter Rosen in der anderen, steige ich ins Taxi.

»Zum Park hinter dem Wanda-Einkaufszentrum, bitte.«

»Park? Du hast Humor, Ausländer. Das ist ein eher ein verrotteter Wald.«

Irgendwas hat er bestimmt falsch verstanden. Tiffany hat doch gesagt, dass es ein Park ist. Oder zumindest eine Grünfläche. Mit Bäumen.

Als wir nach kurzer Fahrt an meinem Ziel ankommen, sehe ich, was der Fahrer meint. Wir sind am Ende einer Sackgasse angekommen. Vor uns tut sich die riesige Betonwand des mehrstöckigen Einkaufszentrums auf. An die Wand gelehnt sind einige große Müllcontainer sowie das ausrangierte Inventar eines Ladengeschäfts. Direkt neben dem Gebäude grenzt ein kleines, aber recht hohes Waldstück. Als der Taxifahrer mir das Wechselgeld reicht, sagt er mit einem verschmitzten Lächeln:

»Als Kind hatte ich eine Riesenangst vor diesem Wald. Da wurden nämlich früher die Schwerverbrecher Shanghais gehängt.«

Meine Augen weiten sich um ein Vielfaches.

»Aber mach dir keine Sorgen, heute wird dort nur noch Müll deponiert.«

Na, das ist ja beruhigend. Andererseits erklärte es den fauligen Geruch, der mir entgegenwabert. Meine Armbanduhr sagt mir, dass es viertel vor drei ist. Ich habe also knapp eine halbe Stunde Zeit. Viel zu wenig, um die Aktion abzublasen oder an einen anderen Ort zu verlegen.

»Viel Glück.«

Auch wenn ich dem Taxifahrer nicht erzählt habe, was ich vorhabe, kann ich Glück in diesem Moment gut gebrauchen. Ich schlage die Türe sachte zu und das Taxi entfernt sich langsam. Am Waldrand, etwa fünf Meter von mir entfernt, erblicke ich den schwarzen Porsche. Daran gelehnt steht ein tätowierter, kaugummikauender Mittzwanziger. Das ist also Tiffanys neueste Eroberung. Lustlos winkt er mir zu und hält mir den Schlüssel der Luxuskarosse hin. Jetzt muss ich noch das Herz aus Kerzen gegenüber von der Tür, aus der Liping und Tiffany kommen werden, aufstellen. Dann den Ring auspacken und mir Krawatte und Anzug überstreifen. Ich nehme den Schlüssel in die Hand und stelle die Sachen neben den Wagen.

»Ich gehe mal pinkeln.« Damit macht sich Tiffanys Porschefreund auf in den Wald, um sich zu erleichtern. Da piept mein Handy. SMS von Tiffany.

Wir kommen jetzt schon, ich kann's nicht mehr aushalten. Ich habe mich schon fast verplappert. Bis gleich.

Dahinter hat sie zehn Herzchen gepackt. Rote. Das kann mein Smartphone jetzt immerhin erkennen. Es ist doch noch viel zu früh. Ich bin sauer auf Tiffany. Ich hätte das alles von Anfang an alleine planen sollen. Erst erklärt sie mir stundenlang, dass es unbedingt 15.13 Uhr sein muss, und jetzt hält sie es plötzlich nicht mehr aus? Am liebsten hätte ich ihr mit 10 Totenköpfen auf ihre SMS geantwortet, aber dazu bleibt jetzt keine Zeit.

Nur nicht in Panik geraten, Thomas. Tief durchatmen. Ich schmeiße das Päckchen mit dem Ring, meine Krawatte, die Kerzen und den Blumenstrauß auf den Beifahrersitz. Mich selber zwänge ich auf den Sitz vor das Lenkrad. Der Sportwagen ist so eng, dass mein Bauch das Lenkrad praktisch blockiert. Mit Mühe manövriere ich den Porsche zu einer Stelle, wo ich die Hintertür des Einkaufszentrums im Blick habe, selbst aber nicht gesehen werden kann, und binde mir hastig die Krawatte um. Dann sehe ich, wie die Tür aufgeht und Tiffany lachend die verständnislos dreinblickende Liping nach draußen schiebt.

Dort stehen sie nun zwischen zwei Abfallcontainern und blicken sich um. Ich sehe, wie sich ihre Münder bewegen, kann aus dieser Entfernung und durch das geschlossene Autofenster aber nichts hören. Tiffany strahlt wie ein Honigkuchenpferd, gerade so, als wäre sie diejenige, die gleich einen Heiratsantrag von ihrem Traummann bekommt. Wahrscheinlich ist sie immer noch überzeugt davon, dass der Antrag an diesem Ort eine brillante Idee ist.

Wie auch immer ich mich gerade fühle, ich muss los. Ich muss Liping meine Liebe gestehen und sie fragen, ob sie meine Frau werden will. Ich trete aufs Gas, habe aber die Beschleunigungskraft eines Porsches unterschätzt. Die 50 Meter lege ich in dreißig Millisekunden zurück, nur um mit einer Vollbremsung vor den beiden Damen zum Stehen zu kommen. Die springen erschrocken zur Seite und ich stelle schuldbewusst den Motor ab. Ich schnappe mir die Rosen vom Beifahrersitz, quetsche mich durch die Fahrertür und gehe ums Auto herum zu der wenn möglich noch erstaunter blickenden Liping. In diesem Moment kommt Tiffanys Freund aus dem Wald. Er wischt sich beide Hände an der Jogginghose ab und setzt sich zurück ans Steuer des Wagens.

Und nun stehe ich vor Liping und versuche, mich an meinen Plan zu erinnern. Die Liebeserklärung ist an der Reihe. O.k., die sollte den verqueren Ort mehr als wettmachen. Nur, wie ging die nochmal?

Ich sinke erstmal stumm auf die Knie und überreiche ihr die Rosen. Sie nimmt sie in die Hand. Bisher haben wir beide noch kein Wort gesprochen. Nur Tiffany steht neben Liping und flüstert die ganze Zeit etwas mir Unverständliches in ihre Handykamera. Dabei filmt sie aber sich und nicht uns.

O.k., Thomas, jetzt der Ring. Ich krame in meiner Hosentasche, da fällt mir siedend heiß ein, dass er noch verpackt auf dem Beifahrersitz des Wagens liegt. In diesem Moment höre ich, wie der Motor des Sportwagens aufheult. In Panik springe ich auf.

»Einen Moment, Schatz«, rufe ich Liping zu. Das waren meine ersten Worte im Rahmen dieses Hochzeitsantrags. Ich haste zum Auto und reiße die Beifahrertür auf. Wie schon die ganze Zeit, interessiert sich Tiffanys Lebensabschnittsbegleiter nicht sonderlich für mich. Ungeduldig blickt er auf sein Handy. Wahrscheinlich will er, genau wie wir alle, so schnell wie möglich aus dieser Schmuddelecke Shanghais verschwinden und spielt deshalb unablässig mit dem Gaspedal.

Ich greife nach dem kleinen Paket und beginne auf dem Weg zurück zu den beiden Damen damit, die Packung aufzureißen. So dankbar ich normalerweise dafür bin, wie gut die Taobao-Händler ihre Pakete verpacken, so sehr hasse ich sie in diesem Moment dafür. Nach Minuten, die sich wie eine Ewigkeit dahinziehen, kann ich endlich den kleinen Diamantring aus seinem Pappgefängnis befreien. Er ist wirklich sehr schön und funkelt im weißen Licht der Neonröhren, die an der Außenwand des Einkaufszentrums angebracht sind. Tiffanys Begeisterung ist inzwischen einer sichtlichen Langeweile gewichen. Sie hat aufgehört zu Filmen und ist dazu übergegangen Selfies mit ihrem Handy zu machen. Liping hingegen scheint sich ob meiner verzweifelten Versuche, ihr einen romantischen Heiratsantrag zu machen, immer mehr zu amüsieren. Sie kichert unentwegt vor sich hin, was ihre Lachfältchen wunderbar zum Vorschein bringt.

Als ich ihr den Ring hinhalte, habe ich es aufgegeben, noch eine Rede halten zu wollen.

»Liping, willst du meine Frau werden?«, frage ich geradeheraus.

Sie weint zwar keine Tränen des Glücks, doch fängt sie so an zu lachen, dass stattdessen Lachtränen ihre Wangen herunterkullern. Auch meine Augen werden feucht. Das liegt wiederum daran, dass salzige Schweißtropfen mir ungehindert in die Augen laufen. Durch einen Wasserfilm sehe ich Liping zwar nur verschwommen, aber trotzdem weiß ich, dass sie die Frau meines Lebens ist. Andere Frauen wären mit jemandem wie mir längst verzweifelt, sie aber nimmt es mit Humor.

»Ja, mein kleiner Dicker. Das will ich.«

Ich springe überglücklich auf und versuche sie zu küssen. Liping aber wehrt mich ab:

»Nur unter einer Bedingung!«, fügt sie lachend hinzu. »Du machst mir irgendwann einen richtigen Heiratsantrag. Wenn meine Eltern und all meine Freunde dabei sind. Einen richtig romantischen, mit Geigenmusik, Kerzen und so.« Mir fällt das Paket Kerzen auf dem Beifahrersitz wieder ein. Naja, sollen Tiffany und ihr Freund sich doch einen romantischen Abend damit machen.

Ich verspreche ihr das. Sie wischt sie die Tränen aus dem Gesicht und ich mir den Schweiß von der Stirn. Endlich lässt sie es zu, dass wir uns küssen.

Eingeklemmt zwischen grauem Beton und Henkerswald liegen wir uns in den Armen. Die von Tiffany versprochene Diskretion haben wir hier immerhin. Außer ihr und ihrem Lover schaut uns nur eine große Ratte zu, die in einem der überquellenden Müllcontainer neben der Hintertür auf der Suche nach etwas Essbarem ist.

一山不容二虎

AUF EINEM BERG KÖNNEN NICHT GLEICHZEITIG ZWEI TIGER LEBEN

Denke ich in den Wochen danach an diesen Tag, komme ich aus dem Staunen nicht heraus. Ich bin unendlich froh, dass ich eine Freundin bzw. mittlerweile Verlobte mit einem sehr ausgeprägten Sinn für Humor gefunden habe. Wie sie zu so einem völlig verkorksten Antrag Ja sagen konnte, gibt mir bis heute Rätsel auf. Sie muss mich wirklich lieben.

Nun macht aber ein Heiratsantrag noch keine Hochzeit – am allerwenigsten in den Augen meines zukünftigen Schwiegervaters.

»Du hast einen neuen Ring«, stellt er fest, als wir eines Abends nach dem Essen vor dem Fernseher sitzen und uns gemeinsam eine Castingshow anschauen. Liping kaut an einem Apfel.

»Ja, Papa. Wir sind verlobt.« Wir hatten es ihm noch nicht offiziell erzählt. Mit ihrer Mutter haben wir unser Glück natürlich schon geteilt. Sie sitzt jetzt neben Liping und mir auf dem großen Sofa und schlürft Grüntee.

»Verlobt. Was heißt denn überhaupt verlobt? Ihr jungen Leute denkt euch immer solche komischen Sachen aus. Das versteht doch kein Mensch. Deine Mutter und ich wurden einander vorgestellt und zwei Monate später haben wir geheiratet.«

Er zieht ein letztes Mal an der Zigarette und drückt sie mehrmals im Aschenbecher aus.

»Ja, Papa, heiraten werden wir bald auch.«

Ich beobachte die beiden schweigend. Er wird sich bestimmt freuen. Bisher ist es ihm doch ein Dorn im Auge, dass wir unverheiratet unter einem Dach leben. Die Mutter hat uns erzählt, dass seine Freunde ihn, der sonst so traditionelle Ansichten hat, dafür ausgelacht haben, dass er solche Zustände in seinem Haus dulde.

»Ihr wollt heiraten? Dass ich nicht lache! Ihr könnt euch doch gar nicht selbst versorgen. Wovon wollt ihr denn leben?«

Ich will mich einschalten, denke aber an unsere Taktik. Ich schweige und Liping redet. Diese presst den Apfelbutzen so energisch in den Aschenbecher, als wolle sie die Zigarettenstummel stellvertretend für ihren Vater erdrücken.

»Und wenn wir nur von Luft und Liebe leben, so werden wir trotzdem heiraten und so schnell wie möglich von hier ausziehen.«

Sie verschränkt die Arme und wendet ihren Blick dem Sänger im Fernseher zu, der mit vielen schiefen Tönen das Lied von der Lotusblüte singt. Der Alte Zhu antwortet nicht und steckt sich stattdessen eine neue Zigarette an.

......

Der nächste Schritt ist nun die standesamtliche Hochzeit, nach der wir in China offiziell als verheiratet gelten. Sobald wir das Ehedokument in Form eines roten Büchleins in den Händen halten, kann uns kein Schwiegervater der Welt davon abhalten, unser Leben und unser Bett für immer miteinander zu teilen. In Gedanken male ich mir den Tag aus, an dem ich mit großem Getöse meine Sachen aus dem Gästezimmer in Lipings Schlafzimmer transportieren werde. Auch wenn wir dann verheiratet sind, werden wir zunächst mit dem Zimmer vorliebnehmen müssen. Eine eigene Wohnung können wir uns tatsächlich noch nicht leisten. Da hat der Alte Zhu recht. Doch sobald wir offiziell verheiratet sind, haben zumindest all seine Freunde nichts mehr zu tratschen. Dann muss der alte Tiger seine Krallen wieder einfahren.

Am liebsten würden wir sofort heiraten, doch die chinesische und deutsche Bürokratie machen uns da einen Strich durch die Rechnung. Wenn wir in China heiraten wollen, brauchen wir ein sogenanntes »Ehefähigkeitszeugnis«. Wie sich herausstellt, ist die Beschaffung dieses Blatt Papiers genauso bürokratisch, wie sich sein Name anhört. Also laufen wir wochenlang von der chinesischen Einwohnerbehörde zur Botschaft, dann wieder zum Notar und schließlich zum Übersetzerbüro. Wir lassen Berge von Dokumenten kopieren, beglaubigen, übersetzen, abstempeln und unterschreiben. Und schließlich schicke ich ein Päckchen mit Geburtsregisterauszügen, Adressmeldebestätigungen, Ledigkeitsbescheinigungen in zwei Sprachen und dreifacher Ausführung sowie unzählige andere Dokumente, die für die Beantragung dieses Zeugnisses notwendig sind, an das heimische Standesamt in Deutschland. Und warte.

Mittlerweile hat der Herbst Einzug in Shanghai gehalten. Das ist meine Lieblingszeit hier. Dann verfärben sich die Bäume im Park, man kann Spaziergänge machen ohne zu schmelzen oder zu erfrieren, und die Klimaanlagen bleiben aus.

Eines Abends sitze ich zusammen mit meiner Verlobten und ihrer Mutter am Esstisch. Nach einem wie immer reichlichen Abendessen, das aus frittiertem Fisch, gerösteten Yams mit Karotten und in Sojasoße gedünsteten zarten Schweinsrippchen bestand, trinken wir nun Tee und ich warte ungeduldig auf die Gelegenheit, mit meiner Neuigkeit herauszuplatzen. In guter Tradition möchte ich erst einmal Lipings Mutter in unseren Plan einbeziehen und irgendwann dann den Alten Zhu. Der hat sich in sein Zimmer verabschiedet. Dort lässt er zigarettenrauchumnebelt und begleitet vom Lärm des Fernsehers den Tag ausklingen. Man muss Lärm sagen, denn mein zukünftiger Schwiegervater wird auch nicht jünger und sein Gehör ebenfalls nicht besser. Letzte Woche habe ich ihm geholfen, die Schrift seines neuesten iPhones auf die größte Größe zu stellen. Die Lesebrille, die seine Frau ihm vor Monaten unauffällig aufs Nachttischchen gelegt hat, liegt unberührt da und setzt mittlerweile Staub an. Seine Eitelkeit lässt es nicht zu, die Beschwerden des Alters zu akzeptieren. Was sollten seine Freunde nur denken, wenn er plötzlich eine Brille auf der Nase hat!?

Lipings Mutter schneidet mit gekonnten Bewegungen das weiße Fleisch einer Drachenfrucht in kleine Stücke. Mit Zerkleinern von Speisen kennt sie sich aus. Da die Chinesische Küche keine Messer und Gabeln als Essutensilien kennt, wird alles Fleisch und Gemüse beim Kochen in mundgerechte Stücke portioniert.

»Heute ist das Ehefähigkeitszeugnis gekommen«, verkünde ich glücklich. Damit bestätigen die heimischen Behörden, dass der »Ehe zwischen Thomas Derksen und Liping Zhu« nichts mehr im Wege steht. Zumindest nicht aus Sicht des Standesamts. Wenn die wüssten… Liping sieht mich glücklich an. Bald sind wir auch offiziell auf ewig miteinander verbunden.

»Wann wollt ihr denn heiraten?«, fragt meine Schwiegermutter erfreut und schiebt den Teller mit den Drachenfruchtstückchen zu mir herüber. Mittlerweile bin ich derjenige, der von ihr bevorzugt bemuttert wird. Liping schmollt schon, dass sie in der Rangfolge der Familie ganz nach unten gerutscht ist. Ich hingegen genieße die Sonderbehandlung und rechtfertige sie als Ausgleich für das komplizierte Verhältnis zu meinem Schwiegervater in spe.

Mit einem Zahnstocher picke ich in das weiche Fruchtfleisch und stecke mir ein Stück in den Mund. Die erfrischende Süße meiner neuen Lieblingsfrucht kitzelt am Gaumen.

»Naja, irgendwann demnächst halt«, antworte ich leichthin. »Wenn wir alle mal Zeit haben. Dann gehen wir vier zum Standesamt, wir holen uns unsere Urkunde ab und anschließend lade ich euch alle zum Essen ein.«

Liping kaut auf ihrer Drachenfrucht herum und wirkt abwesend. Vielleicht probiert sie in Gedanken schon ihr Hochzeitskleid an. Doch meine zukünftige Schwiegermutter schlägt sich entsetzt die Hand vor den Mund.

»Sowas kann man doch nicht einfach ›irgendwann‹ machen. Auch wenn es nur die standesamtliche ist, ist es trotzdem eure Hochzeit, mein Lieber. Wenn ihr das an einem falschen Tag macht und die Sterne schlecht stehen, kann es sein, dass ihr euer Leben lang kinderlos bleibt. Und das wollen wir ja nicht riskieren.«

Nein, das möchte ich natürlich nicht riskieren. Ich weiß, dass es meine zukünftige Schwiegermutter kaum erwarten kann, in naher Zukunft ihr chinesisch-deutsches Enkelkind ihren Freundinnen vorzuführen.

»Ich rufe mal den Alten Zhang an. Das ist unser ehemaliger Nachbar. Der kennt sich mit dem Mondkalender aus. Er wird einen besonders günstigen Tag für die Hochzeit auswählen.«

……

Zuerst bekommt der Alte Zhang einen recht dicken roten Umschlag, den sogenannten *hongbao,* von mir überreicht. In die *hongbaos* werden alle Geldgeschenke in China verpackt. Egal ob jemand Geburtstag feiert, im Krankenhaus liegt oder eben das Hochzeitsdatum berechnet. Der rechteckige rote *hongbao* ist immer präsent. Dabei hat auch vor diesem alten Brauch der technische Fortschritt in China nicht Halt gemacht: Die meisten roten Umschläge werden mittlerweile über den populären Messenger-Dienst WeChat verschickt.

Während Liping und ich uns schweigend dem vorgesetzten Tee widmen, kritzelt der Alte Zhang mit seiner knochigen Hand viele Zeichen und Zahlen auf ein Blatt Papier. Dabei ist er so konzentriert, dass sein hellgrauer Ziegenbart sich im Takt seines Geschreibsels hin und her bewegt. Nach etwa dreißig

Minuten legt er seinen Stift zur Seite und präsentiert uns stolz sein Ergebnis: Der 14. Dezember.

»Das ist der Tag zwischen Neumond und Vollmond, denn wenn der Mond zunimmt, dann wird auch das Glück in eurer Ehe zunehmen«, erklärt er.

Ich schlürfe den grünen Tee und schaue mich gelangweilt um. Wenn der Mond an dem Tag rechteckig sein sollte, wäre mir das auch egal. Ich will einfach nur in aller Ruhe mein Leben mit meiner Frau verbringen, ohne dass mein Schwiegervater immer dazwischenfaucht. Ich hatte gedacht, dass der Heiratsantrag ihn beruhigen würde. Der Plan ist aber offensichtlich nicht aufgegangen. Noch immer wechselt der Alte Zhu kaum ein Wort mit mir. Mir scheint, eine schnelle Hochzeit ist der einzige Weg, dass er mich als vollwertiges Familienmitglied betrachtet.

»Außerdem steht die Venus günstig, das ist gut für die Fruchtbarkeit«, fährt er fort. »Und auch die Sonne und der Mond stehen in einem harmonischen Verhältnis zueinander. Wenn das nicht der Fall ist, kommt es leicht zu Zwietracht zwischen euch jungen Leuten.«

Nachdem wir unseren Tee ausgetrunken haben, verabschieden wir uns. Sofort versucht der Alte Zhang, uns den roten Umschlag wieder zurückzugeben. Ich weiß inzwischen, dass das nur Teil eines großen Schauspiels ist. Natürlich müssen wir ihn für seine Dienste entlohnen, denn von seinen Berechnungen hängt schließlich unser Eheglück ab. Doch in China darf man kein Geld annehmen, ohne theatralisch dagegen zu protestieren. Daher wird der Umschlag mehrere Male mit großem Getue hin und hergereicht. Auch hier halte ich mich heraus und lasse Liping das Wort führen.

»Nein, das kann ich nicht annehmen.«

»Aber natürlich. Sie haben hart dafür gearbeitet!«

»Deine Eltern sind immer so gut zu mir gewesen. Es wäre eine Schande, wenn ich von euch Geld nehmen würde.«

»Aber zu meinem letzten Geburtstag haben Sie mir doch auch Geld geschenkt. Das muss ich zurückgeben.«

So geht das minutenlang hin und her, bis der Beschenkte schließlich einknickt. Widerwillig nimmt er den Umschlag an und versichert ein weiteres Mal, wie peinlich und unangenehm es ihm doch ist. Wenn wir außer Haus sind, wird er ihn sofort aufreißen und nachzählen.

Denn auch die Höhe des geschenkten Betrags folgt bestimmten Regeln. Der Alte Zhang hat Liping zu ihrem letzten Geburtstag 800 Yuan geschenkt. Das hat meine Schwiegermutter säuberlich in ihr kleines schwarzes Notizbuch mit dem Namen »*Empfangene hongbaos*« notiert. Um unser Gesicht zu wahren, müssen wir nun mindestens 100-200 Yuan mehr zurückschenken. Also enthält unser Umschlag zehn der roten 100er Scheine mit dem Mao-Emblem darauf. Und so schaukelt sich das Ganze ein Leben lang von Geburt über Hochzeit bis zur Beerdigung hoch. Im Endeffekt ist das Ganze nur ein riesiges Tauschgeschäft, aber Gebräuche haben nun mal nichts mit Logik zu tun.

......

»Mama, wir werden heiraten!«

Die Antwort lässt dank des langsamen Internets auf dem deutschen Lande ein paar Sekunden auf sich warten. Das Standbild meiner Mutter schaut mich regungslos an.

Dass wir uns verlobt haben, habe ich meinen Eltern schon erzählt. Einige Details habe ich ausgelassen, um den misslungenen Antrag doch ein wenig romantisch klingen zu lassen. Ehrlich gesagt, habe ich alle Details weggelassen. Denn bei der Geschichte gibt es nichts zu retten. Ich habe ihnen einfach mitgeteilt, dass Liping »Ja« gesagt hat, und sie hat den Verlobungsring stolz in die Kamera gehalten.

»Ist sie schwanger?« Die Verbindung war wieder da.

»Nein, Mama. Natürlich nicht.« Egal ob chinesisch oder deutsch. Die Eltern in unserer Familie schienen sich aus dem gleichen Arsenal an Fragen zu bedienen.

»Wir wollen heiraten, weil wir uns lieben. Das ist der einzige Grund.«

»Ist ja gut. Ist ja nur so, dass deine Geschwister mit der Familienplanung schon alle durch sind und soooo alt bin ich ja nun auch noch nicht.«

»Naja, erst heiraten wir mal. Die standesamtliche Hochzeit ist am 14. Dezember.«

»Das ist aber ein komisches Datum, so mitten im Advent und kurz vor Weihnachten. Da feiert man doch keine Hochzeiten. Und außerdem wird das zu stressig mit dem Hin- und Herfliegen für deine alten Eltern.«

Ich überlege kurz, ob ich ihr von den Berechnungen des Alten Zhang berichten soll, lasse es dann aber sein.

»Naja, am wichtigsten ist sowieso die eigentliche Hochzeit. Die findet im Frühling statt. Kommt doch lieber dann. Im Frühling ist es auch schön warm hier.«

......

Meiner Schwiegermutter hingegen ist es egal, ob standesamtlich oder nicht, sie fiebert dem Tag unserer Vermählung aufgeregt entgegen. Sie hat sich eine neue Qipao, das traditionelle chinesische Kleid mit dem hochgeschlossenen Kragen, schneidern lassen. Das farbige Blumenmuster umschmeichelt ihre Hüften, wenn sie sich jeden Tag im Spiegel betrachtet. Dem

Alten Zhu haben wir, seines schwachen Herzens wegen, noch nichts gesagt. Er ahnt es bestimmt eh schon, denn wenn seine Frau jeden Tag in ihrer Qipao vor dem Spiegel steht, dann weiß er, dass etwas im Busch ist.

Doch heute ist wirklich die letzte Gelegenheit dafür, ihn offiziell darüber aufzuklären. Es ist der 13. Dezember und morgen ist es soweit. Dann stehen Sonne, Mond, Venus und welche Gestirne auch immer in der richtigen Position und ich mit Liping zusammen vor dem Standesbeamten der Stadt Shanghai.

»Los«, Liping schiebt mich vom Sofa. »Geh in sein Zimmer und sag ihm, dass es morgen so weit ist. Nichts würde uns glücklicher machen, als wenn er Zeuge dieses so wichtigen Tages für unsere Familie wäre. Das wird ihn sicherlich ehren!«

Da ich das Gefühl habe, so langsam zu verstehen, wie die Chinesen handeln und denken, gehe ich selbstbewusster als bisher in das Zimmer meines zukünftigen Schwiegervaters. Er liegt auf dem Bett und starrt auf den flimmernden Fernseher.

»Papa«, das ist das erste Mal, dass ich diese Anrede über die Lippen bringe. »Papa, morgen werden Liping und ich standesamtlich heiraten.«

Keine Reaktion.

»Es ist uns sehr wichtig, dass du uns begleitest. Schließlich sind wir ab morgen offiziell eine richtige Familie.«

Endlich schaut er mich an. Sein Blick ist finster und seine Stirn in Falten gelegt. Noch immer ist nur das Schnattern des Fernsehers zu hören, der Alte Zhu schweigt wie ein Grab. Anstatt mir zu antworten, steckt er sich eine Zigarette an und inhaliert tief und langsam. Dann bläst er eine weiße Rauchwolke in meine Richtung, so als wolle er mich damit vertreiben.

Inzwischen hat Liping sich leise von hinten angeschlichen. Sie lugt hinter der Ecke hervor und flüstert mir zu: »Sag es ihm

doch.« Ich raune zurück: »Habe ich schon. Er reagiert nicht.«
Da kommt sie rein und fragt laut und deutlich: »Papa, kommst
du morgen mit?«

Mit erstarrter Miene liegt der Alte Zhu auf seinem Bett und
schaut sich eine Dokumentation über Elefanten in Afrika an.
»Weibliche Elefantenkinder bleiben ein Leben lang bei ihrer
Familie, von Geburt an wird der Zusammenhalt gefestigt. Auch
bei Geschlechtsreife verlassen sie die Familie nicht«, sagt die
Stimme des Sprechers in die erdrückende Stille hinein.

Immer noch keine Reaktion. Das ruft Lipings Mutter auf den
Plan. Sie zieht uns aus dem Schlafzimmer heraus und schließt
die Tür hinter sich: »Er braucht seine Zeit, um die Nachricht zu
verdauen. Er ist manchmal noch ein Kind. Lasst ihn in Ruhe,
und morgen gehe ich mit euch zum Standesamt.«

Da merke ich, dass der Weg, die Chinesen und insbesondere meinen Schwiegervater zu verstehen, noch ein sehr langer sein wird.

In dieser Nacht schlafe ich vor Aufregung schlecht. Ich träume,
dass ich zusammen mit meinem Schwiegervater und einem
weiblichen Elefantenbaby in einer Rakete auf den Mond geschossen werde. Während des ganzen Fluges versuche ich, ein
Gespräch mit dem Alten Zhu zu beginnen. Doch weil das Elefantenbaby mir mit seinem Rüssel den Mund zuhält, bekomme
ich kein Wort heraus. Als wir nach stundenlangem Schweigen
endlich auf dem Mond angekommen sind, werden wir schon
von einer Standesbeamtin in einer langen roten Qipao erwartet.

»Wir warten noch auf die Braut. Die kann erst kommen,
wenn die Venus in einem Winkel von 90 Grad zur Sonne steht«,
teilt sie uns emotionslos mit.

So warten wir schweigend. Mein Schwiegervater, das Elefan-
tenmädchen und ich, brav im Spalier aufgestellt. Doch die Venus

will sich einfach nicht vom Fleck bewegen. Die Standesbeamtin räuspert sich. »Es fehlen noch zwei Grad. Wenn wir es nicht innerhalb der nächsten zehn Minuten schaffen, müssen wir die Zeremonie verschieben.« Sie blättert in dem dicken Buch, das auf einem Pult vor ihr liegt. Nervös scharre ich im Mondsand unter meinen Füßen. Der alte Zhang hat doch alles genau berechnet. Warum bewegt sich diese verdammte Venus nicht einfach?

»Wenn es heute nichts wird, müssen wir die Hochzeit auf den 67. Januar 3987 verlegen. Da habe ich meinen nächsten freien Termin.«

Ich habe vollkommen vergessen, welcher Tag heute ist. Aber bis zum 67. Januar 3987 ist es gefühlt noch sehr, sehr, sehr lange. Da muss ich wahrscheinlich noch einige Jahrzehnte im schönen Gästezimmer der Familie Zhu verbringen.

Der Gedanke daran lässt mich hochschrecken und ich wache auf. Puh, es war alles nur ein Traum. Es ist wirklich meine letzte Nacht im Gästezimmer. Ab morgen kann ich ein Leben lang in einem Zimmer mit Liping nächtigen. Ein Blick auf die Uhr verrät mir, dass es vier Uhr nachts ist. In drei Stunden muss ich aufstehen. Ich schäle mich aus der vor Angstschweiß feuchten Decke und mache mich auf den Weg ins Badezimmer, wo ich hoffe, die Geister der Nacht zusammen mit dem heißen Wasser des letzten Abends loszuwerden. Das Badezimmer, das genau zwischen dem Gästezimmer und dem Elternschlafzimmer liegt, ist verschlossen, obwohl kein Licht brennt. Von drinnen höre ich ein Schluchzen. Als ich anklopfe, verstummt es abrupt.

Leise schleiche ich mich zu Lipings Schlafzimmer und öffne behutsam die Türe. Sie schläft seelenruhig in ihrem Bett.

Ich benutze das Badezimmer, das direkt neben ihrem Zimmer liegt, und als ich mich erleichtert habe, lege ich mich erschöpft wieder ins Bett und falle in einen kurzen, traumlosen Schlaf.

......

Nach dem Frühstück am nächsten Morgen werfen meine Schwiegermutter, Liping und ich uns in Schale. Mein Anzug hat seinen zweiten großen Auftritt und Liping hat ein schlichtes knielanges rotes Kleid für diesen Anlass ausgewählt. Als wir gerade aus der Haustür gehen wollen, geht die Schlafzimmertür auf und mein Schwiegervater blickt uns mit sichtlich geröteten Augen an.

»Ja, also, äh, alles Gute euch. Ich habe leider einen wichtigen Geschäftstermin heute. Aber Mama schickt mir dann Fotos.« Damit verschwindet er im Badezimmer, wo er anscheinend bereits die halbe Nacht verbracht hat.

Während sie das Auto in Richtung Standesamt steuert, erzählt Lipings Mutter uns vom Alten Zhu.

»Wisst ihr, er weint praktisch nie. Zwei Mal habe ich gesehen, dass er Tränen vergossen hat. Das erste Mal war bei der Beerdigung seiner Mutter. Das zweite Mal war, als mir die Zysten vor zwei Jahren entfernt wurden.« Liping nickt zustimmend. Daran kann sie sich erinnern.

»Und gestern war das dritte Mal. Seine Tochter ist nun erwachsen geworden und wird bald das Haus für immer verlassen. Das ist für keinen Vater einfach.«

Plötzlich überkommt mich ein melancholisches Gefühl. Ich muss an meinen Vater denken, der auf der Hochzeit meiner Schwester die ganze Zeit über kein Wort sagte und urplötzlich in Tränen ausbrach, womit keiner gerechnet hatte. Meinem Schwiegervater muss es ähnlich ergehen. Wenn man ihn von außen betrachtet, so ist er ein Fels von einem Mann. Muskulös und braun gebrannt. Jemand, den nichts erschüttern kann. Doch nun muss er die Zügel aus der Hand geben. Nicht er kann entscheiden, in wen sich seine Tochter verliebt. Keiner fragt ihn, wie er sich fühlt, wenn sie sich plötzlich von ihm entfernt.

Auf einmal habe ich so etwas wie Mitgefühl für ihn. Eigentlich will er doch nur, dass die Familie zusammenbleibt. Dass er seine Enkelkinder aufwachsen sehen kann, dass sie seine Sprache verstehen und er seine Tochter immer dann sehen kann, wann er will. Bei dem Gedanken muss ich schlucken. Denn ich weiß ja selbst nicht, wo wir in Zukunft leben werden. Ich fühle mich sehr wohl in der Heimat meiner Frau, doch wer kann garantieren, dass wir uns nicht eines Tages dafür entscheiden, nach Deutschland zu ziehen. Materiell wird es ihnen mit Sicherheit hier in China an nichts mangeln. Doch was, wenn er seine einzige Tochter nur ein bis zwei Mal im Jahr zu Gesicht bekommt?

Als wollte das Wetter meinen Gedankengängen zustimmen, prasselt ein leichter Regen auf das Autodach. In meinem Herzen schwöre ich dem Alten Zhu: »Ich werde gut zu deiner Tochter sein. Ich werde sie wie eine Königin behandeln, und du bist immer willkommen bei uns zu Hause, egal wo wir uns befinden. Und wenn ich dich eigenhändig auf dem Rücken über den Himalaya nach Deutschland tragen muss.«

Plötzlich erscheint er etwas nahbarer und sympathischer. Und immerhin hat er uns Glück gewünscht. Mich überkommt das Gefühl, dass wir irgendwann, in ferner Zukunft, doch noch gute Freunde werden können.

Als wir vor dem Standesamt angekommen sind, weist der Parkwächter uns eine Parklücke zu, in der ein Vierzigtonner problemlos Platz gefunden hätte. Da meine Schwiegermutter nichts mehr hasst als Einparken und der Regen aufgehört hat, steigen

Liping und ich aus, um sie in Ruhe das Auto in Parkposition bringen zu lassen. Nach zehn Minuten ungeduldigen Wartens klopfe ich an das Fenster auf der Fahrerseite. Um sie nicht zu kränken, sage ich nichts, sondern halte nur wortlos die Tür auf. Sie steigt dankbar aus und ich parke das Auto in 15 Sekunden in die Mega-Parklücke. Kopfschüttelnd denke ich daran, dass auch meine Schwiegermutter Fahrlehrerin ist und Menschen unter anderem das Parken beibringt. Ohne mein Eingreifen würden wir hier wahrscheinlich den Wechsel mehrerer Jahreszeiten miterleben, bevor das Auto gerade in der Parklücke steht.

Und auch wenn ich mir sicher bin, dass der nächste freie Termin, anders als in meinem Traum, nicht im Jahr 3987 verfügbar ist, so möchte ich doch noch heute vor aller Welt bezeugen, dass ich dazu bereit bin, mit Liping durch Dick und Dünn zu gehen und sie in guten wie in schlechten Zeiten zu beschützen und zu begleiten. Wir beeilen uns, und als wir pünktlich um 11 Uhr vor dem verglasten Schalter mit der Aufschrift »Eheschließung« stehen, raunzt uns die Beamtin durch ein Mikro an, dass wir erst eine Nummer ziehen sollen. Ich tippe auf das Gerät und wir bekommen die Nummer 188 zugeteilt. Eins, acht, acht. »Ich reich reich.« Es hätte schlimmer kommen können.

Nachdem die Nummer 188 aufgerufen wurde, belehrt uns die Standesbeamtin über unsere Rechte und Pflichten als Eheleute in der Volksrepublik China.

»Überlegen Sie es sich gut.« Sie nimmt ein Blatt Papier zur Hand und liest lustlos einen Paragraphen davon ab. »Die Eheschließung ist nach §23 der Verfassung der Volksrepublik China gebührenfrei. Eine Scheidung wird jedoch nur gegen eine Bearbeitungsgebühr von 988 Yuan durchgeführt. Wenn Sie damit einverstanden sind, unterschreiben Sie bitte hier.«

Wir tun wie uns geheißen, und sie reicht Liping und mir jeweils ein kleines rotes Büchlein. Darin sind unsere persön-

lichen Daten vermerkt, und es ist ein Foto von uns beiden eingeklebt, das halb von dem roten Siegel des Standesamtes verdeckt wird.

Ich sehe Liping an.

»Ich liebe dich.«

»Ich liebe dich auch.«

Glücklich fallen wir uns in die Arme, ungeachtet der ungeduldigen Blicke der Standesbeamtin. Sie drückt auf einen
Knopf und brüllt ins Mikrofon. »Bitte machen Sie Platz! 189,
189!« Meine Schwiegermutter hat ihr Handy gezückt und filmt
alles, um ihre Freundinnen auch an unserem Glück teilhaben
zu lassen.

Ich nehme Liping bei der Hand, und gemeinsam mit meiner
jetzt offiziellen Schwiegermutter verlassen wir das große Gebäude und machen uns auf in unser neues Eheleben.

Nach einem Mittagessen zu dritt in einem feinen Restaurant
mit kantonesischer Küche und einem Sonntagnachmittagsspa-
ziergang im benachbarten Park kommen wir glücklich und erschöpft zu Hause an. Den Racheplan, den ich mir vor langer
Zeit in verzweifelten Stunden ausgemalt habe, lasse ich in der
Schublade stecken.

Am Abend klopfe ich nicht an der Tür des Alten Zhu, um ihn
zu bitten, mir doch dabei behilflich zu sein, Kissen und Decke
aus dem Gästezimmer in das Schlafzimmer seiner Tochter, nun
vielmehr unser gemeinsames Schlafzimmer, zu bringen. Stattdessen lege ich mein rotes Hochzeitsbüchlein gut sichtbar auf
den Esstisch und ziehe meine Jetzt-Frau in unser Zimmer.
Wenn der Alte Zhu abends nach Hause kommt, wird er schon
die offene Gästezimmertür und unsere glücklichen Gesichter
auf dem Foto des offiziellen Dokuments im Esszimmer sehen.
So habe ich wenigstens ein bisschen Genugtuung für meine
langen Strapazen von unserem ersten Kennenlernen bis heute.

......

Nach einer praktisch schlaflosen Nacht wache ich vor Kälte auf. Die Winter in Shanghai sind kalt und unbarmherzig. Die feuchte Luft, die vom Meer in die Stadt weht, und die Abwesenheit von Heizungen in den Shanghaier Hochhäusern machen die Kälte nur noch unerträglicher. Doch zum Glück kann ich nun die Körperwärme von Liping neben mir spüren. Sie atmet tief und regelmäßig. Ich ziehe die dicke Decke über ihre nackte Schulter und betrachte sie verliebt. Ich kann mich immer noch nicht sattsehen an ihr. Nun kann uns keiner mehr trennen.

Ich greife nach meinem Handy, das neben mir auf dem Nachttisch liegt, und öffne meine »WeChat Moments«, das in den Messenger-Dienst integrierte chinesische Pendant zu Facebook und Instagram. Dort zumindest sind mein Schwiegervater und ich »Freunde«.

Zu meinem Erstaunen sehe ich, dass er seit Langem wieder mal etwas gepostet hat. Ich öffne sein Profil und sehe zwei schlecht beleuchtete und verschwommene Bilder. Ich tippe auf die Vollansicht und mir lächelt mein eigenes Antlitz neben dem meiner Frau entgegen. Das zweite Bild zeigt die Vorderseite des Büchleins mit dem rot-goldenen chinesischen Staatswappen und den drei chinesischen Schriftzeichen für »Heiratszeugnis«.

Er hat es also gefunden. Der Begleittext zu den Fotos lautet: *Ein neuer Abschnitt.* Dass der Alte Zhu kein großer Poet ist, war mir schon früh klar. Doch dass er fast stolz seinen Freunden unsere Vermählung mitteilt, das rührt mich in diesem Moment doch. Ganz aufgeregt stupse ich Liping an und zeige ihr mein Handy. Verschlafen richtet sie sich auf und schaut sich den Post ihres Vaters an. Glücklich sieht sie mich an.

»Ich habe dir doch gesagt, dass alles gut wird.«

Sie gibt mir das Smartphone zurück, küsst mich leicht auf die Wange und kuschelt sich nochmal in die warme Decke.

......

Nach erneuter Konsultation des Alten Zhang samt Teetrinken, Roter-Umschlag-Übergabe-Ablehnung-und-erneuter-Übergabe-Zeremonie legen wir den 10. Mai als Termin für unsere »richtige« Hochzeit fest.

Ganz im Gegensatz zu früher, als mein Schwiegervater immer die Flucht ergriff, wenn nur das Wort »Heiraten« fiel, ist er nun engagiert bei den Hochzeitsvorbereitungen dabei.

»Ich habe das Gefühl, dass dein Vater aufgeregter ist als wir.« Ich lege mein Buch zur Seite und blicke Liping an, die neben mir auf unserem Bett sitzt und verschiedene Shanghaier Restaurants, die für unseren Hochzeitsempfang infrage kommen, vergleicht.

»Ach, lass ihn doch. Wenigstens spricht er inzwischen mit dir.« So ganz geheuer ist er mir noch nicht. Nach unserer standesamtlichen Hochzeit hat sich der Tiger in unser Boot gestürzt und direkt das Steuer an sich gerissen. Leider haben wir das etwas zu spät gemerkt. Eigentlich hätte es uns schon klar sein sollen, als er bei einem Abendessen seine Vorstellungen von dem Tag der Tage erläutert hat. Es soll eine Hochzeit werden, die alles aufzubieten hat, was die besten Hochzeitsplaner in ganz Shanghai zu organisieren im Stande sind. Das ist ihm wichtig.

»Bereitet mir ja keine Schande. Alle meine Freunde und Verwandten werden da sein. Wir müssen das beste und größte Restaurant der Stadt mieten. Macht euch keine Sorgen, ich kümmere mich darum.«

Das reden wir ihm zwar schnell wieder aus, denn sein Organisationstalent ähnelt dem meinen. Am Ende wird die ganze Hochzeitsgesellschaft im Regen stehen, weil er sich entweder im Datum oder in der Adresse vertan hat. Wie das alte chinesische Sprichwort so schön sagt: Es können keine zwei Tiger gleichzeitig auf einem Berg existieren. Den alten Tiger müssen wir schnellstmöglich von unserem Berg namens »Hochzeitsplanung« vertreiben.

So begutachten Liping und ich unzählige Restaurants und Hochzeitssäle in und um Shanghai, bis uns der Kopf schwirrt. Im Endeffekt entscheiden wir uns für eins der ältesten Shanghaier Restaurants, das Yong'an-Hotel. Das denkmalgeschützte Restaurant wurde im 19. Jahrhundert während der französischen Konzession eröffnet und serviert bis heute in einem sehr edlen kolonialen Ambiente Shanghaier Spezialitäten. Der Festsaal hat Platz für 150 Gäste und scheint uns sehr gut geeignet für eine chinesisch-deutsche Hochzeit. Wir selber brauchen Platz für 70 Gäste und kommen uns sehr großzügig vor, da wir Lipings Eltern die Wahl der restlichen 80 Gäste überlassen.

Während wir beim Abendessen duftenden Reis mit Spinat und gebratenen Barsch genießen, kommt die Sprache auf die Gästeliste. Ich bin fertig mit dem Hauptgericht und meine Schwiegermutter serviert mir eine Schüssel Tomaten-Eiersuppe. Suppe wird in China, anders als in Deutschland, traditionell nach dem Essen gereicht.

»Papa, wir haben das Restaurant jetzt reserviert«, teile ich meinem Schwiegervater freudestrahlend mit. Schließlich ist er derjenige, der die Rechnung am Ende bezahlen muss.

»Wie reserviert? Ich habe auch eins reserviert.«

Anscheinend laufen hier zwei Hochzeitsplanungen parallel.

»Wieso reservierst du ein Restaurant, Papa? Wir haben dir doch gesagt, dass wir uns um alles kümmern.« Liping wird sichtlich wütend.

»Naja«, er wird plötzlich ein wenig kleinlaut. »Der Chef des Hilton Shanghai ist doch ein guter Freund von mir. Und ich schulde ihm noch einen Gefallen. Deshalb habe ich den Ballsaal bei ihm gebucht. Eine Hand wäscht die andere. Jetzt bin ich ihm nichts mehr schuldig.«

Das ist genauso wie mit den *hongbaos*, den roten Umschlägen. Auch Gefälligkeiten müssen sich die Waage halten. Jetzt hat mein Schwiegervater also tatsächlich den größten Ballsaal Shanghais gebucht, weil er seinem Freund noch eine Gefälligkeit schuldet.

»Papa, der ist doch viel zu groß! Da passen mindestens 500 Leute rein.«

»Mach dir keine Sorgen, Liebste. Den krieg ich schon voll. Das Beste kommt nämlich erst!« Der Alte Zhu hat wieder Oberwasser und ist sich seiner Sache sehr sicher. Er legt seine Stäbchen auf seine Schale und geht zum Schreibtisch. Aus der Schublade zieht er mehrere eng beschriebene Seiten Papier hervor und wedelt stolz damit.

»Ich habe euch alle Arbeit abgenommen. Ihr müsst euch um nichts mehr kümmern. Ich habe alle Gäste schon eingeladen. Wenn ich jemanden vergessen habe, dann sagt mir das, zehn Leute mehr bekommen wir bestimmt noch rein.«

Ich nehme die Liste zur Hand und werfe einen Blick darauf. Fein säuberlich hat mein Schwiegervater per Hand 500 Namen darauf notiert. Neben den Namen hat er jeweils vermerkt, in welcher Beziehung er zu der Person steht. Ich entdecke einige bekannte Namen von Verwandten und Freunden, so z.B. den Alten Gao, den sonnenbebrillten Freund meines Schwiegervaters mit dem ausladenden Bauch aus der Tiefgarage. Doch auch einige krude Verbindungen tun sich da auf. So hat er z.B. den Wachmann unseres Wohngebiets samt Familie eingeladen. Auch sehe ich, dass sein Hausfriseur und dessen »*Bruder und Schwägerin (zu Besuch aus Amerika)*« zu meiner Hochzeit eingeladen sind. Ich muss schon zugeben, er hat sich Mühe gegeben.

Liping wirft nicht einmal einen Blick auf die Liste. Ihr wird es jetzt zu viel. Sie pfeffert ihre Holzstäbchen auf den Tisch, so dass unsere Schüsseln mit Reis und die Porzellanlöffel anfangen zu klirren.

»Es geht verdammt nochmal nicht darum, den Saal auf Biegen und Brechen vollzubekommen, Papa. Es geht darum, dass wir eine Hochzeit mit unseren besten Freunden und engsten Verwandten feiern möchten. Wir haben uns für das Yong'an-Hotel entschieden und dabei bleibt es. 80 Plätze haben wir für dich und deine Kumpanen reserviert und keinen einzigen mehr. Und wenn dir das nicht passt, dann bezahlen wir die Hochzeit eben alleine!«

Fauchen kann sie, das hat sie wahrscheinlich von dem Tigervater gelernt. Winselnd zieht dieser sich zurück. Es ist *unser* Berg! Der Alte Zhu greift vorsichtig nach der Liste und geht mit kleinen, leisen Schritten auf den Balkon, um sich bei einer Zigarette die Wunden zu lecken. Solch einen Wutausbruch hat er anscheinend nicht erwartet.

Liping schiebt den schweren Holzstuhl mit Schwung zur Seite. Für sie ist das Abendessen vorbei. Mich hingegen amüsiert die Situation. Meine Schwiegermutter und ich sind uns da sehr ähnlich. Wir sitzen schweigend am Tisch und nippen unser Süppchen. Lächelnd beobachten wir, wie der Alte Zhu auf dem Balkon nach seinem Handy greift, um 400 seiner geladenen Freunde wieder auszuladen. Ich bin gespannt, wie er den Gesichtsverlust wieder wettmachen will.

»Ich bin einer, der sein Gesicht liebt«, hat er mich gleich zu Beginn unserer Bekanntschaft aufgeklärt. Das bedeutet nicht etwa, dass er besonders stolz auf seine gerade Nase oder schönen Augen ist. Nein, er ist einer, der immer eine perfekte Fassade präsentieren muss. Das führt dazu, dass er viel Geld für Dinge ausgibt, die er nicht braucht. Doch wenn seine Freunde sehen, dass er sich wieder ein neues Auto geleistet hat oder mit dem neuesten Handy prahlen kann, dann geht es ihm gut. Und wenn die Geschäfte nicht gut laufen, muss er sich eben Geld leihen, um seine neuesten Anschaffungen zu finanzieren. Die größte Katastrophe für ihn ist, wenn er eine seiner großspurigen Versprechungen nicht erfüllen kann. Und das ist heute der Fall. Ich bin gespannt, wie er das Fiasko wiedergutmachen will.

»Ja hallo, Kleiner Guo.«

Er spricht zwar leise in den Hörer, aber da Liping alleine in unserem Zimmer schmollt und meine Schwiegermutter und ich immer noch schweigend am Tisch sitzen, hören wir alles laut und deutlich.

»Nein, ich möchte mir heute nicht die Haare schneiden lassen. Folgendes«, er räuspert sich, »also mit der Hochzeit meiner Tochter… Das Hilton hat einen Wasserschaden und jetzt haben wir die Feier in ein anderes Hotel verlegt.« Wir hören die unverständliche Stimme des Friseurs. »Ja, genau. Aber mir ist es peinlich, euch dahin einzuladen. Es hat noch nicht einmal fünf Sterne.« Ganz bewusst lässt er den Namen des stadtbekannten Yong'an-Hotels weg. »Gerade wo dein Bruder aus Amerika hier ist. Das wäre total unangemessen. Jetzt wo du ihm schon so viel von mir erzählt hast.« Ich würde gerne wissen, welche Fantasiegeschichten über meinen Schwiegervater der Friseur seinem Bruder wohl aufgetischt hat. Vielleicht, dass der Alte Zhu ein enger Verwandter des letzten Kaisers ist? Oder dass seine Fahrschule zu den am höchsten bewerteten Unternehmen in ganz China zählt? Das alles ist gar nicht so abwegig.

»Wir machen es so. Es gibt da ein neues Michelin-Restaurant, direkt am Huangpu-Fluss. Die machen wunderbaren Ochsenfrosch. Nach der Hochzeit lade ich dich und die Familie deines Bruders dorthin ein.«

Ui, sein Gesicht zu lieben, kann einen ganz schön teuer zu stehen kommen. Wenn mein Schwiegervater alle 400 ausgeladenen Gäste zum Ochsenfrosch-Essen mit Flussblick einladen will, wird das sehr teuer. Aber ich weiß, dass er bereit ist, alles zu geben, nur um einen Gesichtsverlust abzuwenden.

»Wunderbar, bis dann.«

Er legt auf und streicht seufzend den ersten Namen von der Liste.

东方不亮西方亮

WENN ES IM OSTEN NICHT HELL IST,
DANN EBEN IM WESTEN

Nachdem uns der Alte Zhang den Hochzeitstermin mitgeteilt hat, habe ich direkt die Flüge für meine Eltern aus Deutschland gebucht. Sie sind ganz aufgeregt, schließlich ist es ihr erster Besuch in China. Doch was mich besonders freut, ist, dass sie nun endlich Liping und meine Schwiegereltern sehen werden. Während unserer zahlreichen Videotelefonate haben sie Liping zwar schon kennengelernt. Doch ich möchte ihnen persönlich zeigen, warum diese Frau so liebenswert ist. Und dass ich sie heiraten möchte, weil sie meine große Liebe ist, und nicht, wie meine Mutter immer annimmt, weil sie schwanger ist.

Aber ich habe auch gewaltiges Bauchgrummeln. Meine Eltern sind zwar schon in vielen Ländern gewesen, aber China ist doch ganz anders als Spanien oder die Türkei, wohin meine Eltern normalerweise gerne fahren. Shanghai ist groß, wuselig und vor allen Dingen wimmelt es nur so von Menschen. Überall. Meine Eltern hingegen haben ihr ganzes Leben auf dem Land verbracht und da ist man froh, wenn man einmal am Tag den Nachbarn zu Gesicht bekommt. Ich habe den Flug so gebucht, dass sie drei Tage vor der Hochzeit hier in Shanghai ankommen. Das gibt ihrem Geist und Magen genügend Zeit, sich an die ungewohnte Umgebung zu gewöhnen.

Schließlich ist es so weit. Morgen früh werden sie am Flughafen Pudong ankommen. Liping und ich fragen den Alten Zhu, ob wir seinen Buick ausleihen können, da in dem großen Wagen genug Platz für die Koffer ist. Doch er besteht darauf mitzukommen.

»Das sind schließlich deine Eltern, Thomas.« Sein Gesichtsausdruck wechselt zwischen gekränkt und erstaunt. »Es wäre eine Schande, wenn sie sich nicht willkommen fühlen hier in China. Wir sind schließlich die Gastgeber. Der erste Eindruck muss stimmen, es darf nichts schieflaufen.«

Stimmt! Genau aus dem Grund wünsche ich mir ja so sehr, dass er *nicht* mitkommt. Aber das kann ich natürlich nicht sagen. »Aber Papa, das ist doch viel zu anstrengend für dich. Sie kommen schon um acht Uhr morgens an. Da müssen wir noch vor den Hühnern aufstehen«, protestiere ich leise. »Es gibt keine Tür!«, ruft er entschlossen aus. »Ich komme mit und ich fahre. Wenn Liping oder die Mutter fahren, muss man ja um die Sicherheit aller Fahrgäste bangen. Nein, nein, wir brauchen einen Fahrer mit viel Erfahrung.«

Ich habe zwar auch viel Fahrpraxis – allerdings nur in Deutschland. Die chinesische Führerscheinprüfung habe ich erste letzte Woche bestanden. Der Alte Zhu hat mir unmissverständlich klargemacht, dass das ein Muss ist. »Ich kann mich damit abfinden, dass du kein Geld und keine Wohnung hast, aber ein chinesischer Führerschein muss her. Wie stehe ich denn sonst vor meinen Freunden da? Ich habe eine Fahrschule und der Mann meiner Tochter fährt Taxi?«

So hat er mir einen seiner erfahrensten Fahrlehrer zugeteilt, der mich fluchend (»*Tamade!* Dass du bei deiner Breite so feige bist, will mir nicht in den Kopf!«) durch den Shanghaier Stadtverkehr navigierte. Ich behielt die Ruhe und bestand letztendlich die Prüfung.

Ich war genauso froh wie der Alte Zhu, endlich meinen chinesischen Führerschein zu haben. Mein deutscher wird hier in China nämlich nicht anerkannt. Dabei waren mir seine Freunde schlichtweg egal, mir ging es um etwas anderes. Der Führerscheinerwerb war Teil des Plans, nie wieder mein Leben riskieren zu müssen, indem ich mich in ein Auto setze, das mein Schwiegervater lenkt. Doch zumindest dieses Mal werde ich da wohl nicht drum herumkommen.

Der Alte Zhu drückt seine Zigarette im Aschenbecher aus und zündet sich direkt die nächste an, als wolle er uns klarmachen, dass er keine Zeit zum Diskutieren hat. Das lasse ich gelten und teile ihm mit: »O.k., aber wir müssen pünktlich losfahren, am besten zwei Stunden vorher.«

Er schaut mich so verständnislos an, als hätte ich gerade Deutsch mit ihm geredet.

»Quatsch, den Flughafen erreichen wir von hier aus in 45 Minuten. Maximal.« Er wedelt ungeduldig mit seiner Zigarette. Der Flughafen liegt 50 Kilometer außerhalb der Stadt und wir werden es nie und nimmer in einer Dreiviertelstunde dorthin schaffen, soviel ist sogar mir klar. Eigentlich hatte ich eingeplant, schon drei Stunden vorher aufzubrechen, das bringt die Erziehung aus einem guten deutschen Elternhaus so mit sich. Da meine eigenen Eltern sechs vielreisende Kinder haben, werden sie von uns oft als Taxifahrer zum und vom Flughafen engagiert. Sie brechen meist Stunden vorher panisch auf, da »am [man setze einen beliebigen Wochentag ein] ja immer besonders viel auf den Autobahnen los ist.« Wenn ich sie dann nach der Ankunft frage, wie lange sie gewartet haben, winken sie immer beiläufig ab: »Ach, ganz kurz nur. Wir sind praktisch gerade erst angekommen. Gut, dass wir dich nicht verpasst haben.« Erst wenn wir die horrenden Parkgebühren bezahlen, sehe ich, dass sie bereits vor zweieinhalb Stunden am Flughafen angekommen sind. Da sie das Essen und die Getränke am Flughafen für völlig überteuert halten, nehmen sie immer ein Proviantpaket mit. Ich stelle mir belustigt vor, wie sie auf einer Picknickdecke im Ankunftsterminal sitzen, Kaffee aus der Thermoskanne schlürfen und hartgekochte Eier auf Schwarzbrot essen. Ich würde mich nicht wundern, wenn sie sich eines Tages Wärmedecken und Konservendosen mitnähmen, für den Fall, dass sie mal am Flughafen überwintern müssten.

Da ich aber meinen Schwiegervater kenne, habe ich meine Forderung auf zwei Stunden heruntergeschraubt. Nach zähen

Verhandlungen einigen wir uns schließlich auf die Abfahrtszeit: 90 Minuten vor Ankunft des Fliegers.

Zu meiner Verwunderung sitzen wir alle, inklusive dem Alten Zhu, pünktlich um 6.30 Uhr am nächsten Morgen im Auto. Ich schöpfe Hoffnung. Wenn wir jetzt zügig durchfahren und kein allzu großer Stau ist, können wir um kurz vor acht meine Eltern gebührend in China willkommen heißen. Meine Schwiegermutter hat sich natürlich wieder einmal ganz besonders schick gemacht. Sie hat sich auch für diesen Tag eine neue Qipao schneidern lassen. Das scheint für sie eine Art Ritual zu sein. Wie bei der Fußball-Weltmeisterschaft, wo die Spieler für jedes Spiel ein extra angefertigtes Trikot bekommen, so braucht sie für jeden wichtigen Anlass ein neues Kleid. Es würde mich nicht wundern, wenn sie, so wie die Fußballspieler, auf jedes Kleidungsstück Datum und Anlass der Herstellung einsticken würde. Zu dem grünen Stoff des Kleides hat sie ein schlichtes schwarzes, aber dafür sehr hochhackiges Paar Schuhe ausgewählt.

Liping ähnelt in dieser Hinsicht kein bisschen ihrer Mutter. Sie trägt am liebsten Jeans und Pullover. So auch heute. Ich kann ihr ihre Nervosität regelrecht ansehen. Sie kaut auf ihrer Unterlippe und streicht sich immer wieder die kurzen Haare aus der Stirn. Es ist schließlich das erste Mal, dass sie *ihre* Schwiegereltern kennenlernen soll.

Wir passieren die Schranke, die die Zufahrt zu unserem Appartementkomplex regelt.

»Das kann doch nicht wahr sein, das ist Meister Huang, den habe ich ja schon ewig nicht mehr gesehen!« Mein Schwiegervater stellt den Schalthebel auf Parkposition und springt bei laufendem Motor aus dem Auto. Er läuft zum Pförtnerhäuschen und begrüßt seinen alten Freund, den Pförtner Huang.

Sogleich erlischt mein Fünkchen Optimismus. Durch die offene Fahrertür können wir das Gespräch mitverfolgen.

»Na, Alter Zhu, was machst du denn so früh auf den Beinen?«

»Meister Huang, ich fahre zum Flughafen. Die Eltern meines Schwiegersohnes kommen heute aus Deutschland. Er und meine Tochter heiraten ja in drei Tagen.«

»Gratulation, mein Lieber. Hier, nimm mein bescheidenes Geschenk an. Lass uns eine Zigarette miteinander rauchen.«

»Nein, nein, du musst unbedingt eine von meinen Zigaretten rauchen. Das ist eine neue Mischung, fantastisch sage ich dir!«

Dann entbrennt eine Diskussion, wessen Zigaretten man rauchen soll. Als schließlich entschieden ist, dass jeder jeweils die Zigarette des anderen raucht, blicke ich auf die Uhr. Noch 75 Minuten. Jetzt darf auf keinen Fall Stau herrschen und wir müssen mindestens 10 km/h über der erlaubten Höchstgeschwindigkeit fahren, wenn wir rechtzeitig da sein wollen. Und wir haben es noch nicht einmal von dem Privatgelände auf die Straße geschafft. Dankbar vernehme ich, dass die Fahrer der fünf Autos hinter uns, denen wir die Ausfahrt versperren, genauso ungeduldig sind wie ich. Das Hupkonzert kommt auch beim Alten Zhu an. Er verabschiedet sich bei Meister Huang.

»Und entschuldige nochmal, dass ich dich wieder ausladen musste. Du weißt ja, wie die jungen Leute sind. Wollen nur eine kleine Hochzeit. Lass uns stattdessen bald mal wieder angeln fahren!«

Er wirft den Zigarettenstummel auf den Boden, tritt ihn aus und steigt unter dem immer lauter werdenden Hupkonzert ins Auto ein.

»So, dann wollen wir mal. Nicht, dass deine Eltern noch auf uns warten müssen, hm?« Er lächelt mich aus dem

Rückspiegel an und tritt aufs Gaspedal, um uns so schnell wie möglich auf die Schnellstraße zu bringen.

Auf der Schnellstraße zum Flughafen fließt der Verkehr erwartungsgemäß sehr zäh. Die Minuten ticken nur so vorbei, während sich unser Wagen quälend langsam Kilometer für Kilometer über den Highway schiebt. Noch bleiben uns 30 Minuten bis zur Ankunft, eigentlich wollte ich zu diesem Zeitpunkt längst am Flughafen sein.

»Beim nächsten Mal fahren wir mit zwei Autos. Wir fahren drei Stunden vorher los und deine Eltern von mir aus gerne erst eine halbe Stunde vorher«, sage ich auf Deutsch zu Liping, um die gute Laune meines Schwiegervaters nicht zu trüben. Der kaut fröhlich auf einem Zahnstocher herum, der ihm als Zigarettenersatz dient, und summt das Lied mit, das aus dem Radio schallt. Die Sängerin besingt die Geschichte eines Fisches im See. Ich habe nicht die Muße genau zuzuhören, welches Schicksal den Fisch ereilt. Ich rechne fieberhaft. Es sind noch 10 Kilometer. Wenn die Passkontrolle und die Gepäckabholung ein wenig mehr Zeit in Anspruch nehmen sollten, könnten wir es noch knapp schaffen.

»Ich muss tanken.« Seelenruhig nimmt der Alte Zhu den Zahnstocher aus dem Mund und zeigt damit auf die Tankanzeige. Das Lämpchen leuchtet tatsächlich blutrot. In zwei Kilometern kommt zwar eine Tankstelle, aber ich muss trotzdem an mich halten, um nicht meinen ersten Wutanfall hier in China zu bekommen. Mir ist es so wichtig, dass meine Eltern dieses Land genauso lieben lernen wie ich, und ich möchte ihnen einen wunderschönen Aufenthalt hier bereiten. Wenn sie an ihrem ersten Tag am Flughafen ankommen, ohne Chinesisch oder Englisch zu können, und eine Stunde lang auf mich warten müssen, dann wäre das eine Katastrophe. Warum kann mein Schwiegervater nicht einfach mal im Voraus planen?

Wie gesagt, meine deutschen Eltern hätten vorgesorgt. Sobald sie eine Strecke von mehr als 10 Kilometern vor sich haben, wird vollgetankt und ein Reservekanister Benzin mitgenommen. »Für den Fall der Fälle.« Ich kann zwar nicht von meinem Schwiegervater verlangen, dass er so wird wie meine Eltern, aber ein bisschen Weitsicht wäre schon wünschenswert. Zumindest gibt es hier eine Tankstelle. Dass wir mitten auf der Autobahn liegen bleiben und stundenlang auf einen Abschleppwagen warten müssen, das hätte mir gerade noch gefehlt.

Auf der Ausfahrtsspur reihen wir uns hinter einem Tankwagen ein, der anscheinend die Tankstelle beliefert. Während er sich quer vor die Ausfahrt stellt, die zurück zur Autobahn führt, parken wir direkt neben der Zapfsäule. Mein Schwiegervater zieht die Zapfpistole aus der Verankerung. Währenddessen beobachte ich durch die Windschutzscheibe, wie der Tankwagenfahrer das eine Ende eines meterlangen Schlauchs in den Tankwagen steckt und das andere in ein Loch in den Boden einführt. Dann hockt er sich hin und lehnt sich an einen der überdimensionalen Reifen seines LKW. Als unser Wagen vollgetankt ist und mein Schwiegervater die Tankfüllung bezahlt hat, ist der Fahrer bereits eingenickt. Er hat sich das blaue ölverschmutzte Käppi tief ins Gesicht gezogen und hält in der Maisonne sein Pausennickerchen. Das Benzin gluckert derweil durch den gelblichen Schlauch.

»Was machen wir denn jetzt?« Ich sehe auf mein Smartphone. Eine schlaue App verrät mir, dass der Flieger, in dem meine Eltern sitzen, bereits im Landeanflug ist und in drei Minuten am Flughafen Pudong aufsetzen wird.

»Jetzt entspann dich doch mal, ich kläre das schon«, wirft sich mein Schwiegervater in die Brust. Er steigt wieder aus und schlendert zu dem Tankwagenfahrer hin, der seine Schlafposition leicht verändert. Er stupst ihn an.

»Meister, wann geht es weiter?«

Der Angesprochene setzt sich das Käppi gerade auf den Kopf und blinzelt geblendet vom Sonnenschein meinen Schwiegervater an. Dann wirft er einen Blick auf die rostige Uhr an seinem gebräunten Armgelenk.

»So fünfzehn Minuten ungefähr, wenn's schnell geht, zehn.«

»Na prima!«, sagt der Alte Zhu – zu meinem Erstaunen ganz unironisch. »Dann haben wir ja noch Zeit für eine Zigarette.« Er holt die orange Zigarettenpackung mit den zwei bambusfressenden Pandas aus seiner Jackentasche und hält dem Mann auf dem Boden eine davon hin. Der nimmt erfreut an. Und während das Benzin direkt neben ihnen aus dem Laster sprudelt, rauchen beide unbeirrt ihre Zigaretten und scheinen sich dabei blendend zu unterhalten. Da das Benzin noch zwanzig Minuten lang weiter durch den Schlauch fließt, haben die zwei neuen besten Freunde Zeit für zwei weitere Zigaretten. Ich dagegen stehe mindestens drei Herzinfarkte durch. Ich muss jedes Mal wegschauen, wenn ich sehe, wie die beiden die noch glühenden Zigarettenstummel achtlos auf den Tankstellenboden schnippen.

Eine gefühlte Ewigkeit später sind wir endlich wieder auf der Straße zum Flughafen. Dass wir diesen Tankstopp überlebt haben, grenzt an ein Wunder.

Laut meiner App sind meine Eltern längst gelandet. Ich bin stinksauer, Liping ist nervös. Schließlich will sie ihren deutschen Schwiegereltern gerne beweisen, dass sie eine gute Schwiegertochter mit allen deutschen Tugenden ist. Lipings Mutter versucht die Fassung zu bewahren. Der Alte Zhu schaut leicht beleidigt drein, nachdem die beiden Frauen ihm gehörig den Kopf gewaschen haben.

»Ich kann doch nichts dafür, wenn er uns die Ausfahrt versperrt. Und hätten wir ein größeres Restaurant gebucht, dann hätte ich ihn auf eure Hochzeit eingeladen. Da hätte er bestimmt sofort Platz gemacht.«

Ohne auf die letzte Bemerkung einzugehen, schaut Liping ihn vom Rücksitz aus böse an.

»Du kannst aber wohl etwas dafür, dass du erst heute und nicht schon gestern an die Tankfüllung gedacht hast«, wirft sie ihm vor.

»Und dass wir 90 Minuten und nicht drei Stunden vor Ankunft losgefahren sind«, setze ich in Gedanken hinzu, hüte mich aber, es laut auszusprechen. Ich möchte nicht die Verantwortung dafür übernehmen, dass die Fahrtgeschwindigkeit meines Schwiegervaters auch noch durch ein Streitgespräch beeinflusst wird. Mit Blick auf die Uhr neben der vollen Tankanzeige wird nun selbst er ein wenig nervös. Als würde es jetzt noch etwas bringen, drückt er das Gaspedal durch, bis wir im Parkhaus sind und uns in die erstbeste Parklücke zwängen. Zum ersten Mal bin ich froh, dass der Alte Zhu und nicht meine Schwiegermutter fährt.

Ich kann nur hoffen, dass meine Eltern recht lange auf das Gepäck warten mussten. Dann können wir es vielleicht noch schaffen, bevor sie aus dem Tor kommen.

Der Flughafen ist vollgepackt mit Menschen. In meinen Ohren rauscht es, und ich fühle mich, als wäre ich nicht ich selbst, sondern eine der Überwachungskameras, die unter der Decke hängen. Ich sehe das Geschehen aus der Vogelperspektive und in quälend langsamer Zeitlupe: Ein untersetzter Deutscher, schweißgebadet, mit hochrotem Kopf und hechelndem Atem rennt mit einer in Tränen aufgelösten Chinesin, der das Handtäschchen um die Beine schlackert, durch die Empfangshalle. Kurz dahinter trippelt im Laufschritt die Schwiegermutter auf hohen Stöckelschuhen und im hautengen Shanghaier Seidenkleid. Sie ist ganz offensichtlich bemüht, die richtige

Laufgeschwindigkeit zu finden, die weder ihr Makeup noch die Dauerwelle zerstört, sie aber schnell in Richtung Gate befördert. Wenn die Verwandtschaft aus Deutschland kommt, muss der erste Eindruck doch stimmen. Ganz hinten folgt der Schwiegervater, bemüht lässig. Hektisches Rennen könnte ja als Schuldeingeständnis gewertet werden und wäre daher ein übler Gesichtsverlust. Dennoch erkenne ich aus meiner erhabenen Kameraperspektive, dass er etwas bedröppelt wirkt und in scheinbar unbeobachteten Momenten in Laufschritt verfällt. Als wir durch endlose Gänge des großen Flughafens am Gate Nummer 37 ankommen, ist dort keine Menschenseele. Abgesehen von den beiden deutschen Touristen, die auf ihren zwei großen Koffern sitzen und suchend ihre Hälse recken. Direkt über ihnen hängt ein großes rotes Schild: »Welcome to China«.

Außer Atem bleiben wir vor meinen Eltern stehen und ich schnappe erstmal nach Luft.

Meine Mutter springt auf, ich breite die Arme aus. Schließlich hat sie ihren jüngsten Sohn schon lange nicht mehr gesehen, und jetzt ist eine angemessene Begrüßung fällig. Sie läuft auf mich zu – und direkt an mir vorbei. In ihrer Hand hält sie einen kleinen Blumenstrauß. Von der langen Reise ist er ein wenig lädiert und es scheinen ein, zwei Blüten zu fehlen. Ich wundere mich, wie sie den am Zoll vorbei ins Land geschmuggelt hat, doch als Mutter von sechs Kindern ist sie eine wahre Improvisations- und Überlebenskünstlerin.

»Liping, wie schön!« Ohne Hemmungen umarmt meine Mutter ihre Schwiegertochter. »Herzlich willkommen in der Familie!« Ich stehe gerührt neben den beiden und beobachte die Szene. Das ist der schönste Satz, den meine Mutter überhaupt sagen konnte.

Nachdem sie sich aus der Umarmung gelöst hat, hat sie auch Zeit für mich.

Verwundert schaut sie die Schweißtropfen auf meiner Stirn an. »Du hast doch gesagt, es ist noch nicht so heiß hier. Warum seid ihr denn alle nass geschwitzt?« Die Erklärung bleibe ich ihr erstmal schuldig.

......

Am Abend wird die Ankunft meiner Eltern aus Deutschland standesgemäß gefeiert. Meine Schwiegereltern laden in das beste Restaurant in unserem Viertel ein. Nun sitzen wir zusammen mit der Nachbarsfamilie, die der Schwiegervater auf dem Weg zum Restaurant spontan mit eingeladen hat, dicht gedrängt um einen runden Holztisch. Außerdem sind noch Lipings Onkel und Tante dazu gestoßen.

»Wo ist denn das Buffet?«, fragt meine Mutter und blickt sich suchend um. »Ich will mal probieren, ob das Kartoffelgratin genauso schmeckt wie beim Chinesen bei uns im Dorf.«

Geduldig erkläre ich ihr, dass es außer in Hotels keine Buffets in China gibt und dass sie Kartoffelgratin in der einen Woche hier garantiert nicht in den Magen bekommen wird.

»Mach dir keine Sorgen, verhungern werden wir schon nicht«, mein Vater beugt sich leicht zu meiner Mutter hinüber. »Auf der Fahrt vom Flughafen hierher habe ich einen McDonald's gesehen. Ich habe doch schon immer gesagt, dass es die hier gibt.«

In Deutschland habe ich meinen Vater vorher nie bei McDonald's essen gesehen, aber seit er das Chinesen-heiraten-bei-McDonald's-Video gesehen hat, lässt ihm dieses amerikanische Fastfood-Restaurant keine Ruhe mehr. Aber heute werde ich nicht nachgeben. Ich möchte sie in die Chinesische Küche mit all ihren Leckereien einführen.

»Was soll ich denn für deine Eltern bestellen?«, fragt mich meine Schwiegermutter, die die überdimensionierte Speisekarte in der Hand hält. Dort sind Bilder, Namen und Preise der Gerichte abgebildet.

»Bestell du einfach, da wird schon etwas für jeden dabei sein.«

Ich weiß, dass das Wichtigste für meine Schwiegereltern heute Abend ist, das Gesicht nicht zu verlieren. Von daher werden Speisen bestellt, die eine ganze Kompanie vor dem Hungertod retten könnten. Die verschiedenen Fleisch- und Gemüsegerichte, der Fisch und die Meeresfrüchte, die Vor- und Nachspeisen, alles wird in Serviertellern auf die drehbare Glasplatte in der Mitte des Tisches gestellt. Von dort aus nimmt sich jeder etwas in die eigene Schüssel und wird so nach unzähligen Umdrehungen definitiv satt. Denn um das Gesicht zu wahren, bestellt der jeweilige Gastgeber so viel, dass am Ende garantiert etwas übrigbleibt.

Da wir zehn Personen sind, bestellt meine Schwiegermutter zwölf verschiedene Vorspeisen und die gleiche Anzahl an Hauptgerichten sowie eine Suppe und drei Süßspeisen. Die x+2-Regel habe ich schon früh gelernt. Man bestellt immer zwei Vorspeisen und Hauptgerichte mehr als Personen am Tisch sitzen. Das reicht genau, damit alle satt werden und noch so viel übrigbleibt, dass der Gastgeber nicht als Knauser erscheint.

Als Erstes werden die Vorspeisen aufgetragen. Da gibt es in Essig eingelegte Gurken, kalte süß-saure Schweinsrippchen, Pilzsalat mit Sojasauce, trockengeräucherten Lachs, Endiviensalat mit karamellisierten Walnüssen, ein halbes gekochtes Salzhuhn, in Chiliöl eingelegte Qualle, geröstete Erdnüsse und andere Köstlichkeiten.

Nachdem alle vor dem Essen mit den Gläsern drei Mal auf die Platte geklopft haben, greifen wir beherzt zu. Auch meine

Eltern scheinen auf dem Flug hierher einen guten Appetit entwickelt zu haben. Nur als die Qualle vor dem Platz meiner Mutter angekommen ist, schubst sie die Glasplatte ganz unauffällig an und befördert diese so weit weg von sich wie möglich.

Bei uns zu Hause in Deutschland haben wir ein festes Abendbrotritual. Ritual ist vielleicht ein wenig übertrieben, denn das Essen in meinem Elternhause dient vor allen Dingen der Befriedigung des Sättigungsgefühls. Unser Tisch ist um Punkt 18 Uhr gedeckt, jeder schlingt ein bis zwei Scheiben Brot hinunter, spült eine Tasse Tee hinterher und um Punkt 18.15 Uhr ist der Tisch wieder abgeräumt und sauber.

Offensichtlich haben meine Eltern ihre Essgeschwindigkeit noch nicht umgestellt. Während meine chinesische Familie und ich von jeder Vorspeise ein wenig kosten, um Platz für die zahlreichen Hauptspeisen zu lassen, legt mein Vater das extra aus Deutschland mitgebrachte Besteck, Gabel und Messer, auf seine Schüssel. Mit Stäbchen will er sich in diesem Leben nicht mehr anfreunden.

»So, ich bin satt. Das chinesische Essen ist gar nicht so schlecht«, sagt er zufrieden und betrachtet den Berg Knochen auf seinem Teller. Die glasierten Schweinsrippchen und das Huhn haben es ihm besonders angetan. Als die chinesischen Gastgeber das bemerkt haben, haben sie ihm alles direkt vom Teller in der Mitte in seine eigene Schale befördert, wofür er sehr dankbar war.

»Nur eins ist komisch«, sagt mein Vater nachdenklich. »Warum sind alle Gerichte kalt?«

»Zumindest das Wasser ist heiß«, wirft meine Mutter ein und schlürft einen Schluck des heißen Wassers aus dem Glas an ihrem Platz.

»Du bist schon satt?« Ich fasse mir an den Kopf. »Papa, wir haben doch noch gar nicht richtig angefangen!«

»Aber wir sitzen hier schon mindestens eine halbe Stunde. Wer braucht denn so lange für ein Abendessen?«

Da wird mir klar, dass ich ihnen so einiges erklären muss, was für mich inzwischen selbstverständlich ist. Wenn Gäste da sind, dauert das Abendessen in China mindestens zwei bis drei Stunden. Der Hunger wird fast nebenbei gestillt. Es geht darum, sich die neuesten Geschichten aus Familie und Nachbarschaft zu erzählen, sich darüber zu beschweren, wie faul und unnütz das eigene Kind ist und wie unfassbar hoch die Immobilienpreise in Shanghai mittlerweile sind. Währenddessen türmen die Kellner allerlei Speisen auf den Tisch, die während des ganzen Abends fröhlich ihre Kreise in der Mitte drehen. Dazu wird immer wieder *baijiu* ausgeschenkt, das hochprozentige Getränk, mit dem sich Lipings Tanten bei unserem ersten Treffen zugeprostet haben. Für die Nichttrinker gibt es kannenweise grünen Tee, für die Kinder Kokossaft. Die Männer tauschen der Reihe nach Zigaretten aus und verziehen sich alle 30 Minuten zum Rauchen in den Flur.

Nun werden unter den staunenden Blicken meiner Eltern die Hauptspeisen aufgetragen.

»Die haben ja doch warmes Essen«, ruft mein Vater überrascht aus. In der Tat. Die Kellner tragen Platten, beladen mit Kreuzkümmel-Lammkoteletts, gedünstetem Fisch mit Ingwer und Frühlingszwiebeln, Hummer an Sahnesoße, gebratenen Rindfleischstückchen mit Teebaumpilzen, gekochtem Brokkoli mit Champignons und Unmengen weiterer Hauptspeisen in den Raum. Gegen Ende wird eine große Schale gebratener Reis mit Ei und Hackfleisch gebracht, für den Fall, dass jemand noch nicht satt sein sollte. Ganz zum Schluss gibt es eine Suppe mit Schweineknochen, Tomaten und Kartoffeln. Als Dessert werden kleine Stinkfruchttörtchen sowie Reisbällchen in einer warmen süßen Suppe gereicht.

Verblüfft betrachten meine Eltern, wie ihre chinesischen Gastgeber und deren Freunde über Stunden hinweg ununterbrochen die Stäbchen und Löffel zur Mitte des Tisches bewegen, um sie dann vollgehäuft in ihren Mündern verschwinden zu lassen.

Verstohlen fragt mich meine Mutter: »Wie können die soviel essen und dabei dünn bleiben? Vor allen Dingen Lipings Mutter.« Ich flüstere zurück: »Wir müssen uns nicht so leise unterhalten, es versteht eh keiner Deutsch.« Und lachend setze ich hinzu: »Und deinen letzten Satz muss ich unbedingt übersetzen, der wird meine Schwiegermutter sehr glücklich machen.«

Als ich das Kompliment, das meine Mutter meiner Schwiegermutter gemacht hat, mit einigen weiteren Ausschmückungen ins Chinesische übersetze, johlen die Anwesenden entzückt und meine Schwiegermutter winkt bescheiden ab.

»Ach was, hört doch auf! Aber wo wir gerade beim Thema sind. Ich habe mich heute gewogen und habe ein Pfund abgenommen! Dabei futtere ich wie drei ausgehungerte Wölfe.« Wie zur Bestätigung schiebt sie sich mit großem Appetit einen gehäuften Löffel gebratenen Reis in den Mund. Als sie fertig gekaut hat, kann sie es sich nicht verkneifen, eine weitere Geschichte zum Besten zu geben.

»Könnt ihr euch vorstellen, als ich letztens zusammen mit Liping beim Haareschneiden war, da hat der Frisör meine Tochter doch tatsächlich gefragt, ob ich ihre ältere Schwester sei. Was für ein Schlingel.« Bei dem Thema ist sie ganz in ihrem Element. »Und als ich ihm gesagt habe, dass ich in diesem Jahr fünfzig werde, da hätte er mir fast ein Loch in die Haare geschnitten. Das konnte er gar nicht glauben.«

Liping verdreht die Augen und ich kann mir denken, dass sie nur schweigt, um das Gesicht ihrer Mutter zu wahren. Die anderen Gäste, außer dem Alten Zhu natürlich, der seine Frau entnervt anschaut, nicken und murmeln zustimmend.

»Das schaffst du aber auch nur, weil du jeden Monat ein Vermögen für Kosmetikprodukte ausgibst. So schnell kann ich den Leuten gar nicht das Autofahren beibringen, wie du das Geld wieder für so ein Zeugs verschleuderst.«

Meine Schwiegermutter richtet ihre Frisur. »Du freust dich doch am meisten, wenn die Leute sagen, dass der Alte Zhu eine hübsche Frau hat. Gib's doch zu!«

Auch wenn sie schon satt sind und nichts von der Konversation verstehen, können meine Eltern sich nicht über Langeweile beschweren.

»Auf die wichtigsten Gäste des heutigen Abends!« Der Alte Zhu erhebt sein Glas. Nachdem ich übersetzt habe, tun meine Eltern es ihm gleich. In die Bekundungen reihen sich dann die Nachbarn, Verwandten und die restlichen Gäste ein.

»Auf dass ihr hundert Jahre werdet und harmonisch zusammenleben könnt, bis euer Haupthaar so weiß wie Schnee ist!«

»Auf dass ihr immer so gesund wie ein junges Kamel sein möget.« Das ist Lipings Onkel, der in den westlichen Wüstenregionen Chinas lebt und auf Heimaturlaub in Shanghai ist.

Die Gläser klirren unentwegt und meinen Eltern wird Gesundheit, Glück und Freude im Alter gewünscht. Ich habe es inzwischen aufgegeben, jeden der poetischen Trinksprüche zu übersetzen und lasse meine Eltern einfach China mit all seinen Bräuchen erleben.

Die Chinesen achten ganz besonders darauf, während des Anstoßens das eigene Glas besonders tief zu halten. Damit ordnet man sich symbolisch seinem Gegenüber unter. Die Gläser klirren und Unmengen *baijiu* und Tee fließen die Kehlen hinunter.

»Warum stoßen die eigentlich die ganze Zeit mit uns an? Wir trinken doch gar keinen Alkohol.«

»Die wollen euch Respekt erweisen. Deswegen verbeugen sie sich auch so tief und halten das Glas so weit nach unten.«

Meine Eltern finden sich damit ab und spielen das Spiel mit. Sie machen sich einen Spaß daraus, beim Anstoßen ihre Gläser ebenfalls besonders tief zu halten. Die Gastgeber freuen sich sichtlich darüber.

Als die Teller in der Mitte fast leer sind, tragen die Kellner ein weiteres Gericht auf. Ich weiß, dass der Alte Zhu zum Ende eines Essens immer noch etwas ganz Besonderes servieren lässt. Anders als die restlichen Speisen wird das heutige Special nicht in einem großen Teller gereicht, sondern ist für jeden Gast einzeln portioniert. Als Ehrengäste bekommen meine Eltern als Erstes einen Teller vor sich gestellt.

Ich erkenne das Gericht auf den ersten Blick. Es ist Seegurke. Anders als der Name nahelegt, ist es kein Gemüse, sondern ein Tier. Der Stachelhäuter fühlt sich in den Tiefen aller Weltmeere zu Hause. Jetzt liegt er allerdings frisch zubereitet auf den Porzellantellern vor uns und wartet darauf, verspeist zu werden.

»Bitte, bitte probiert doch mal.« Aufmunternd nickt der Alte Zhu meinen Eltern zu. Die nicken verkrampft zurück.

»Was um Himmels Willen ist das?«, fragt meine Mutter und beäugt das Tier vor sich. Die Seegurke heißt so, weil sie tatsächlich die Form einer kleinen Gurke hat. Nur ist sie nicht grün, sondern glänzend schwarz. Über die ganze Länge verteilen sich kleine Stacheln auf der Außenhaut, die sich zum spitzen Ende hin weißlich verfärben. Gekocht und angerichtet ist diese chinesische Delikatesse in einer gelben dickflüssigen Soße. Als Garnitur dient die geriffelte Scheibe einer echten Gurke, sowie ein kleines oranges Möhrenbötchen.

»Das, äh, ist eine Art Gemüse. Ist sehr lecker und total gesund.« Das ist eine glatte Lüge, zumindest die Aussage, dass es lecker ist. Ich bin schon oft in den zweifelhaften Genuss gekommen, diese Delikatesse zu probieren. Der Geschmack ist einfach nur fade und nichtssagend. Was dieses Gericht aber unerträglich für deutsche Zungen macht, ist seine Konsistenz. Das Fleisch des Stachelhäuters ist so glitschig und schleimig, dass man es am besten ohne Umwege im Mundraum direkt in den Magen befördert.

Hinzu kommt, dass der Ernährungsplan unserer deutschen Familie keinerlei Meeresfrüchte und Fisch nur in Form von Fischstäbchen aufweist.

»Das sieht aber nicht wie Gemüse aus.« Meine Mutter ist wieder in ihren Flüsterton verfallen. Ich blicke in die Runde. Acht Augenpaare sind auf meine Eltern gerichtet. Da sie die Ehrengäste sind, warten alle darauf, dass sie den ersten Bissen nehmen. Vorher wird keiner zu den eigenen Stäbchen greifen.

Ich kann jetzt keine Rücksicht auf die Essgewohnheiten meiner Eltern nehmen. Fragend schaue ich Liping an. Sie beobachtet meine Eltern auch sehr genau. Doch reichen ihre Deutschkenntnisse nicht aus, um hier das Ruder zu übernehmen.

»Was soll ich ihnen sagen?«, frage ich sie leise auf Chinesisch.

»Vielleicht die Wahrheit?«

»Auf keinen Fall!«

Ich räuspere mich und wende mich wieder meinen Eltern zu.

»Doch, doch, das ist ein, äh, chinesisches Gemüse. Wird in den Bergen Sichuans angebaut«, lüge ich ein wenig unbeholfen. »Deswegen ist es auch schweineteuer. Mein Schwiegervater hat bestimmt mindestens achtzig Euro pro Portion ausgegeben.«

Wenn meine Eltern diese Delikatesse ablehnen, dann wäre das nicht nur eine große Geldverschwendung, sondern auch ein herber Gesichtsverlust. Für den Alten Zhu natürlich, aber genauso auch für mich.

»Na, dann wollen wir doch mal probieren.« Immer noch skeptisch schneiden meine Eltern sich mit Messer und Gabel ein Stück vom Kopfende des glibbrigen Meeresbewohners ab. Beim Schneiden und auch rein optisch müssen sie eigentlich merken, dass es keineswegs ein Gemüse ist. Aber sie verstehen wohl, wie wichtig es ist, dass sie das nicht ablehnen können. Langsam führt meine Mutter das schwarze Stück, das sie auf ihre Gabel gepikst hat, zu ihrem Mund.

»Nicht daran riechen und nicht kauen. Direkt runterschlucken«, zische ich ihr zu. Das tut sie gehorsam und mein Vater tut es ihr nach. So wie ich das von meinem Platz aus beobachten kann, ist das Stück Seegurke wahrscheinlich gar nicht erst in Berührung mit ihren Geschmacksknospen gekommen, sondern direkt die Speiseröhre runtergeflutscht. Und das ist auch besser so. Ich habe keine Lust darauf, dass meine Eltern sich am ersten Abend in China im Kreise ihrer neuen Familie vor aller Augen übergeben.

»Seegurken sind sehr gut für Männer«, erklärt meine Schwiegermutter begeistert. »Und schmecken tun sie auch besonders gut. Oder?« Sie blickt fragend meine Eltern an. Ich übersetze die Frage. Meine Eltern versuchen sich den Ekel nicht anmerken zu lassen und nicken Lipings Mutter wenig überzeugend zu.

Da die Hauptgäste des heutigen Abends bereits zugegriffen haben, machen sich jetzt die restlichen Gäste begeistert daran, die Delikatesse zu genießen. Alle preisen den Schwiegervater für die exzellente Qualität der Seegurken und der nimmt die Lobhudeleien zufrieden zur Kenntnis.

»Esst erstmal die Deko, aber langsam.« Während die chinesischen Anwesenden die Seegurken in Windeseile verschlingen, knabbern meine Eltern also an der echten Gurke und an der Möhre. Damit können sie eine Zeit lang die Fassade wahren. Als die Männer sich zu einer Zigarettenpause verabschieden, winke ich dem Kellner unauffällig zu. Meine Schwiegermutter schaut sich gerade im Schminkspiegel an und die anderen weiblichen Gäste sind mit ihren Handys beschäftigt.

»Wir drei sind fertig mit der Seegurke. Bitte räumen Sie die Teller ab«, flüstere ich ihm leise zu. An seinem Gesichtsausdruck kann ich sehen, was er sich wohl gerade denkt. Was für eine Geldverschwendung! Fast mitleidig schaut der Kellner die praktisch unberührten Teller mit der luxuriösen Delikatesse an. Doch es ist nicht an ihm, über uns verschwenderische Ausländer zu urteilen. So bringt er pflichtbewusst die Teller aus dem Raum.

Die Männer haben ihre Nikotinsucht befriedigt und das Abendessen neigt sich langsam dem Ende zu. Alle Gäste versichern meinen Schwiegereltern erschöpft und satt, wie toll und reichhaltig das Essen doch war. Der Alte Zhu wendet sich daraufhin zu mir. Er wirkt fast ein bisschen beleidigt.

»Deine Eltern haben ja fast nichts gegessen. War denn gar nichts dabei, was ihnen geschmeckt hat?«

Ich beruhige ihn und erkläre ihm, dass sie sich bereits an den Vorspeisen satt gegessen haben und beim nächsten Mal ihre deutsche Essgeschwindigkeit der chinesischen anpassen werden.

»Aber zumindest die Seegurke hat ihnen vorzüglich geschmeckt. Schau, es ist nichts mehr da.« Er blickt auf den leeren Platz auf dem Tisch vor meinen Eltern und nickt zufrieden.

Wir packen die Essensreste ein. Seit einiger Zeit hängen in allen Restaurants Schilder der Shanghaier Stadtregierung: »Bitte seien Sie ein wohlgesitteter Bürger und verschwenden keine Lebensmittel.« Zumindest bei meinen Schwiegereltern wirkt es. Sie packen die übriggebliebenen Speisen in kleine Plastikschalen, und das Frühstück für den nächsten Morgen ist gesichert.

Als wir wieder zu Hause sind, wünschen meine Schwiegereltern uns eine gute Nacht und ziehen sich ins Schlafzimmer zurück. Sie wissen, dass wir uns viel zu erzählen haben, und verstehen sowieso kein Deutsch. Zum ersten Mal können wir uns in Ruhe alleine mit meinen Eltern unterhalten. Ich habe gemerkt, dass sie während des ganzen Abends verstohlen Blicke auf Liping geworfen haben. Das ist sie also, ihre chinesische Schwiegertochter.

»Und was machen deine Deutschkenntnisse, Liping?«

»Ich weiß jetzt den Unterschied zwischen ›geschlafen‹ und ›gesprochen‹.«

Meine Eltern lachen herzlich und ich schaue meine Frau stolz an. Ich weiß nicht, warum ich damals so eine große Angst hatte, sie einander vorzustellen. Von der Seite beobachte ich sie glücklich.

»Wie viele Kinder wollt ihr denn haben? Nicht nur eins, oder?«, fragt meine Mutter, die selbst sechs Kinder zur Welt gebracht hat.

»Nein, Ausländer in China sind nicht von der Ein-Kind-Regel betroffen. Aber sechs Kinder sind vielleicht ein bisschen viel.«

Lachend beantwortet Liping diese und andere Fragen und es scheint so, als würden sie sich schon seit vielen Jahren kennen.

»…und Thomas sagt, dass Mama sich Sorgen macht, dass er hier nicht satt wird.« Liping streichelt mir über den Bauch. »Aber siehst du Mama, du brauchst dir wirklich keine Sorgen zu machen.«

Sie redet fröhlich auf meine Eltern ein und erzählt ihnen in nicht perfektem, aber sehr selbstbewusstem Deutsch Geschichten aus unserem Alltag. Da ich anscheinend nicht gebraucht werde, fällt es mir immer schwerer, die Augen offenzuhalten.

Nachdem meine Eltern mit befriedigter Neugier endlich in ihrem Urlaubsquartier verschwinden, dem Gästezimmer, das monatelang meine Heimat war, sinken Liping und ich erschöpft zurück aufs Sofa.

»Ich glaube, ihnen gefällt es hier«, sagt Liping. Doch der anstrengende Tag als Chauffeur, Übersetzer und Reiseführer hat mich so geschlaucht, dass ich einschlafe, bevor mein Kopf auch nur ihre Schulter berührt.

Am nächsten Tag stehen Liping und ich früh auf, da wir noch zu unserer Hochzeitsplanerin müssen. Am Tag vorher haben wir ein Vermögen für frisches Brot und importierte Butter und Milch ausgegeben. Ich decke den Tisch und blicke ein wenig besorgt auf die Uhr. In 15 Minuten müssen wir aufbrechen, um mit den Damen vom Hochzeitsplanungsbüro den komplizierten Ablauf unserer Hochzeit in zwei Tagen durchzuspielen. Deswegen müssen sich meine Eltern bis zum Abendessen mit meinen Schwiegereltern alleine vergnügen. Eigentlich wollte ich sie noch komplett in die Welt der chinesischen Gebräuche mit allen Dos und Dont's einweisen, doch sie schlafen tief und fest. In Deutschland ist es mittlerweile zwei Uhr nachmittags. Sie sind wahrscheinlich erst spät eingeschlafen und kommen jetzt nicht aus den Federn. Der Jetlag hat sie also mit aller Kraft erwischt. Ich bin zwar neugierig, wie sie auf dem steinharten, aber laut Schwiegermutter besonders »gesunden« Bett geschlafen haben, bringe es aber nicht übers Herz, sie zu wecken. Sie werden schon klarkommen.

Während ich mir selber ein Brötchen gönne, schreibe ich hastig einige Phrasen auf Chinesisch und Deutsch nebeneinander auf ein Blatt Papier.

Ich bin satt. Das ist wichtig, da meine Schwiegermutter sicherlich wahnsinnig besorgt ist, dass meine Eltern in China nicht genug zu essen bekommen.

Mir ist nicht wohl. Falls meine Eltern eine Ausrede dafür brauchen, wenn ihnen etwas Sonderbares aufgetischt wird.

Und zu guter Letzt kritzelte ich ein *Das ist ja interessant* auf den Zettel. Meine Eltern sind leicht zu begeistern und werden diesen Ausdruck wahrscheinlich häufig benutzen. Das ist meine Art, die beiden so grundverschiedenen Paare einander näher zu bringen. Denn als chinesische Übersetzung schreibe ich daneben *Sie sind sehr hübsch.* So werden meine Eltern den ganzen Tag lang Lipings Mama Komplimente machen und sie wird am Abend überglücklich sein.

Ich lege den Zettel auf den Tisch und verabschiede mich mit Liping in Richtung Hochzeitsplanerin. Wir haben uns entschieden, unsere Hochzeit in China traditionell chinesisch auszurichten und irgendwann in Deutschland dann in Weiß zu heiraten. Die Hochzeiten in Shanghai, denen ich bis jetzt beigewohnt habe, waren ein Mix aus traditionellen chinesischen Elementen und westlichen Einflüssen. Für mich war das nichts Ganzes und nichts Halbes. Weißes Hochzeitskleid und roter Drachentanz passen für mich nicht zusammen. Worauf ich mich mit meinem Wunsch nach einer »echt chinesischen« Hochzeit eingelassen habe, ist mir aber noch nicht klar.

»Wir fangen mit der Anprobe an. Der Bräutigam hat drei verschiedene Outfits, die Braut fünf.« Das habe ich auf der Hochzeit von Freunden tatsächlich schon gesehen. Braut und Bräutigam wechseln während des Tages und vor allen Dingen während des Abendempfangs mehrere Male ihre Kleidung.

Das hat den Vorteil, dass man, sollte ein Kleid mal nicht so schmeichelhaft für die Braut sein, zumindest noch Unmengen Erinnerungsfotos in anderer Kleidung hat.

Wenn es nur drei verschiedene Anzüge für mich sind, dann soll mir das egal sein. Als ich aber nun mein erstes Kostüm vorgeführt bekomme, bereue ich es direkt ein wenig, mich für die traditionelle chinesische Hochzeit entschieden zu haben.

Unsere Hochzeitsplanerin, die ihre nur knapp 1 Meter 50 durch ihre resolute Art wieder wettmacht, hält mit Mühe und Not das Kleidungsstück in die Höhe. Es ist ein rotes Seidenkostüm, das mit farbigen Stickereien versehen ist. Unmengen von Drachen wirbeln auf dem Stoff umeinander. Auf Kniehöhe sind mit feinen Stichen blaue und goldene Wellen aufgestickt. Die Ärmel sind so weit, dass man zwei Elefantenbabys darin verstecken kann. Festgehalten wird das Ganze von einem weiten Stoffgürtel, auf dem sich Tiger im Kreis jagen. Na, das passt ja. Ich bin praktisch umringt von Tigern. Gekrönt wird das Ganze von einer Kopfbedeckung, die genauso schwer wie ausladend ist. Sie ist in den gleichen Farben wie der Seidenanzug gehalten. Verziert wird sie von vielen Silberperlen und einem Aufsatz, der stark an einen Propeller mit zwei Rotorblättern erinnert. Während der Anprobe muss ich unwillkürlich lachen, denn ich finde, dass das Outfit irgendwie zu mir passt. Auf jeden Fall ist es farbenfreudiger als ein schnöder schwarzer Hochzeitsanzug. Zufrieden macht die junge Dame einen Haken auf der Liste, die sie auf einem Klemmbrett in ihrer Hand hält.

»Eigentlich reitet der Bräutigam auf einem Pferd ein.«
Ich glaube mich verhört zu haben.
»Wie bitte?«
»Ja, normalerweise reitest du auf einem Pferd ein und die Braut wird in einer Sänfte hinterhergetragen. Aber wir haben

aus Tierschutzgründen eine Richtlinie für Reiter und ich will ja nicht unhöflich sein, aber...« Sie blickt an mir auf und ab. »Du bist, nun ja, einfach zu groß für das Pferd. Ja genau, zu groß.« Ich bin ihr dankbar für diese höfliche Umschreibung und sie streicht die Zeile mit dem chinesischen Zeichen für »Pferd« mit einer festen Stiftbewegung durch.

Ich wundere mich sowieso, wie das Pferd in den Festsaal im dritten Stock unseres Hochzeitsrestaurants hätte kommen sollen. Der Aufzug ist recht klein und ob Pferde Treppen steigen können, darüber habe ich noch nie nachgedacht. Ich mache mir in Gedanken eine Notiz, dass ich das meinen Vater frage, wenn wir zurück sind. Seit er Rentner ist, schaut er sich gerne solche Sachen auf YouTube an. Das weiß er bestimmt.

Nach einem anstrengenden Tag mit zahllosen Anproben, Textübungen und einer Einführung in jahrhundertealte chinesische Hochzeitstraditionen kommen wir am Abend erschöpft nach Hause. Da uns die gute Seele des Hochzeitsplanungsbüros keinen Moment Ruhe gegönnt hat, hatte ich auch keine Zeit, mir Sorgen zu machen, wie das deutsch-chinesische Elternquartett sich wohl verstanden hat.

Als wir die Tür zur Wohnung öffnen, finden wir erstaunlicherweise eine heile Welt vor. Rund um den Fernseher versammelt sitzen vier Herren und Damen im besten Alter und schauen gebannt auf den Bildschirm. Dabei scheinen sie sich prächtig zu amüsieren. Ich gehe ins Wohnzimmer und sehe, wie ein grauer Kater zu dramatischer Orchestermusik versucht, einer braunen Maus den Garaus zu machen. Ich reibe mir die Augen. Dass ich das noch erleben muss. Da sitzen meine Eltern aus Marienheide im fünfzehnten Stock eines Shanghaier Hochhauses und schauen mit meinen chinesischen Schwiegereltern *Tom & Jerry*. Da Katz und Maus nicht sprechen, gibt es zumindest keine Sprachbarrieren zu überwinden.

»Na, anscheinend seid ihr ja super klargekommen.« Ich setze mich neben meine Mutter, die genüsslich an ihrem Glas mit heißem Wasser nippt. Offensichtlich ist sie bereits auf den Geschmack gekommen.

»Ja, wir hatten viel Spaß«, versichert sie mir eifrig. »Wir sind im Park spazieren gegangen und haben viele interessante Blumen und Pflanzen gesehen. Aber eins war komisch, du hast uns doch den Zettel mit den Übersetzungen gegeben. Und jedes Mal, wenn Papa etwas Interessantes gesehen hat, hat er auf den Zettel getippt. Und dein Schwiegervater hat so ganz seltsam reagiert.«

Da ist mein Plan mit dem Schwiegermutter-glücklich-machen wohl gründlich in die Hose gegangen. Stattdessen hat der Alte Zhu anscheinend ununterbrochen von meinem Vater gehört, wie hübsch er doch sei.

»Aber ehrlich gesagt«, meldet sich mein Vater zu Wort, »sind wir ganz schön hungrig. Die haben zu Mittag so komische Sachen bestellt.«

»Ja«, pflichtet meine Mutter ihm bei. »Dein Zettel hat uns nicht viel weitergeholfen. Aber Schneewittchen…«

In welchem Film bin ich denn jetzt gelandet? Wie um alles in der Welt kommt meine Mutter auf Schneewittchen?

»Wer bitte ist Schneewittchen?«

»Na deine Schwiegermama. Sie hat uns ihren chinesischen Namen genannt, aber der ist unmöglich für uns auszusprechen.« Das stimmt, meine Schwiegermutter heißt *Wang* mit Familiennamen und *Xiuzhen* mit Vornamen, wobei die Aussprache des letzteren ganz anders als die Schreibweise ist. Für westliche Ohren klingt es entfernt vielleicht wie die englische Aussprache von *See you Jen*. Aber eigentlich auch noch ganz anders. Auf jeden Fall für Deutsche schier unmöglich zu merken. Da muss ich meiner Mutter recht geben.

»Da habe ich sie gefragt, ob sie nicht einen englischen Namen hat. Und sie hat gesagt *Snow White*. Das heißt auf Deutsch Schneewittchen, so viel Englisch verstehe selbst ich.«

In Gedanken klatsche ich mir die Hand vor die Stirn. Ich habe ja gedacht, dass Tiffany und Dreamy schon das höchste aller Gefühle sind, und da kommt meine Schwiegermutter mit Schneewittchen um die Ecke. Meine Mutter scheint das nicht weiter zu stören. »Naja, auf jeden Fall ist Schneewittchen ja ganz schön auf Zack. Die hat den Google Translator auf dem Handy. Und darüber haben wir uns super unterhalten.«

Sieh mal einer an, denke ich. Die Alten sind längst im Zeitalter der Technik angekommen, und ich habe versucht, ihnen mit Zettel und Stift auszuhelfen. Es führen halt viele Wege nach Rom. In China sagt man dazu: Wenn es im Osten nicht hell ist, dann eben im Westen.

»Was habt ihr denn zu Mittag bestellt?«, frage ich meine Schwiegermutter auf Chinesisch.

»Eigentlich ganz leckere Sachen. Ein gekochtes Huhn, Fleischbällchen und Tofu. Deine Eltern haben aber nur ein bisschen Reis gegessen. Sie haben gesagt, ihnen ist nicht wohl.«

Komisch, die genannten Speisen hören sich verträglich für europäische Mägen an.

»Warum habt ihr denn nichts gegessen? Huhn und Frikadellen esst ihr doch auch gerne?«

Mein Vater verändert seine Position auf dem harten Sofa und beugt sich zu mir rüber. Er wirft einen etwas ängstlichen Blick in Richtung meiner Schwiegereltern.

»Weißt du, was die für Sachen bestellt haben?« Ich könnte ihm nochmal sagen, dass er gar nicht zu flüstern braucht, weil sie sowieso nichts von dem verstehen, was er sagt. Ich lasse es aber bleiben.

»Löwenkopf und Spuckehuhn!«, ruft er erregt aus. »Wie soll ich denn sowas runterbekommen?«

Mit hochgezogenen Augenbrauen nickt meine Mutter zustimmend. »Das hat sie so in ihre Übersetzungs-App eingetippt.«

Liping und ich brechen in ein lautes Lachen aus. Meine Schwiegereltern blicken uns fragend an.

»Sie erzählen nur, wie viel Spaß sie heute mit euch hatten.«, erkläre ich ihnen auf Chinesisch. Das ist nicht ganz die Wahrheit, macht sie aber sichtbar glücklich. Dann wende ich mich wieder meinen Eltern zu, um den Sachverhalt aufzuklären.

»Nein, sie haben euch keine gefährdeten Tierarten vorgesetzt. Löwenkopf, so heißen die runden faustgroßen Fleischklöpse auf Chinesisch. Die im Fleisch mit verarbeiteten Reiskörner stehen nach allen Seiten ab. Das hat den Erfinder wohl an einen Löwenkopf erinnert und da hat er dem Gericht einfach diesen poetischen Namen verpasst.«

Verwundert schauen mich meine Eltern an.

»Aber Spuckehuhn, da ist wirklich eine Grenze erreicht. Ich will gar nicht wissen, wessen Spucke das ist, in dem sie es gekocht haben. Oder wurde das Huhn etwa mit Spucke aufgezogen?« Angewidert schüttelt sich meine Mutter.

»Das Gericht heißt so, weil es so unglaublich lecker ist. So lecker, dass einem das Wasser, bzw. die Spucke, im Munde zusammenläuft. Nächstes Mal gehen wir nochmal Spuckehuhn essen. Ihr werdet sehen, es ist köstlich!«

»Und was ist Stinketofu? Gerochen hat es schon sehr komisch.«

Ich muss lachen.

»Nein, beim Stinketofu ist es genauso wie bei der Stinkfrucht. Da hält der Name ausnahmsweise mal, was er verspricht.«

靠山吃山，靠水吃水

**WENN DU AM BERG LEBST, ISST DU DEN BERG.
WENN DU AM WASSER LEBST, ISST DU
DAS WASSER.**

Als der große Tag unserer Hochzeit endlich gekommen ist, quäle ich mich um fünf Uhr morgens ein wenig erschöpft von der kurzen Nacht aus meinem Hotelzimmerbett. Die Tradition schreibt vor, dass der Bräutigam in der Nacht vor der Hochzeit in seinem Elternhaus übernachtet. Am Morgen fährt er dann zum Haus der Braut, um sie dort abzuholen und mit ihr gemeinsam einen neuen Haushalt zu gründen. Da mein Elternhaus aber 9000 Kilometer westlich von dem meiner Frau steht, hat Liping mich im nächstbesten Hotel einquartiert. Ich habe mich im Vorfeld dazu bereiterklärt, alles mitzumachen, was die chinesische Tradition von einem Bräutigam verlangt. Wie schon der Dichter Feng aus der Ming-Dynastie sagt: »Lebst du am Berg, so nährt dich der Berg.« Tue also das, was die Umgebung dir abverlangt. Ich denke: »Berg frei, hier komme ich!«

Nach einer kalten Dusche krame ich einen Zettel aus meinem Rucksack hervor, den Liping mir am Vorabend mitgegeben hat. Darauf stehen alle Anweisungen zum heutigen Tag und wann ich wo sein soll. Der erste Punkt teilt mir mit, dass ich mich um Punkt 6 Uhr morgens im Hochzeitsanzug auf den Weg in die Innenstadt machen soll, um den Hochzeitswagen und die Blumendeko dafür abzuholen. Autos interessieren mich nicht im Geringsten und so habe ich die Wahl des Hochzeitswagens dem Alten Zhu überlassen.

»Alles andere wäre ja auch eine Katastrophe gewesen. Es gibt niemanden in ganz China, der ein besseres Auge für Autos hat als ich. Du hättest dir wahrscheinlich einen VW Golf ausgesucht.«

Schlussendlich hat er sich für einen BMW 8er Cabrio entschieden, ein für meinen Geschmack furchtbar protziges Auto. Das muss ich vor dem Hochzeitsplanungsbüro abholen, wo heute alle Fäden zusammenlaufen. Dort treffe ich auf meine drei Trauzeugen, allesamt männliche Freunde von Liping, die mich heute durch den Tag lotsen sollen. Als ich schließlich am Steuer des Proletenhochzeitscabrios sitze, steht die Morgensonne schon recht hoch am Himmel. Ich werfe die schwarze Jacke meines Hochzeitsanzuges auf den Rücksitz, da es in Shanghai in diesem Mai bereits ziemlich heiß und mir wegen der vielen Aufgaben auf Lipings Zettel sowieso warm ist.

Als Nächstes geht es einmal quer durch die Stadt, um die Braut abzuholen. Meine Trauzeugen amüsieren sich prächtig, da wir auf der Stadtautobahn mit unserem mit weißen und roten Rosen geschmückten Auto sehr auffällig unterwegs sind. Noch auffälliger natürlich ist der weiße Bräutigam, der den Wagen mit Schrittgeschwindigkeit über die volle Autobahn manövriert. Die Mischung aus stockendem Verkehr, Hochzeitsnervosität und Sonnenwetter lassen das Rot in meinem Gesicht immer kräftiger leuchten. Leise verfluche ich die Entscheidung meines Schwiegervaters, unbedingt ein Cabrio auszuwählen. Und auf dem Zettel steht nichts von Sonnencreme. Ich bin schon froh, dass ich bei diesem Auto das Zündschloss gefunden habe; wo der Knopf für das Schließen des Verdecks zu finden ist, da bin ich wirklich überfragt. Meine Trauzeugen hingegen genießen die Fahrt, die ihnen zahlreiche Gelegenheiten bietet, den jungen Damen, die die Seitenfenster herunterkurbeln, um den ausländischen Bräutigam zu beobachten, ihre Aufwartung zu machen. Johlend versucht jeder lautstark die Aufmerksamkeit auf sich zu lenken. Ich sitze ruhig am Steuer und versuche nur so schnell wie möglich zum Haus meiner Braut zu gelangen und endlich der Sonne zu entkommen.

»Hast du so früh am Morgen schon getrunken?« Der Alte Huang lehnt sich aus dem kleinen Fenster seines Parkwächterbüdchens, als ich vor der Schranke zum Stehen komme. Er greift nach der Zigarette, die hinter seinem Ohr steckt, und zündet sie sich an. »Dein Kopf ist ja rot wie eine Tomate.«

»Sonnenbrand«, murmele ich vor mich hin. Der Alte Huang nimmt einen tiefen Zug aus seiner Zigarette, macht aber keine Anstalten, die Schranke für mich zu öffnen.

»Mach mal bitte auf, mein Lieber. Meine Braut wartet auf mich«, bitte ich ihn ungeduldig.

Er grinst verschmitzt.

»Das kann ich leider nicht tun«, sagt er zu meinem Erstaunen. Ich schaue mich hilfesuchend zu meinen Trauzeugen um.

»Wo ist der Rucksack?«, fragt der Kleine Zhu, ein Cousin von Liping.

Plötzlich begreife ich, worauf der Schrankenwächter Huang hinauswill. Der Trauzeuge hat in Lipings Auftrag einen Rucksack mitgebracht, der mit vielen kleinen *hongbaos*, den roten Umschlägen, sowie mit »Panda«-Zigarettenpackungen vollgestopft ist.

Auf dem Weg zu seiner Braut muss der chinesische Bräutigam sich seinen Weg freikaufen. Es ist die Gelegenheit für Nachbarn, Passanten und Brautjungfern, den Bräutigam wie ein Suppenhuhn zu rupfen. Ich krame in dem Rucksack und fische eine Zigarettenpackung heraus, die ich zusammen mit einem *hongbao* durch das Fenster des Büdchens reiche. Glücklich bedankt der Alte Huang sich für die Aufbesserung seines kargen Monatslohns, und wie von Geisterhand geht die Schranke auf, um mich und meine Begleiter ein Stück näher ans Ziel zu bringen.

Bis ich dort ankommen werde, wird aber noch einiges Wasser den Huangpu-Fluss hinabfließen.

Als wir mit dem Auto um die Ecke biegen, sehe ich, dass wir erwartet werden. Ich erblicke die Freunde des Alten Zhu, denen ich damals in der Tiefgarage begegnet bin. Sie stehen rauchend in einem Grüppchen zusammen und sind bester Laune. Heute ist der große Tag ihres Freundes, und sie kommen in den Genuss von gutem Essen, kostenlosen Zigaretten und jeder Menge *baijiu*, der natürlich auf unserer Hochzeit nicht fehlen darf. Der Alte Gao, heute wieder standesgemäß mit Sonnenbrille und Goldkettchen zum weißen Hemd, ist wie immer derjenige, der es versteht, sich am lautesten zu artikulieren. Als er unser Auto erblickt, schnippt er seine Zigarette in den Gulli. Jetzt ist sein Moment gekommen. Auf dem Boden vor ihm liegt ein großes, rundes, rot-goldenes Paket. Er reißt die Verpackung herunter und zum Vorschein kommt eine lange Schlange. Es sind in rotes Seidenpapier eingewickelte aneinandergereihte Knallkörper. Vor der Eingangstür des Hochhauses, in der die Familie Zhu lebt, legt er die Böller-Schlange aus. Er fischt eine Packung Streichhölzer aus der Hosentasche, und als ich den BMW in fünf Meter Entfernung von ihm parke, hält er das brennende Streichholz an die Zündschnur. Die zerberstenden Böller geben einen ohrenbetäubenden Lärm von sich. Sofort liegt der Geruch von Schwarzpulver in der Luft und der Wind trägt den Rauch, der mir noch minutenlang die Sinne vernebelt, hinauf in den 15. Stock. Dort sitzt meine Braut und weiß nun, dass ihr Bräutigam unten angekommen ist. Immer noch ballern die roten Knallkörper vor sich hin. Sie sind außerdem dazu da, die bösen Geister zu vertreiben, damit sie uns junge Eheleute ja nicht belästigen. Der Lärm geht natürlich auch an den Nachbarn nicht vorbei. In mehreren Stockwerken werden Fenster aufgerissen, um zu sehen, wer der Glückliche ist. Einige der Nachbarn kenne ich. Ich winke ihnen zu, während sie mir etwas aus vollem Halse zurufen. Wegen des Knallerlärms kann ich kein Wort verstehen und winke einfach weiter.

Als das letzte Schwarzpulver verschossen ist, gehe ich zum Knallmeister und bedanke mich bei ihm mit einem kleinen roten Umschlag und einer Packung Zigaretten. Er verbeugt sich leicht, und meine Trauzeugen bedeuten mir, dass es an der Zeit ist, sich auf den Weg in den 15. Stock zu machen, wo meine Braut mich wahrscheinlich bereits sehnsüchtig erwartet.

Ich will durch die Außentür hineingehen, doch da erblicke ich Tiffany, die mir mit verschränkten Armen grinsend den Weg versperrt.

»Guten Morgen, mein Lieber.«

»Guten Morgen, Tiffany. Ich will zu Liping.«

»Tja, das kann ja jeder sagen. Das geht aber nicht so einfach.«

Sie löst ihre Arme aus der Verschränkung und hält mir ihre offene Handfläche entgegen. Ich weiß genau, worauf sie hinauswill. Widerwillig krame ich einen *hongbao* aus meiner Hosentasche und klatsche ihn ihr in die Hand. Die Anzahl der vorbereiteten Geldumschläge schwindet mit besorgniserregender Geschwindigkeit und ich muss sparsam sein, wenn ich heute noch oben ankommen will. Die kleinen Geldbeträge sind Türöffner und vor der eigentlichen Wohnungstür erwarten mich noch mindestens fünf weitere Brautjungfern mit ausgestreckten Händen. Ich teile die verbleibenden Umschläge auf meine Trauzeugen auf, damit diese sie unauffällig in ihren Taschen verschwinden lassen können. Nachdem Tiffany den Umschlag in ihrem kleinen, wahrscheinlich extrem teuren Handtäschchen verstaut hat, hebt sie vom Boden eine gusseiserne Pfanne und einen Holzkochlöffel auf. Den reicht sie mir mit einem zynischen Lächeln.

»Damit dir auf deinem Weg in den 15. Stock nicht langweilig wird, haben wir etwas für dich vorbereitet.«

Ich nehme die schwere Pfanne und den Löffel entgegen, ohne zu wissen, was ich damit anfangen soll.

»Du musst jetzt die Treppe nach oben laufen, mit dem Löffel auf den Topf schlagen und die ganze Zeit singen: ›Ich bin ein armer Bräutigam, verzeih mir, Geliebte!‹. Damit alle wissen, dass Liping einen armen Studenten heiratet.«

Da hat sie wohl recht. In wenigen Monaten bin ich aber fertig mit meinem Studium und dann kann ich das große Geld verdienen. Dann werde ich mir als Rache nochmal Pfanne und Löffel schnappen und allen Nachbarn, vom ersten bis zum fünfzehnten Stock, vorsingen, wieviel ich im Monat verdiene. Aber heute stehe ich am unteren Ende der Hackordnung und mir bleibt nichts anderes übrig, als mich singend und pfannenschlagend auf den weiten Weg nach oben zu machen. Als ich im Erdgeschoss an den Aufzügen vorbeikomme, sehe ich, dass diese von zwei weiteren Brautjungfern bewacht werden. Ich versuche beide mit jeweils einem roten Umschlag zu bestechen. Den nehmen sie zwar dankbar an, zeigen aber keine Gnade. Die Aufzugtür bleibt für mich verriegelt. Ich ärgere mich darüber, zwei Umschläge verschwendet zu haben, und steige in Begleitung meiner Trauzeugen stöhnend Stufe für Stufe hinauf. Die meisten Nachbarn wissen natürlich schon, dass heute ein Bräutigam zugegen ist, und die es noch nicht mitbekommen haben, wissen es spätestens jetzt. Denn ich singe lautstark mein Liedchen vom armen Bräutigam aus Angst davor, die Brautjungfern zu verärgern. Traditionsgemäß sind sie heute diejenigen, die letztendlich die Entscheidungsgewalt darüber haben, ob ich ins Gemach ihrer besten Freundin vorgelassen werden soll oder nicht.

In den ersten beiden Stockwerken verteile ich noch rote Umschläge an die Nachbarskinder, die sich im Treppenhaus drängen, um das Spektakel mitanzusehen. Man sieht ja schließlich nicht alle Tage einen langnasigen Ausländer im Hochzeitsanzug schwitzend und singend die Treppe hochmarschieren.

Im dritten Stock stülpe ich dann demonstrativ meine Anzug- und Hosentaschen nach außen, damit alle sehen, dass ich es ernst meine mit meinem Liedchen ›Ich bin ein armer Bräutigam, verzeih mir, Geliebte!‹

Sie amüsieren sich trotzdem alle und ich bin froh, dass keiner darauf kommt, dass wir noch einige Geldumschlagreserven in den Taschen meiner Trauzeugen haben. Netterweise begleiten mich auch Tiffany und die zwei anderen Brautjungfern. Natürlich steigen sie keine Treppen. Das wäre bei den hochhackigen Schühchen, in die Tiffany ihre Füßchen gezwängt hat, undenkbar. Nein, sie fahren bequem mit dem Aufzug jeweils ein Stockwerk nach oben und erwarten mich dort an der Treppe.

Als ich endlich im 15. Stock angekommen bin, lasse ich mich im Flur erstmal auf einen der beiden ausladenden Holzstühle mit der hohen Lehne fallen. Die stehen da, damit mein Schwiegervater in aller Ruhe mit dem Nachbarn eine Zigarette rauchen und mit ihm über Wetter und Aktien diskutieren kann. Meine Hochzeitsmontur ist inzwischen völlig durchnässt und meine sonnenverbrannte Stirn schweißbedeckt. Da fällt mir ein, dass ich heute ja noch zwei andere Outfits habe. Ich bin das erste Mal froh darüber, dass ich nicht den ganzen Tag in diesem einen Anzug verbringen muss. Mein Trauzeuge reicht mir ein Glas warmes Wasser, das er bei einer Brautjungfer gegen einen roten Umschlag eingetauscht hat. Nachdem ich wieder zu Atem gekommen bin, mache ich mich bereit für die finale Schlacht. Bis zur Wohnungstür habe ich es geschafft. Jetzt habe ich noch diese und eine weitere Tür vor mir, die zu Lipings Schlafzimmer. Das ist zwar mittlerweile unser gemeinsames, aber heute ist es nahezu unerreichbar für mich.

Vor der Wohnungstür stehen Tiffany und die anderen Brautjungfern. Alle im gleichen lachsfarbenen Kleid.

»Wie viele von euch gibt es denn noch?«, frage ich verzweifelt und hoffe, dass unser Arsenal an Bestechungsgeld ausreicht.

»Wir sind zu neunt.« Na, das kann ja noch was werden. Liping hat mir nichts davon erzählt, wie viele ihrer Freundinnen sie mit der Aufgabe betraut hat, mir heute das Leben schwer zu machen. Neun also! Dagegen sehe ich mit meinen drei Trauzeugen recht mickrig aus.

Und jetzt stehen neun junge chinesische Damen vor mir und brüllen aus vollen Halse: *»Hongbao, hongbao!«* Ich sehe, wie mein Trauzeuge vorsichtig die Hand in die Jackentasche führt und leise neun Umschläge abzählt. Wir müssen noch ins Zimmer rein, da brauchen wir etwas Reserve. Unter lautem Johlen reicht er jeder Brautjungfer einen. Das scheint ihnen aber zu wenig zu sein.

»Eiserner Hahn! Eiserner Hahn!«, rufen sie. Was wollen die? Was sagen die? Suchend blicke ich mich um, aber ich kann weder echte noch eiserne Hähne erblicken. Ist es vielleicht ein besonders merkwürdiges Gericht, das ich als Mutprobe essen muss? Mein Trauzeuge stupst mich an. »Die sagen, du bist geizig.« Aha, ein eiserner Hahn, einer, der sich keine Federn rupfen lässt. Ein interessantes Bild für einen Geizkragen. Jetzt habe ich aber echt keine Lust mehr. Ich ziehe meinen Joker, die Ausländerkarte.

»Jetzt reicht's mir echt! Dann heirate ich eben nicht. Ist mir doch egal. Wir Deutschen können zusammenleben, ohne zu heiraten. Meinem Schwiegervater erklären müsst ihr das aber«, teile ich den Brautjungfern mit und drücke übertrieben fest auf den Fahrstuhlknopf mit dem Pfeil nach unten.

Tiffany kommt eilig herbeigelaufen und wischt sich eine ihrer blondierten Strähnen aus dem Gesicht. »Ach komm, sei kein Spielverderber. Ich war schon fünf Mal Brautjungfer und

du bist wirklich der Bräutigam, zu dem wir am nettesten sind.«
Ich denke mir, dass sie bestimmt noch 50 Mal Brautjungfer
sein wird, aber nie Braut, wenn sie so weitermacht.

»Jetzt komm schon, wir lassen dich rein. Aber zuerst nur in
die Wohnung. Du hast noch einige Aufgaben zu erledigen.«

Damit zieht sie mich in die Wohnung, die eigentlich mein
Zuhause ist. Sie ist für den heutigen Tag besonders hübsch
hergerichtet. Überall hängen rote Seidenschleier. Sowieso ist
alles rot. Rot, die Farbe der Freude, des Reichtums und der
Fruchtbarkeit. Auf den Tischen stehen frische Lilien und überquellende Fruchtkörbe mit Bananen, Äpfeln, Drachenfrüchten
und Nüssen, ebenfalls Symbole der Fruchtbarkeit. An allen
Fenstern und Türen hängt ein Zeichen, das es in der Form eigentlich nicht gibt: Doppeltes Glück. Das chinesische Zeichen
für Glück schmiegt sich zweimal aneinander und bildet so eine
neue, doppelt glückliche Einheit.

Die Wohnung ist brechend voll. Ich erblicke Lipings Tanten,
Onkels und Cousins. Die Freunde des Vaters sind inzwischen
auch nach oben gekommen und beobachten das Treiben rauchend aus einer Ecke des Wohnzimmers. Ein paar wenige Kinder sind da, naschen von den Nüssen und spielen an den Seidenschals herum. Alle sind freudig erregt und jubeln, dass ich
es geschafft habe, in die Wohnung zu kommen.

»Glückwunsch, Bräutigam!«

»Heute ist es vorbei mit der Freiheit, mein Lieber!«

»Willkommen in der Familie, Thomas!«

Auf dem Sofa entdecke ich meine Eltern, die halb belustigt,
halb erstaunt die Hochzeitsgesellschaft bewundern. Ich habe
keine Zeit, ihnen alles zu erklären, deshalb lasse ich sie einfach
ihre eigenen Eindrücke sammeln und Schlüsse ziehen.

Tiffany hat mich leider nicht vergessen. Wenn ich ins Zimmer möchte, muss ich noch ihre Aufgaben erledigen. Ich

mache also geduldig Liegestütze, tanze Ballett zu Musik aus dem Schwanensee und kann auch beantworten, wann ich meine Frau das erste Mal gesehen, geküsst und wann wir uns verlobt haben.

»Und als letzte Prüfung«, lässt Tiffany feierlich verlautbaren, »möchten wir dir, lieber Thomas, einen Vorgeschmack aufs Eheleben geben.«

Sie nimmt ein großes leeres Glas in die Hand und zeigt es in die Runde. »Das Eheleben mit Liping wird meistens süß sein.« Dreamy, die ich zum ersten Mal heute bemerke, reicht Tiffany etwas Honig, den diese ins Glas fließen lässt. »Aber manchmal kann sie auch ganz schön scharf sein.« Chiliöl. »Auch saure Momente wird es geben.« Ein kräftiger Schuss Essig. »Und selten auch bittere.« Da nimmt sie frisch gepressten Bittermelonensaft und verrührt ihn gekonnt mit dem Honig, Chiliöl und Essig. Dann reicht sie mir das große Glas feierlich.

»Und nun musst du uns allen beweisen, dass du das Zeug zum Ehemann hast! *Gan bei!*« Alle stimmen in ihren Ruf ein. »*Gan bei!* Mach das Glas trocken!«, das chinesische Pendant zum deutschen »Prost«.

Ich blicke mich um und sehe dort hinten zwischen zwei Brautjungfern, die diesen Moment mit gezückten Handys für die Nachwelt festhalten möchten, den Alten Zhu. Mit ihm habe ich heute noch gar nicht gesprochen. Seine Miene verrät nicht, was in seinem Kopf und Herzen vorgeht. Unsere Blicke treffen sich. Ich hebe das Glas und proste ihm zu. Er nickt fast unmerklich und mit einem Zug spüle ich das widerliche Gesöff herunter. Die anwesenden Gäste jubeln, klatschen und trampeln mit den Füßen auf den Marmorboden.

Der Ausländer hat es geschafft! Damit und mit den restlichen roten Umschlägen öffnet sich die Tür zur Kammer meiner Geliebten endgültig. Meine Trauzeugen schieben die letzten

Brautjungfern ein wenig unsanft zur Seite und dann stehe ich im Brautgemach. Über dem Bett hängen ebenfalls rote Seidenschals, die sich von der Mitte der Zimmerdecke bis in alle vier Ecken des Raumes spannen. Das Bett selbst ist von einer riesigen roten Decke verhüllt, die mit kunstvollen Blumenmustern verziert ist.

Darauf sitzt Liping. Als ich sie erblicke, ist es der klassische Wow-Moment, den viele Bräutigame erleben, wenn sie ihre Braut zum ersten Mal im Brautkleid sehen.

Doch meine Braut hat kein weißes Brautkleid an. Ihr Kleid ist eine einteilige Qipao, die sich mit ihrem leuchtenden Rot wunderbar in die Umgebung einfügt. Auf der Qipao bezirzen sich goldene Drachen und Phönixe im Flug. Der Kragen und die Ärmelenden sind von weißen Stickereien gesäumt, die Wolken darstellen. Ihr Haar, das sie extra für die Hochzeit hat lang wachsen lassen, ist zu einer kunstvollen Frisur hochgesteckt. Kleine Flechtmuster winden sich darin. An der Seite halten drei Spängchen mit rot-goldenen Röschen die Frisur zusammen. An ihren Ohren sehe ich wieder das »doppelte Glück«, diesmal baumelt es dort als Teil ihrer Ohrringe. Der weinrote Lippenstift harmonisiert mit dem traditionellen Hochzeitskleid.

Als ich sie betrachte, wird mir klar, dass ich sie um nichts in der Welt gegen eine Braut im weißen Kleid eintauschen würde. Wie sie da lachend und erwartungsvoll vor mir sitzt in einem Kleid, das ihre natürliche Schönheit so wunderbar betont. Die Farben des Kleides und ihres Schmuckes passen perfekt zu ihren schwarzen Haaren und Augen. Sie sieht aus wie eine fernöstliche Schönheit aus einer alten chinesischen Legende. In diesem Moment weiß ich, dass all das Bittere, Scharfe, Saure und Süße, das wir bis hierher gemeinsam geschmeckt haben, es wert war. Vor mir sitzt die Frau meiner Träume und erwartet, dass ich sie aus dem Elternhause mitnehme in eine gemeinsame Zukunft.

Ich brauche gar nicht auf den Ablaufzettel zu gucken, um zu wissen, was jetzt dran ist. Der Trauzeuge reicht mir den Brautstrauß und den Ring und ich knie mich vor Liping nieder, um sie offiziell nochmal zu fragen, ob sie meine Frau werden will. Sie sagt natürlich »Ja«, alles andere wäre ja eine Katastrophe, und als ich ihr den Diamantring an den rechten Ringfinger gesteckt habe, stehe ich auf, um sie zu küssen. Als ich mich zu ihr hin beuge, nutzen die Trauzeugen den Moment, um mich von hinten auf das Bett zu stoßen. Unter dem Gejohle der Gäste, die sich in das Zimmer gedrängt haben, falle ich halb auf meine Braut, halb aufs Bett. Als ich versuche, ihr im Fall noch halbwegs elegant einen Kuss auf die Wange zu drücken, höre ich ein Knacksen unter meinem Hintern, so als wäre etwas zerbrochen. Unter mir spüre ich etwas Kleines, Hartes, aber auch eine klebrige Flüssigkeit. Ich rappele mich wieder hoch und schlage das eine Ende der roten Decke um. Darunter erblicke ich ein Gemisch aus Eierschalen, Eigelb und Eiweiß. In der Flüssigkeit liegen ein paar Erdnüsse.

»Glückwünsch, Thomas! Du wirst bald Vater!« Alle Anwesenden applaudieren begeistert. Verständnislos blicke ich Liping an.

»Das ist ein Fruchtbarkeitssymbol. Das Ei, das du zerbrochen hast, ist die weibliche Eizelle und die Erdnüsse der männliche Samen. Und du hast es gerade geschafft, die beiden zu vermengen. Glückwunsch!« Sie zwinkert mir zu und ich bin froh, mal etwas richtig gemacht zu haben, wenn auch aus Versehen.

Jetzt erst fällt mir auf, dass Liping Hausschuhe trägt. Die sind zwar genauso kunstvoll rot und golden verziert wie der Rest der Hochzeitskleidung, doch sind sie meiner Meinung nach ein wenig unpassend für so einen feierlichen Anlass. Da ist Tiffany wieder zur Stelle. Sie bewegt sich ein wenig ungelenk in meine Richtung und ich frage mich, ob alles mit ihr in Ordnung ist.

»Das ist deine letzte Aufgabe. Wenn du Liping mit in dein Zuhause nehmen möchtest, dann braucht sie Schuhe. Die haben wir irgendwo versteckt. Wenn du sie findest, darfst du deine Braut mitnehmen. Wenn nicht, dann nicht.«

Also mache ich mich auf die Suche. Den rechten Schuh finde ich nach wenigen Minuten hinter der schweren Gardine in unserem Schlafzimmer. Doch auch nachdem ich die ganze Wohnung auf den Kopf gestellt habe, kann ich den zweiten roten Brautschuh nicht finden. Weder in der Kloschüssel noch in der Schublade mit den Unterhosen meines Schwiegervaters kann ich den linken Schuh finden. Die Gäste und vor allen Dingen die Brautjungfern amüsieren sich, während ich auf allen vieren auf dem Boden herumkrieche, um noch einmal unter dem Bett nachzusehen. Nichts. Ich schaue Liping ratlos an.

»Das wird wohl nichts mit dem Heiraten heute. Ich kann den Schuh nicht finden«, sage ich schulterzuckend. Da erbarmt sich Tiffany und kommt zu mir herüber. Sie geht wieder so komisch. Als sie vor mir steht, greift sie sich beherzt unter den lachsfarbenen Rock und zaubert von da den gesuchten Schuh hervor. Lachend reicht sie ihn mir. »Siehst du, du hast nicht überall gesucht.« So weit kommt's noch.

Nun kann ich endlich meine Braut aus dem Zimmer führen. Im Wohnzimmer warten unsere Eltern auf uns. Es folgen unzählige Rituale, bei denen wir ihnen Tee reichen, sie uns große rote Umschläge übergeben und wir uns mehrere Male tief vor ihnen verbeugen. Zum Schluss reicht mir meine Schwiegermutter ein Süppchen, das ich trinken muss. Darin befinden sich zwei süße Datteln. Diese sollen uns das Leben versüßen.

Außerdem schwimmen darin einige Lotussamen. Diese haselnussgroßen Samen sind, man ahnt es kaum, ein weiteres Fruchtbarkeitssymbol. Ich löffele das Süppchen gehorsam aus und habe eine weitere chinesische Eigenheit verstanden. Vor der Hochzeit sind die Betten strikt getrennt, aber unmittelbar danach ist die wichtigste Aufgabe, dafür zu sorgen, dass die eigenen Eltern so bald wie möglich Enkel bekommen. Damit darf man sich dann keine Zeit lassen.

Inzwischen ist es zwei Uhr nachmittags. Da am Abend ein großes Festmahl ansteht, wird in Shanghai am Tag der Hochzeit zu Mittag nur eine Kleinigkeit gegessen. Normalerweise werden Unmengen chinesischer Maultaschen gekocht, um die anwesenden Freunde und engen Verwandten zu verköstigen. Doch da die heimische Küche zu klein und die Lieferindustrie in China sehr gut entwickelt ist, haben wir uns dafür entschieden, unsere Gäste mit Hamburgern, Pommes und Süßgetränken zu versorgen. Das geht schnell, braucht kein Geschirr und hält bis zum Abend vor.

So sitzen wir, das Brautpaar, die Gäste und unsere Eltern in der ganzen Wohnung verteilt und lassen uns das amerikanisch-chinesische Fastfood schmecken.

Aus den Augenwinkeln sehe ich, wie mein Vater herzhaft in einen Hamburger beißt und das Geschehen um sich herum mit seiner Handykamera filmt. Wahrscheinlich wird dieses Video früher oder später bei YouTube landen.

Dann ist es soweit, ich darf meine Frau aus ihrem Elternhaus führen, besser gesagt: tragen. Denn als weiteren Beweis meiner Männlichkeit muss ich meine Braut aus der Wohnung über die Haustürschwelle tragen. Das ist ja theoretisch kein Problem, aber zwischen Wohnung und Haustür liegen bei uns 15 Stockwerke. So bringe ich Liping auf beiden Armen in den

Aufzug, und da wir keine Zeugen haben, setze ich sie dort wieder ab. Bevor die Aufzugtür im Erdgeschoss wieder aufgeht, breite ich beide Arme aus und trage stolz meine Braut nach draußen. In dem Moment, als wir die Türschwelle überschreiten, empfängt uns wieder der ohrenbetäubende Lärm der unzähligen roten Knallkörper. Hinfort mit euch, ihr bösen Geister! Gleichzeitig regnet ein rot-goldener Konfetti-Regen auf uns herab und ich beginne so langsam den Trubel zu genießen.

»Das ist die verrückteste Hochzeit, die ich je miterlebt habe«, schreie ich Liping ins Ohr.

»Und dazu ist es auch noch unsere!«, schreit sie zurück. Sie hält sich mit beiden Händen die Ohren zu, und während die letzten paar Konfettitropfen auf uns herabregnen, küsse ich sie überglücklich.

Die Hochzeitsgesellschaft ist inzwischen ebenfalls unten angekommen. Ich setze Liping auf den Beifahrersitz des Cabrios, das neben der Haustüre parkt. Sie hat noch immer ihre rot-goldenen Hausschuhe an. Die mühevoll herbeigesuchten roten Brautschuhe hält Lipings Mutter in ihren Händen. Nervös dreht sie diese hin und her. Jetzt ist ihr großer Moment gekommen. Wenn eine Frau heiratet, so heißt es auf Chinesisch wörtlich »sie heiratet hinaus«. Sie verlässt also ihre Familie und folgt ihrem Mann in seine Familie. Auch wenn das Konzept ein bisschen antiquiert scheint, so folgt die Sprache nun mal jahrhundertealten Traditionen. Nun gibt die Mutter der Tochter praktisch das letzte Geleit. Liping streckt beide Füße aus der offenen Beifahrertüre nach draußen. Ihre Mutter kniet sich vor ihr nieder, streift die Hausschuhe von den Füßen und zieht ihr die roten High Heels an.

»So, Tochter, jetzt kannst du auf eigenen Füßen stehen und mit deinem Mann eigene Wege gehen.« Ich werfe einen Blick auf die 15 Zentimeter hohen Absätze und denke mir, dass sie damit auf ihren eigenen Wegen nicht weit kommen wird, aber schön sehen sie auf jeden Fall aus.

»Alles Gute auf deiner Reise mit deinem Mann. Du verlässt zwar deine Eltern, aber bitte, vergiss uns nicht.« Das hört sich aber sehr dramatisch an. Ich verzichte darauf, sie daran zu erinnern, dass wir uns in spätestens einer Stunde wiedersehen und ab morgen wieder unter einem Dach leben werden. Ich will mit meiner deutschen Unromantik diesen rührenden Moment zwischen Mutter und Tochter nicht stören.

Nach der Abschiedszeremonie steuere ich das Cabrio durch den Wochenendverkehr Shanghais in Richtung Yong'an-Hotel. Leider gibt es auf der Straße keine Sonderrechte für Hochzeitsautos und in der Spätnachmittagssonne lässt die Blumendekoration auf der Motorhaube sichtlich den Kopf hängen. Auch mein Kopf glüht in einem immer dunkler werdenden Rot. In der ganzen Aufregung habe ich wieder vergessen, mir Sonnencreme mitzunehmen. Aber wer denkt schon an sowas an seinem Hochzeitstag.

Als wir schließlich als Erste im Hotel angekommen sind und den dekorierten Festsaal sehen, der bis auf ein paar Kellner noch menschenleer ist, schaut Liping mich glücklich an.

»Wie gut, dass wir uns gegen den alten Tiger durchgesetzt haben. Ist es nicht wunderschön?« Ich sehe mich um. Das ist es tatsächlich. Die fünfzehn Tische sind an den Seiten entlang eines langen roten Teppichs aufgestellt, der den Raum in zwei Hälften teilt. Gesäumt ist der Teppich von roten Lampions, die mir und meiner Braut am Abend den Weg zur Bühne beleuchten werden. Die Bühne befindet sich am Kopfende des Saals. Vor einem großen rotweißen Stoffhintergrund prangt ein zwei Meter hohes »doppeltes Glück«. So oft, wie ich das heute gesehen habe, werde ich mit meiner Frau definitiv die glücklichste Ehe führen, die es je auf diesem Planeten gegeben hat.

Auf den Tischen stehen jeweils zehn Gedecke sowie ein großes Lilienbouquet. Kleine Fächer und Laternen, natürlich mit dem doppelten Glück verziert, runden das Bild ab. Obwohl die Gäste noch nicht da sind, spiegelt der ganze Raum schon in seinem leuchtenden Rot die Freude und das Glück des heutigen Tages wider. Wir ziehen uns in den Umkleideraum zurück, um die Ruhe vor dem Sturm zu genießen. Heute Abend erwartet uns ein straffes Programm, das sehe ich mit Blick auf den Organisationszettel.

»Zieh dich aus.« Inzwischen ist die kleine resolute Hochzeitsplanerin aufgetaucht und hat die Federführung übernommen. Ich schaue sie fragend an. »Es geht gleich los. Du musst jetzt dein Kostüm anziehen.« Achselzuckend fange ich an mich zu entkleiden. Offensichtlich hat sie in ihrem Leben schon viele Bräutigame in Unterwäsche gesehen. Als ich mich meines Anzugs entledigt habe, stülpt sie mir energisch das Seidenkostüm über. Liping ist derweil damit beschäftigt, der Stylistin das richtige Auftragen des Lidschattens zu erklären. Die Hochzeitsplanerin legt mir den Tiger-Gürtel um und setzt mir den schweren Hut auf den Kopf.

Ich höre draußen, dass der Saal sich schon gefüllt hat und die Gäste laut schnatternd den Beginn des abendlichen Hochzeitsempfangs erwarten. Ich habe keine Zeit, mich um meine Eltern zu kümmern, aber ich bin mir sicher, dass mein Schwiegervater oder einer seiner Freunde sie hierhin kutschieren wird. Zur Not haben sie ja die Übersetzungs-App. Gestern habe ich ihnen bereits mitgeteilt, dass die Eltern auf der Hochzeit auch eine wichtige Rolle spielen und sie einfach das tun sollen, was ich oder die Moderatorin des heutigen Abends ihnen sagen.

Als Erstes müssen meine Eltern und Schwiegereltern auf die Bühne, dann ich und zum Schluss meine Braut. Draußen ertönt Musik und Applaus und ich höre, wie die Moderatorin die Eltern der Braut und des Bräutigams ankündigt. Ich kann sie nicht sehen, aber ich kann mir vorstellen, wie sich meine Eltern jetzt fühlen müssen. Sie sind die einzigen Deutschen in einem Raum mit einhundertfünfzig gutgelaunten Chinesen. Sie verstehen nicht eine Silbe von dem, was um sie herum gesagt, gerufen und geflüstert wird. Sie sind erst seit drei Tagen in China und alles ist sowieso völlig anders, ganz zu schweigen von dieser verrückten Hochzeit. Ich öffne die Tür des Umkleideraums einen Spalt weit. Meine Eltern haben es tatsächlich auf die Bühne geschafft.

»Liebe Eltern, bitte verbeugen Sie sich vor den Gästen.« Meine Schwiegereltern tun wie ihnen geheißen. Ihre Köpfe berühren schon fast den Boden, während meine Eltern sich ratlos umsehen. Die Anweisung haben sie natürlich nicht verstanden. Als meine Schwiegereltern immer noch in ihrer ungemütlichen Position verharren, dämmert meiner Mutter, dass alle nur auf sie warten. Von meinem Beobachterposten aus sehe ich, wie sie meinen Vater anstupst und auf die Schwiegereltern zeigt. Dann machen sie es ihnen nach und verbeugen sich gehorsam vor der Hochzeitsgesellschaft. Die applaudiert begeistert und ich sehe, dass mein Schwiegervater sichtlich froh ist, sich wieder aufrichten zu können. Mit schmerzerfülltem Gesichts fasst er sich an die Hüfte.

Nun setzen sie sich auf die bereitgestellten Stühle und die Moderatorin ruft: »Nun kommt der gewichtigste Akteur des heutigen Abends.« Humor hat sie ja. »Begrüßt gemeinsam mit mir den Bräutigam. Heute ist sein letzter Tag in Freiheit und das muss gefeiert werden!«

»Raus mit dir!« Ich werde unsanft von hinten aus der Tür herausgeschoben und finde mich auf dem roten Teppich wieder.

Als die Gäste mich erblicken, rasten sie völlig aus. Solch eine Erscheinung sehen sie wahrscheinlich auch zum ersten Mal. Ein weißer Bräutigam in einem traditionellen chinesischen Seidenkostüm mit einer Kopfbedeckung, die so groß ist wie ein Kinderfahrrad.

Alle sind von ihren Stühlen aufgesprungen, zücken ihre Handys und lachen aus vollem Herzen. Ich fange an, die Aufmerksamkeit und den Jubel zu genießen. Wie auf dem Zettel steht, lege ich beide Hände ineinander, hebe sie in die Luft und verbeuge mich nach rechts und links, während ich langsam einen Fuß vor den anderen setze.

»Thomas, guck mal hierhin!«

»Bräutigam, lach mal!«

Jeder möchte ein perfektes Foto von mir haben. Gehorsam lächele ich in die Handykameras und bewege mich in Richtung Bühne. Dort angekommen, verneige ich mich jeweils vor meinen Eltern und Schwiegereltern und dann vor dem Publikum.

»Und jetzt stehen wir bitte alle auf.« Die Moderatorin, deren Festkleidung ebenfalls in einem hellen Rot leuchtet, ist sichtlich feierlich erregt. »Mein lieber Bräutigam, dies ist das erste Mal, dass du das Antlitz deiner Braut erblicken wirst.« Für den Showeffekt nicke ich gehorsam. »Wie fühlst du dich in diesem Moment?«

Ich nehme das Mikrofon in die Hand und teile ihr, wie vorher einstudiert, mit: »Ich bin mir sicher, dass meine Eltern eine hübsche und fleißige Braut für mich ausgesucht haben.« Die Gäste applaudieren amüsiert. Ich improvisiere hinterher: »Und sollte sie nicht besonders hübsch sein, dann muss ich wenigstens keine Angst haben, dass sie mir eines Tages wegläuft!« Die ganze Hochzeitsgesellschaft bricht in ein Lachen aus und der donnernde Applaus für meine kleine Showeinlage ist nur der Vorbote für das, was gleich kommen wird. In den Applaus mischen sich nun Trommelschläge, die immer lauter werden. Dann erklingen eine Art Fanfarenstöße. Es sind mehrere *Suonas*, die traditionellen chinesischen Holzblasinstrumente. Die hohen, durchdringenden Töne kündigen den Höhepunkt des Abends an, den Einzug der Braut. Schon kommt die Musikkapelle um die Ecke, angeführt von dem Trommler, der der großen Trommel, die um seine ausladenden Hüften gespannt ist, mit kräftigen Schlägen dumpfe Töne entlockt. Hinter ihm kommen die beiden Suonabläser, die mit aufgebauschten Wangen die Melodie des traditionellen chinesischen Hochzeitsliedes flöten. Mit zwei Becken gibt ein weiterer Musiker den Takt an, in dem sich die Kapelle zur Bühne bewegt.

Sie ist der musikalische Wegbereiter für die wichtigste Person dieses Abends. Mit schaukelnden Bewegungen kommen nun vier Männer in weißen Seidenanzügen und roten Zipfelmützen in den Raum. Auf zwei langen roten Stangen haben sie eine reich verzierte Sänfte geschultert. In diesem antiken Transportmittel sitzt Liping hinter einem blickdichten Vorhang. Dieser ist mit weißen Nähten kunstvoll verziert und an der Unter- und Oberseite mit goldenen Fransen umsäumt. Das Dach der kleinen quaderförmigen Kabine läuft spitz zu und endet in einem riesigen roten Stoffbausch. Die Sänftenträger bahnen sich langsam ihren Weg durch die johlende und vor Begeisterung fast ausflippende Hochzeitsgesellschaft nach vorn zur Bühne. So eine Hochzeit haben selbst unsere chinesischen Freunde und Verwandten noch nie erlebt. Das ist mal etwas anderes als die immer gleichen nicht richtig chinesischen, aber auch nicht richtig westlichen Hochzeiten in irgendwelchen gesichtslosen Hotels Shanghais. Ich schaue mich nach meinen Eltern um und lese auf ihren Gesichtern ein großes WAS MACHEN WIR HIER? Naja, zumindest werden sie etwas zu erzählen haben, wenn sie zurück in Deutschland sind.

Die Sänfte wird bewacht von zwei meterhohen Löwen, einem goldenen und einem roten. In jedem Löwenkostüm befinden sich zwei Tänzer. Zum Takt der Trommel und des Beckens bewegen sie den mächtigen Kopf des Tieres hin und her. Die Augen, Ohren und der Mund sind allesamt beweglich und lassen die Löwen sehr lebendig wirken. Vor allen Dingen die anwesenden Kinder klatschen begeistert in die Hände. Bei so viel Radau bin ich mir sicher, dass unsere Ehe mit viel Glück und vielen Kindern gesegnet sein wird. Vor der Bühne lassen die Träger erleichtert die Sänfte zu Boden. Der Vorhang bewegt sich leicht und eine zierliche Frauenhand wird sichtbar. Dann aber folgt ein riesiges rotes Etwas aus dem Innern der Kabine. Es ist die überdimensionale Kopfbedeckung von Liping.

In den Minuten, die ich hier auf der Bühne verbracht habe, hat meine Kopfbedeckung mich schon fast erdrückt. Aber der Kopfschmuck von Liping ist mindestens doppelt so groß wie meiner. Verdeckt wird ihr Kopf und Gesicht von einem Seidentuch, das fast so groß ist wie eine Tischdecke und natürlich auch mit dem »doppelten Glück« bestickt ist. Noch immer habe ich das Antlitz meiner Braut nicht sehen können, doch ich weiß auch jetzt schon, dass sich unter dem Tuch die schönste Frau im ganzen Raum, ja auf der ganzen Welt, befindet.

Als sie auf der Bühne steht, reicht die Moderatorin mir einen rot-goldenen Stab mit einem kleinen silbernen Haken dran.

»Nun, lieber Bräutigam, hast du die Ehre, den Schleier des Geheimnisses zu lüften.«

Vorsichtig führe ich den Stab zum Seidenschleier und will ihn lüften, als Liping sich, wie vorher einstudiert, verspielt von mir abwendet. Noch will sie mir und den anwesenden Gästen ihr Gesicht nicht zeigen. Nach einigen Versuchen gelingt es mir dann doch, den Schleier mit einer theatralischen Bewegung von ihrem Kopf zu ziehen.

Auch wenn wir seit nunmehr fast zwei Jahren ein Paar sind, hat dieser Moment doch etwas Magisches. Als der Schleier das Gesicht meiner Braut freigibt, fühlt es sich tatsächlich so an, als würde ich zum ersten Mal ihre wahre Schönheit sehen. Ihre Augen glänzen in einem noch tieferen Schwarz als sonst. Die Wangen schmückt ein zartes Rosarot und der blutrote Lippenstift betont ihre Lippen wunderbar. Sie lächelt mich fast schüchtern an.

Die Moderatorin reicht uns zwei hölzerne Becher mit *baijiu*, wir kreuzen unsere rechten Arme übereinander und schütten das starke Getränk hinunter.

Der Rest des Abends vergeht wie im Traum. Ich trinke alle möglichen Fruchtbarkeitsgetränke, schnüre Fäden als Symbol für unsere zukünftige Verwobenheit zusammen, verbeuge mich unzählige Male in alle Himmelsrichtungen und wechsele mit Liping mehrmals im Laufe des Abends unser Outfit. Zu unserem Glück werden die Kostüme bei jedem Wechsel leichter und unkomplizierter.

Im letzten Drittel der Feierlichkeit betritt der Alte Zhu die Bühne und nimmt das Mikrofon in die Hand. Als Brautvater hat er die Pflicht, eine Rede zu halten. Er ist zwar ein starker Mann, aber das Scheinwerferlicht und die Aufmerksamkeit aller Anwesenden machen ihn doch nervös.

»Hmhmhm«, räuspert er sich hörbar ins Mikrofon.

»Liebe Gäste, heute ist ein ganz besonderer Tag für uns und unsere Familie.« Er blickt sich um und zeigt auf den Tisch, an dem meine Eltern zusammen mit den Schwiegereltern platziert sind. »Meine Tochter heiratet.« Als er diesen Satz ausgesprochen hat, werden seine Augen feucht. Das ist im grellen Scheinwerferlicht auch vom letzten Platz aus zu sehen. »26 Jahre habe ich sie aufwachsen sehen, sie behütet und beschützt und jetzt will sie nicht mehr, dass ich der einzige Mann an ihrer Seite bin.« Er grinst schief. Doch ich weiß, dass diese scherzhafte Bemerkung für ihn viel Wahrheit beinhaltet. »Ich hoffe wirklich, dass der neue Mann an ihrer Seite sie gut behandelt und sie in guten und schlechten Zeiten begleiten und behüten wird.« Dann folgt eine endlose Aufzählung über die Pflichten eines guten Ehemannes. Ich sehe, dass meine Schwiegermutter ihr Handy gezückt hat. Wahrscheinlich nimmt sie seine Rede auf, um sie ihm bei gegebenem Anlass noch einmal vorzuspielen und ihn an seine eigenen Worte zu erinnern.

»Und nun bitte ich euch: Trinkt und esst, soviel ihr nur könnt. Nicht, dass später die Leute auf der Straße rumerzählen, dass die Gäste des Alten Zhu nicht satt nach Hause kommen.« Er erhebt sein Weinglas. »Trocknet die Gläser!« Die Gäste heben alle ihre Gläser in die Höhe und antworten ihm wie aus einem Munde »*Gan bei!*«

Ganz zum Schluss der Feierlichkeit müssen wir an jeden Tisch gehen, um uns bei den Gästen zu bedanken und mit ihnen anzustoßen. Dabei werden rote Umschläge als Hochzeitsgeschenk überreicht. Auf jedem *hongbao* ist säuberlich der Name des Schenkenden vermerkt, damit meine Schwiegermutter diesen samt Betrag in ihr Notizbuch schreiben kann, um in Zukunft ja den richtigen Betrag zurückzuschenken. Wir machen uns gerade bereit dazu, als Liping mir ins Ohr flüstert: »Ich habe noch eine Überraschung für dich.«

Dann steigt sie die zwei Stufen zur Bühne hinauf. Aus den Lautsprechern ertönen die sanften Klänge einer wunderschönen chinesischen Liebesballade. Meine Frau hat inzwischen eine lavendelblaue Qipao an. Das Kleid mit dem hohen Kragen ist mit rosafarbenen Lotusblüten verziert. Ihr Haar ist kunst-

voll geflochten und die Ohren schmücken weiße Perlenohr-
ringe.

Liping ist eine wunderbare Sängerin. Das Lied, das sie nun
auf der Bühne für mich singt, passt zu uns.

你是我最重要的决定

Du bist die wichtigste Entscheidung meines Lebens

我愿意 每天在你身边苏醒

Ich möchte den Rest des Lebens an deiner Seite aufwachen

就连吵架也很过瘾 不会冷冰

Selbst mit dir zu streiten macht mich glücklich.

因为真爱没有输赢只有亲密

In der Liebe gibt es kein Verlieren und Gewinnen,
es gibt nur Vertrauen und Nähe.

Die Tränen, die dabei ihre Wangen herunterlaufen, erzählen
mir vom Glück, dass wir es gemeinsam bis zum heutigen Tag
geschafft haben – trotz aller Schwierigkeiten. Auch wenn sie
singt, dass es in der Liebe kein Gewinnen und Verlieren gibt,
so fühle ich mich doch als Gewinner. Ich kann es immer noch
nicht richtig glauben. Diese wunderschöne Frau auf der Studentenparty damals, die so unerreichbar schien, steht jetzt auf
der Bühne und singt ein Liebeslied nur für mich.

Als die letzten Töne verklingen, stürme ich auf die Bühne,
fasse sie um die Hüfte und wirbele sie herum. Die Gäste sind
ebenso berührt wie ich und applaudieren leise, während ich
sie zärtlich auf ihre Lippen küsse.

Damit neigt sich unser berührender, lustiger und chaotischer
Hochzeitstag dem Ende zu. Wir erheben unsere Gläser, um uns

bei allen Gästen persönlich zu bedanken. Zunächst nähern wir uns dem Tisch, an dem die Freunde des Vaters sich satt gegessen haben und sich nun dem *baijiu* widmen. Da die ursprüngliche Gästeliste des Alten Zhu stark dezimiert werden musste, sind die Männer ohne ihre Frauen da, was sie ungezügelt genießen.

»Ach, Thomas«, der Alte Gao nimmt seine Sonnenbrille mit einem Ruck von der Nase. Er steht auf und nestelt an seiner Goldkette. »Weißt du noch, wie wir uns damals das erste Mal in der Tiefgarage getroffen haben?« Er wedelt mit der Zigarette in der Luft, als wolle er damit meiner Erinnerung auf die Sprünge helfen. Da er schon einiges an *baijiu* intus hat, muss er sich festhalten, um nicht das Gleichgewicht zu verlieren.

»Ja, den Abend werde ich wohl nie vergessen«, antworte ich ihm wahrheitsgemäß.

»Und nun sind wir Gäste auf deiner Hochzeit. Wie die Zeit nur vergeht. Hier bitte, eine kleine Aufmerksamkeit von mir.« Damit reicht er uns einen prall gefüllten *hongbao*. »Entschuldige, dass es so wenig ist. Meine Frau hat nicht mehr rausgerückt.« Seine Freunde brechen in brüllendes Gelächter aus, wir wissen aber alle, dass er die Wahrheit sagt. Die Shanghaier Haushaltsfinanzen werden alle von den Damen des Hauses verwaltet. An der Dicke des Umschlags kann ich jedoch sehen, dass die Frau des Alten Gao nicht knausrig uns gegenüber war.

Ich reiche den Umschlag an meinen Schwiegervater weiter, der sich zu uns gesellt hat. Er hat für diese Hochzeit schließlich ein Vermögen gezahlt und dafür bekommt er die roten Umschläge der Gäste, die er eingeladen hat. »Der Alte Wang hat die Frechheit besessen, mir nur 800 Yuan zukommen zu lassen«, flüstert er uns zu. Ich erinnere mich gut an den Geschäftspartner meines Schwiegervaters, der damals schon versucht hat, sich mit billigen »Reiskorn«-Zigaretten bei ihm einzuschmeicheln.

Der Alte Gao klatscht sich auf den Bauch und hebt sein Glas. »Und jetzt, Thomas, stoß mit uns an!« Ich habe eine große Abneigung gegen das starke Getränk in den Gläsern. Aber an meinem Hochzeitstag kann ich keine Lebererkrankung vorschieben. Da muss ich wohl durch. Als ich nach dem Glas greifen will, kommt mein Schwiegervater mir zuvor.

»Nein, alter Freund, mein Schwiegersohn trinkt keinen Alkohol. Ich vertrete ihn. Schließlich muss er heute Nacht noch den Pflichten eines frischgebackenen Ehemanns nachkommen.« Damit greift er sich das Schnapsglas und leert es mit einem Zug.

Diese Prozedur wiederholt sich an allen Tischen. Liping und ich stoßen mit klarem Wasser an und er leert die Schnapsgläser für uns.

So langsam wird der Saal leerer und ich habe endlich die Gelegenheit, zum ersten Mal an diesem Abend die Toilette aufzusuchen. Als ich den schwach beleuchteten Raum betrete, sehe ich meinen Schwiegervater an einem der Pissoirs stehen. Mit der freien linken Hand hält er sich an der Wand fest. Die vielen *baijius* des heutigen Abends haben seinen Gleichgewichtssinn etwas außer Kontrolle gebracht. Ich stelle mich direkt neben ihn und öffne den Reißverschluss meiner Hose. Wie so oft in gehobeneren Restaurants in Shanghai ist das Pissoir mit Eiswürfeln gefüllt. Das verringert den Geruch und sorgt für ein interessantes Knacken, wenn die warme Körperflüssigkeit auf das kalte Eis trifft. Mein Schwiegervater schaut mich mit einem sichtlich vernebelten Blick an.

»Du bist es also. Thomas, mein neuer Schwiegersohn.« Na, zumindest hat er mich erkannt.

»Ich muss dir, also, sagen muss ich dir was.« Mit seiner freien Hand will er eine Geste machen, muss sich aber sofort wieder an der Wand festhalten, weil er sonst das Gleichgewicht verloren hätte.

»Schwiegersohn also. Bin ich auch. War ich auch. Jetzt sind wir beide Ehemänner.« Ich versuche mir einen Reim aus dem Gelallten zu machen. »Ich kenne dich jetzt. Am Anfang dachte ich, du bist Ausländer.« Das dachte er nicht nur, das bin ich tatsächlich.

»Aber jetzt weiß ich, dass du auch gut bist. Du kannst für meine Tochter und meine Enkel, also deine Kinder, gut sein. Das weiß ich.«

So stehen wir da, bringen das Eis zum Schmelzen und er redet weiter auf mich ein.

Als wir fertig sind, klopft er mir auf die Schulter. »Herzlichen Glückwunsch. Alles gut.« Wofür die Glückwünsche sind, weiß ich nicht ganz genau, aber ich glaube, dass er mir mitteilen will, dass ich das Zeug zu einem guten Ehemann und Familienvater habe. Danach und bei nüchternem Zustand wird ein derartiges Lob nie wieder über seine Lippen kommen. Das ist mir in diesem Moment bereits völlig klar. Dankbar lasse ich daher diese Szene auf mich einwirken und mich berauschen. Ich wiederhole die diffusen Sätze immer wieder in meinem Kopf, und jedes Mal wirken sie noch berührender auf mich. Im Wein liegt die Wahrheit, sage ich mir und lächle. Denn jetzt weiß ich, dass das alles nicht umsonst war.

金窝银窝不如自己的狗窝

DES NACHBARN PALAST IST NICHTS GEGEN DIE EIGENE HUNDEHÜTTE

Die Hochzeitsnacht verbringen wir im Hotel, um zumindest ein wenig Privatsphäre zu haben und den ersten Tag des neuen Lebensabschnitts gebührend zu begehen. Nachdem wir uns ausgeschlafen haben, sprechen Liping und ich beim Hotelfrühstück über unsere Zukunft.

»Wir müssen schnellstmöglich ausziehen.« Ich genieße seit langer Zeit zum ersten Mal wieder ein frisches Croissant mit saftigem Kochschinken. Dazu einen duftenden, frischgebrühten Kaffee.

»Gib Gas mit deiner Abschlussarbeit. Wenn du mit dem Studium fertig bist, können wir sofort ausziehen.« Sie schlürft genüsslich ihre Nudelsuppe, in der große Rindfleischstücke schwimmen. Garniert ist die warme Suppe mit Schnittlauch und Koriander. Bei aller Aufgeschlossenheit gegenüber chinesischen Essgewohnheiten kann mein deutscher Magen mit heißer Suppe am frühen Morgen immer noch nichts anfangen.

»Ich denke, in ein, zwei Monaten bin ich fertig. Dann suche ich mir einen gutbezahlten Job und wir uns unser erstes eigenes Heim.«

Seit einem Jahr träumen wir davon, ein eigenes Heim zu haben. Das wird auf keine Widerstände treffen, denn ein eigenes Zuhause zu haben, ist in China unheimlich wichtig. Meistens ist die Familie des Bräutigams dafür zuständig, vor der Hochzeit dafür zu sorgen, dass das Paar ein Dach über dem Kopf hat. Das ist sozusagen die Mitgift dafür, dass man die Tochter bekommt. Eine sehr teure Mitgift.

Die Quadratmeterpreise in Shanghai lassen sich mit keiner Stadt in Deutschland vergleichen. Meine Schwiegereltern leben etwa 15 Kilometer vom Stadtzentrum entfernt. Für ihre 130m²-Wohnung haben sie umgerechnet mehr als 9000 Euro pro Quadratmeter bezahlt. Das ist mehr, als man in den besten Lagen Münchens hinblättert. Nicht auszudenken, was wir bezahlen müssen, wenn wir ein wenig näher am Stadtzentrum wohnen möchten. Hinzu kommt, dass man eigentlich nur ein 70-jähriges Nutzrecht an der Wohnung kauft, so ähnlich wie ein Wohnrecht in Deutschland. Theoretisch gehört die Immobilie der Volksrepublik China. Was nach siebzig Jahren geschieht, weiß allerdings keiner. Seit dem Schaffen dieser Regelung ist noch nicht einmal ein Jahrzehnt vergangen.

Da in unserem Fall meine deutsche Mittelstandsfamilie natürlich nicht in der Lage ist, uns eine Mitgift in Form einer millionenteuren Wohnung mitzugeben, müssen wir uns selbst zu helfen wissen.

»Ein Geschäftspartner von mir hat eine Mietwohnung, die zurzeit leer steht. Ich habe sie mir angeguckt. Sie wird euch sicher gefallen.«

Als wir am Nachmittag zurück in der schwiegerelterlichen Wohnung sind, hat der Alte Zhu anscheinend schon alles geregelt.

»Aber Papa…«, will Liping ihm widersprechen.

»Kein aber! Um die Miete müsste ihr euch keine Sorgen machen, die übernehme ich.«

Es ist Zeit für einen Strategiewechsel. Da ich jetzt mit Brief und Siegel offizieller Schwiegersohn bin, ergreife ich das Wort.

»Papa, wir sind dir sehr dankbar für deine gute Absicht. Aber wir werden uns selber eine Wohnung suchen und wir werden sie auch selber bezahlen. Wir sind schließlich schon erwachsen.«

Mein Schwiegervater schaut mich erstaunt an und ich spüre Lipings stolzen Blick von der Seite. Wir haben uns am Morgen geschworen, keine Hilfe vom Alten Zhu anzunehmen, um ihm ja nicht das Gefühl zu geben, dass wir ihm etwas schulden. Wir werden ihm schon beweisen, dass seine zwei Tigerjungen sich

in der Großstadtwildnis namens Shanghai selber gut durch-
schlagen können.

……

»Kommt bald wieder!«

»Und ihr kommt bitte nach Deutschland!«

Drei volle Stunden vor ihrem Abflug nach Frankfurt stehen
wir am Flughafen Pudong. Meine Eltern und Schwiegereltern
tauschen begeistert ihre Einladungen und Gegeneinladungen
aus.

»Das war eine tolle Zeit hier, Thomas. Übersetz das mal«,
sagt meine Mutter. Ich tue es und der Alte Zhu strahlt glücklich
wie ein kleines Kind unterm Weihnachtsbaum. In den Tagen
nach der Hochzeit hat er meine Eltern wieder in die besten
Restaurants der Stadt ausgeführt, ihnen die ein oder andere
Massage spendiert und sie mit Abschiedsgeschenken in Form
von Teekannen, Gemälden, Schnitzereien und unzähligen anderen chinesischen Souvenirs überhäuft. Er kann sich sicher
sein, dass meine deutsche Großfamilie von meinen Eltern nur
Positives über ihn hören wird. Damit hat er sein Ziel erreicht.

»Wir kommen bestimmt mal nach Deutschland«, sagt er voller Vorfreude und mit einem leichten Schaudern übersetze ich
seine Worte. Wenn er nach Deutschland kommt, dann komme
ich nicht drumherum, als sein Reiseführer, Simultan-Überset-
zer und persönlicher Assistent mitzukommen. Ich hoffe, dass
Deutschland seinen zukünftigen Besuch unbeschadet überste-
hen wird.

»Wir gehen dann mal rein, nicht dass der Flieger ohne uns
wegfliegt.« Ich blicke auf die Uhr. Noch zweieinhalb Stunden
bis zum Abflug.

Winkend stehen wir an dem Kontrolltor und ich seufze erleichtert auf. Jetzt will ich mich ganz auf den schnellen Abschluss meines Studiums konzentrieren.

......

Zwei Monate später – nach einem kurzen Abstecher nach Deutschland, um meine Prüfungen zu absolvieren und mein Abschlusszeugnis zu bekommen – kann ich endlich anfangen, mir in Shanghai einen Job zu suchen. Ich muss dem Alten Zhu beweisen, dass ich ein nützlicher Schwiegersohn bin. Nach der Hochzeit hat er zwar nur hin und wieder geknurrt, doch handzahm ist er noch längst nicht. Außerdem möchten wir so schnell wie möglich in unser erstes gemeinsames Zuhause einziehen. Doch die Sache mit dem Job ist schwieriger als gedacht, da frische Uni-Absolventen in Shanghai wie Sand am Meer zu finden sind. Die Konkurrenz mit in- und ausländischen Bewerbern ist sehr groß.

Was sollen wir tun? Wir entscheiden uns dazu, trotzdem schon auszuziehen. Denn wie die Chinesen so schön sagen, auch wenn sie im Vergleich klein und schäbig ist, so geht die eigene Hundehütte doch immer über die goldene Hütte anderer Leute. Und Lipings Gehalt reicht gerade so, um eine kleine Wohnungsmiete und die allernötigsten Lebenshaltungskosten zu decken.

Nach wochenlangem Suchen finden wir eine schöne kleine Wohnung für einen akzeptablen Mietpreis. Unser erstes gemeinsames Zuhause befindet sich weit oben im 32. Stock eines Shanghaier Hochhauses etwa 15 Minuten Autofahrt von der Wohnung meiner Schwiegereltern in Richtung Stadtzentrum entfernt.

Als Gesellschaft adoptieren wir zwei kleine Katzenbabys, die im Ankleidezimmer ihr neues Zuhause finden. Wir nennen sie

Mianbao (Brot) und Mantou (Dampfnudel). So passen sich unsere Katzen zumindest dem Namen nach perfekt in unseren deutsch-chinesischen Haushalt ein.

Nachdem wir vier uns in der Wohnung eingelebt haben, möchten wir die Schwiegereltern gerne zum ersten offiziellen Abendessen in unsere neue Wohnung einladen.

Ich rufe den Alten Zhu an.

»Hallo Papa, kommt ihr am Samstag zum Abendessen in unsere neue Wohnung?«

»Nein.« Das war deutlich.

Verwundert kratze ich mich am Kopf und krame in meinem Gedächtnis. Hat »Nein« im Chinesischen vielleicht noch eine andere Bedeutung? Aber es fällt mir keine andere ein. Nein heißt einfach nur Nein.

»Nein?«, frage ich vorsichtig nach.

»Ich gehe nicht in die Wohnung von fremden Leuten. Aber deine Schwiegermutter kommt bestimmt. Ich sage ihr Bescheid.« Damit legt er auf und ich halte verwundert mein Handy in der Hand.

»Was ist denn mit dem los?« Da ist er wieder, der von mir so gefürchtete Tiger, und fletscht seine Zähne. Und ich weiß wieder einmal nicht, was der Grund dafür ist und wie ich ihn besänftigen kann.

»Wir wohnen in einer Mietwohnung«, erklärt Liping mir. »Und für alte Chinesen ist das nicht unsere Wohnung, sondern die des Vermieters. Deshalb sagt er, dass er nicht in die Wohnung von fremden Leuten geht.«

»Aber heißt das dann, dass er uns ein Leben lang nicht besuchen wird, nur weil wir uns keine eigene Wohnung leisten können?«

Liping zwinkert mir zu. Ich fühle mich zurückversetzt in das Hotelzimmer vor dem ersten Abendessen im Hause meiner

Schwiegereltern. Wieder hat sie dieses Wir-schaffen-das-schon-Lächeln in ihrem hübschen Gesicht.

»Ich habe schon einen Plan.«

Auch wenn der Schwiegervater nun unserer Beziehung zustimmt und auch (zwar betrunken, aber immerhin) zugegeben hat, dass ich ein akzeptabler Schwiegersohn bin, sind seine Launen und Gedanken für mich immer noch schwer zu fassen. Das geplante Abendessen in unserem neuen Zuhause verbringen wir also nur zu dritt mit meiner Schwiegermutter, doch ab diesem Tag beginnt Liping mit der Ausführung ihres Planes.

Wie auch in Deutschland hat sich in China ein in meinen Augen sehr zeitraubendes Übel aufgetan. In Deutschland sind es WhatsApp-Gruppen, in China WeChat-Gruppen. Abgesehen von dem unterschiedlichen Namen haben sie dieselbe Funktion. Nämlich, dass Hausfrauen und unterbeschäftigte Büroangestellte sich gegenseitig witzige Videos und anzügliche Sprüche zuschicken können. Ich lösche und blockiere Gruppen dieser Art im selben Moment, in dem mich jemand zur Gruppe hinzufügt. Doch um nicht als grummeliger asozialer Einsiedler zu gelten, muss ich zumindest die Familiengruppen auf beiden Plattformen respektieren.

Ab sofort poppen in der WeChat-Gruppe unserer vierköpfigen Familie jeden Abend Fotos von unseren süßen Katzenbabys auf. So geht das über mehrere Wochen, und Liping gibt sich Mühe die Kätzchen in unserer Wohnung aus jedem erdenklichen Winkel zu fotografieren, um sie bestmöglich in Szene zu setzen.

Da wir den Alten Zhu trotz und alledem gerne ab und zu sehen möchten, fahren wir mindestens einmal in der Woche zum Abendessen in die Wohnung meiner Schwiegereltern.

So auch an diesem Abend.

Ich habe inzwischen eine Praktikumsstelle bei einer kleinen chinesischen Werbeagentur gefunden. Das Praktikum ist zwar unterirdisch schlecht bezahlt, doch ich bin froh, überhaupt etwas für den Übergang gefunden zu haben.

»Und wieviel verdienst du so im Monat?« Der Alte Zhu lässt mich wieder seinen Messermund spüren, denn er weiß ganz genau, dass bei so einem Praktikum das Gehalt sehr niedrig ist.

Ich kaue verdächtig lange auf meinem Stück Rindfleisch herum. Liping nickt mir aufmunternd zu. Schließlich wollen wir ihm beweisen, dass unser Glück nicht von unseren Finanzen abhängt.

»Also, nach Steuern und, äh, also da gibt es noch andere Abzüge, komme ich auf etwa, also rund, hm, 3000 Yuan.« Die Zahl sage ich sehr schnell und schiebe sofort einen Löffel Reis in meinen Mund in der Hoffnung, das Thema würde sich damit erledigen. Denn die umgerechnet knapp 400 Euro sind selbst für chinesische Verhältnisse sehr wenig.

Der Alte Zhu erhebt sich, um eine Zigarette zu rauchen. Doch eine letzte Bemerkung kann er sich nicht verkneifen.

»Das reicht nicht einmal für eine Partie Mah-Jongg. Wie kann man nur von so wenig leben?«

Damit verabschiedet er sich und geht vor sich hin grummelnd in den Flur. Liping, die mir gegenübersitzt, zuckt mit den Schultern, als perle das alles nur so an ihr ab. Mich schmerzt die Bemerkung zwar, aber ich werde nicht klein beigeben.

»Dem beweisen wir es schon noch!«, sage ich ihr und stehe auf, um nach dem üppigen Abendessen meinen Kreislauf wieder in Schwung zu bringen.

Meine Schritte führen mich ins Büro des Schwiegervaters. Auf dem Tisch liegen zwei Fotoalben mit alten Familienfotos.

Ich schlage eines auf und sehe, dass es sich um Hochzeitsfotos meiner Schwiegereltern handelt. Lipings Mutter war damals mindestens so attraktiv wie heute und sieht im weißen Hochzeitskleid sehr vornehm aus. Sie hat eine für die damalige Zeit sehr moderne Dauerwelle mit einer weißen Rose darin. Im Unterschied zu uns haben sie westlich geheiratet. Das war damals gerade Trend. Mein Schwiegervater ist auf den Fotos um einiges schlanker als heute, und man sieht unter dem schwarzen Anzug die kräftigen Muskeln eines jungen Tigers. Er hat den Mund zu einem Lächeln geöffnet und seine blitzweißen Zähne kommen selbst auf dem vergilbten Papier noch gut zur Geltung. Ich schließe das Album, um es mit ins Wohnzimmer zu nehmen. Das hat Liping bestimmt auch schon lang nicht mehr gesehen. Auf der Vorderseite ist das doppelte Glück aufgemalt. Darunter steht handschriftlich vermerkt: *07. Dezember 1988.*

»Schau mal, Liping. Die Hochzeitsalben deiner Eltern!«

Wir setzen uns auf das harte Sofa und betrachten amüsiert und interessiert die Bilder. Dort sehe ich auch zum ersten Mal Bilder von Lipings Großeltern.

»Gut, dass du den Vater meines Vaters nicht mehr kennengelernt hast, besser gesagt, er dich.«

Ihr Großvater väterlicherseits war überzeugter Kommunist. Wenn er wüsste, dass sich seine Enkeltochter mit einem Ausländer eingelassen hat, würde er sich wahrscheinlich im Grabe umdrehen.

»Dem weißen Teufel breche ich beide Beine, wenn er sich noch einmal in meinem Hause blicken lässt.« Liping imitiert die Stimme ihres Großvaters und ich lache auf. Das hätte ich zu gerne erlebt.

Der Alte Zhu hat seine Nikotinsucht inzwischen kurzfristig befriedigt und sich zu uns gesellt. Er schaut sich die Fotos an und schwelgt lächelnd in Erinnerungen.

»Siehst du, das war mal eine richtige Hochzeit, nicht so eine mickrige wie eure! *Wir* hatten damals 300 Gäste, das war ein richtiges Spektakel.«

Ein Spektakel war unsere Hochzeit auch, ich habe aber keine Lust, mit ihm darüber zu diskutieren. Mittlerweile ist es meine Taktik, zu seinen Aussagen einfach bestätigend zu nicken. Damit fährt man am besten. Als wir auf der letzten Seite angekommen sind, klappt Liping das Fotoalbum zu. Sie streicht über die Vorderseite, um ein Staubkörnchen wegzuwischen.

»Hochzeit. 07. Dezember 1988«, liest sie laut vor. Das rote Hochzeitsbüchlein ist vorne im Album eingeklebt. Die standesamtliche Hochzeit und die Hochzeitszeremonie meiner Schwiegereltern fielen auf einen Tag.

»Moment, da stimmt doch was nicht.« Sie zählt etwas an ihren Fingern ab. »...sechs, sieben, acht. Acht Monate.«

Sie schaut ihre Eltern fragend an. Die schauen ganz unschuldig zurück. »Wie kann es sein, dass zwischen eurer Hochzeit und meinem Geburtstag nur knapp acht Monate liegen?« Mein Schwiegervater kramt nervös in seiner Brusttasche nach der Zigarettenpackung.

»Ähm«, Lipings Mutter wischt ihre ohnehin sauberen Hände an der Schürze ab. »Du bist einfach zu früh gekommen. Ja genau, du bist ein Frühchen.«

»Und warum hat Tante Wang letztens gesagt, dass ich zehn Tage nach dem geschätzten Geburtstermin gekommen bin?«

Der Alte Zhu nimmt die letzte Zigarette aus der Schachtel und zerdrückt die leere Packung in seiner kräftigen Hand.

»Ja, das stimmt. Das hat sie letztens beim Essen gesagt«, pflichte ich Liping bei.

Ich schaue meinen Schwiegervater an und fürchte, dass uns gleich dasselbe Schicksal wie die zerknüllte Zigarettenschachtel in der Hand des Alten Zhu ereilen wird. Allerdings greift der Tiger erstaunlicherweise nicht an. Mit einem Fauchen und einem grimmigen Blick trollt er sich.

»Also, ja, für solchen Kinderkram habe ich jetzt keine Zeit. Ich habe noch ein ganz wichtiges Telefonat zu führen.«

Mit einem Knall ist er aus der Tür raus. Wir hören, wie er im Flur sehr laut und deutlich mit einem imaginären Gegenüber telefoniert. Die Schwiegermutter indes besteht darauf, dass Liping ein Frühgeborenes war, und so lassen wir das Thema auf sich beruhen. Doch Liping und ich grinsen uns an. Hätten wir das nur früher gewusst, dann hätte meine Begegnung mit dem zornigen Tiger damals in Lipings Zimmer wahrscheinlich anders ausgesehen.

»Ich bringe euch nach Hause. Die Taxis sind auch nicht mehr das, was sie mal waren. Es ist schon spät und zu unsicher für euch, alleine nach Hause zu fahren.« Der Alte Zhu hat sein wichtiges Telefonat inzwischen beendet. Fragend schaue ich Liping an. Seit ich meinen Führerschein habe, hat er uns schon lange nicht mehr durch Shanghai kutschiert. Doch wie so oft bleibt uns nichts anderes übrig, als achselzuckend zuzustimmen.

Als wir vor unserem Wohnblock ankommen, merke ich, dass er keine Anstalten macht, zurückzufahren.

»Ich parke das Auto eben kurz. Ich komme mit hoch in die Wohnung. Will mal sehen, ob mit den kleinen Kätzchen alles in Ordnung ist.«

Ich will ihm entgegnen, dass die Katzen doch in der Wohnung von fremden Leuten leben, lasse es aber um des lieben Friedens willen sein. Liping wirft mir einen triumphierenden Blick zu. Das ist sie – die Macht der süßen Katzenbabys, die selbst den größten Tiger früher oder später schnurren lässt. Das war eine super Taktik von Liping und ein schneller Sieg von uns.

Seit diesem Abend besucht er uns häufiger auf unserem Berg im 32. Stock. Mehr wollen wir ja gar nicht. Doch wir ahnen nicht, dass meine Schwiegereltern ihrerseits längst einen Angriffsplan entwickelt haben, den Berg wieder zurückzuerobern. Und dieses Mal kämpft der Tigervater nicht allein.

......

Irgendwie kann ich spüren, dass das heimelige Leben mit Kätzchen und Frau in der eigenen Wohnung nur die Ruhe vor dem Sturm ist. Doch noch ist alles ruhig und so genießen wir die Zeit in unserem neuen Heim ungetrübt. Nach den anstrengenden Monaten haben wir uns eine Verschnaufpause redlich verdient. Nach Feierabend und an Wochenenden erkunden wir alle Ecken Shanghais, schauen uns Serien und Filme an und kochen gemeinsam. Wir genießen die Zeit sehr, auch wenn wir auf unsere Ausgaben achten müssen. Ein bis zwei Mal in der Woche treffen wir uns mit meinen Schwiegereltern zum Essen. Meine Schwiegermutter kommt häufig vorbei, doch sie interessiert sich gar nicht sonderlich für uns. Wenn sie die Katzen ausreichend gestreichelt und genug Selfies mit ihnen geschossen hat, verabschiedet sie sich meistens wieder schnell.

Doch an diesem Abend bleibt sie länger als sonst. Mir ist es recht, denn sie ist ein anspruchsloser Gast und eine angenehme Gesprächspartnerin. Nur heute ist sie ein wenig anders. Wir drei sitzen auf dem Sofa und gucken den Katzen zu, wie sie sich sorgfältig reinigen.

»Thomas, hast du abgenommen?«

Das ist schon mal ein seltsamer Gesprächsaufhänger.

»Äh, nein. Also nicht absichtlich. Vielleicht ein bisschen.«

Ich nehme einen Schluck von meinem heißen Wasser.

»Das sieht aber stark danach aus. Bestimmt bist du müde vom Babymachen.« Leicht anzüglich bewegt sie ihre Augenbrauen auf und ab. Liping und ich verschlucken uns gleichzeitig an unserem heißen Getränk.

»Wir haben noch nicht über Kinder nachgedacht«, hustet Liping Wort für Wort hervor.

»Aber gerade wurde doch die Ein-Kind-Politik abgeschafft. Wenn ihr euch zu viel Zeit lasst, schafft ihr es nicht mehr mit zwei Kindern. Du bist auch nicht mehr die Jüngste, Liping.«

Die schaut ihre Mutter böse an.

»Ich bin 26, Mama. Wenn ihr unbedingt ein Baby wollt, könnt *ihr* ja noch eins machen. Die neue Zwei-Kind-Politik gilt schließlich auch für euch.«

»Ach, komm schon. Sei nicht albern. Ich werde auch nicht jünger. Wenn ich euch später helfen soll, auf die kleinen Racker aufzupassen, dann müsst ihr euch echt beeilen. Ich bin schon in den Wechseljahren.«

»Ja, und das merkt man auch ganz deutlich. Wir werden dann Eltern, wenn wir es wollen. Und damit ist das Thema erledigt.«

Ein wenig beleidigt nimmt Lipings Mama Mantou auf den Arm und schaukelt den Kater sachte hin und her. Sie summt die Melodie des bekannten chinesischen Kinderlieds »Schaukel, schaukel bis hin zu Großmutters Brücke« und der Kater schnurrt zufrieden in ihren Armen.

Liping verdreht die Augen, doch ihre Mutter singt unbeirrt weiter.

Früh am nächsten Morgen klopft es energisch an der Wohnungstür. Ich öffne verschlafen und sehe meine Schwiegermutter vollbepackt auf der Schwelle stehen.

»Ich habe Mittagessen für euch gekocht«, verkündet sie freudestrahlend und trägt die Stofftaschen an mir vorbei in die

Wohnung. Liping kommt aus dem Schlafzimmer und schaut ihre Mutter fragend an.

»Mama, was machst du denn hier so früh am Morgen?«

»Ich hatte heute nichts zu tun und dachte, ich koche euch was Schönes.«

Ich drehe mich zu Liping um. »Wechseljahre«, flüstert sie mir zu und tippt sich mit dem Finger auf die Stirn. Nun denn, wenn sie jetzt schon da ist, dann können wir auch das Frühstück überspringen und mit ihr direkt zu Mittag essen. Sie ist ja eine gute Köchin und ich esse ihre Küche gerne. Meine Schwiegermutter fängt damit an, die Glasbehälter auszupacken und stellt die fertiggekochten Speisen auf den Esstisch.

»Ich habe heute leider keine Schildkröte mehr bekommen, aber deine Tante besorgt mir in den nächsten Tagen eine.«

Schildkröte? Ich habe in meinem Leben noch nie eine gegessen und habe es auch nicht vor.

»Was willst du denn mit einer Schildkröte? So etwas hast du ja noch nie gekocht.« Ich folge ihr in die Küche.

»Naja«, sie druckst ein wenig herum, während sie in der Küche nach Stäbchen sucht. »Ihr seid jetzt ja schon sooooo lange verheiratet.« Unsere Hochzeit ist gerade erst drei Monate her.

»Und da Liping bis jetzt immer noch nicht schwanger ist, habe ich den Verdacht …«

Sie macht eine Pause.

»Also, kann es eventuell sein …?«

Pause.

»Also, es sind ja nicht alle Männer gleich«, murmelt sie fast unverständlich vor sich hin. »Heute habe ich jedenfalls ein paar Gerichte gekocht, die ganz besonders gut für Männer sind. Vorzüglich. Du wirst sehen, ich koche ein paar Tage für dich und in neun Monaten singe ich nicht mehr für eure Katzen, sondern für euren Sohn.«

Bei dem Gedanken wird sie wieder eifrig. Inzwischen hat sie das Essbesteck gefunden. Sie zieht mich hinter sich her ins Esszimmer. »Guck mal. Das ist das Beste vom Besten.« Mit den Stäbchen pickt sie etwas Gemüse aus einem Glasbehälter. »Das ist Schnittknoblauch. Ein wunderbares Gemüse für den Mann. Es sorgt für eine hervorragende Samenqualität.« Na gut, das Gemüse kenne ich. Mit Rührei vermengt und gebraten ist es ganz lecker und wenn es meiner Männlichkeit zugutekommt, warum nicht.

»Das hier sind Austern. Die geben dir Kraft, um lange durchzuhalten. Ich hoffe, euer Bett ist stabil«, scherzt sie mit einem Augenzwinkern. Liping hat sich inzwischen wieder ins Schlafzimmer verkrochen. Sie hat keine Lust, der Fruchtbarkeitsberatung ihrer Mutter beizuwohnen.

»Aber das hier!« Begeistert nimmt sie etwas aus der Schale, das wie eine Art braune Wurst aussieht. »Dafür habe ich ein Vermögen ausgegeben. Das ist das Beste, was der Markt hergibt.« Sie dreht das längliche Stück Fleisch zwischen zwei Stäbchen geklemmt vor meinen Augen hin und her. »Damit wirst du deine Frau glücklich machen. Sehr glücklich.« Sie kichert fast kindisch.

So langsam werde ich ungeduldig. Wir haben den Tigervater kaum gezähmt und auf einmal fängt die Tigermutter an, ihre Krallen auszufahren.

»Was um alles in der Welt ist das denn, Mama?«

»Das«, sagt sie feierlich, »ist Ochsenpenis. Ich garantiere dir, in nur zwei Wochen wirst du ...«

Ich höre ihr nicht mehr zu. Ich kann mich nur noch auf meinen Magen konzentrieren, der am Morgen auf normale chinesische Speisen schon ein wenig empfindlich reagiert. Aber die Vorstellung von Ochsenpenis auf nüchternen Magen ist definitiv zu viel für mich.

Ich stürze ins Badezimmer und bleibe dort so lange, bis ich die Türe gehen höre.

»Ich habe das Essen in den Kühlschrank gestellt. Wärmt es euch auf, wenn ihr Hunger habt. Tschüüüüüüss!«, verabschiedet sich meine Schwiegermutter lautstark von uns.

放长线钓大鱼

MIT DER LANGEN SCHNUR
DEN GROSSEN FISCH ANGELN

»Das ist mein neuer Wagen.« Ich bin meinem Schwiegervater in die Tiefgarage gefolgt. Er lehnt sich an die Wand, über ihm das Schild mit der Aufschrift »Rauchen und offenes Feuer verboten! VERGIFTUNGSGEFAHR!«, und zündet sich eine Zigarette an. Neben uns steht sein Neuerwerb, den er mir stolz präsentiert.

»Ist ein bisschen groß, meinst du nicht?« Ungläubig schaue ich mir den riesigen Siebensitzer eines amerikanischen Herstellers an. Ich frage mich, was er, der meistens alleine unterwegs ist, mit so einem Familienwagen möchte.

»Warum findest du ihn groß? Der ist total praktisch. Wenn wir mal zusammen in Urlaub fahren sollten, passen wir alle ganz bequem hinein.« In Gedanken zähle ich nochmal nach. Auch beim zweiten Durchgang komme ich nicht auf mehr als vier Familienmitglieder und zwei Katzen. Und außerdem, denke ich mir, würde unser gemeinsamer Urlaub wahrscheinlich in einem Desaster enden.

»Aber wir vier passen doch sehr gut in den Audi, selbst mit Gepäck ist genug Platz.«

»Ja«, sagt er betont langsam. »Wir *vier* passen da schon rein. Aber wer weiß, es kann ja sein, dass wir in einiger Zeit zu fünft oder zu sechst sind. Und wenn dann noch ein Kinderwagen mit muss …« Jetzt erst dämmert es mir. Nun reitet also auch mein Schwiegervater auf einer Welle mit seiner Frau. Nachdem wir ihre Fruchtbarkeitsspeisen allesamt in den Abfalleimer befördert haben, hat sie in den Wochen danach etwas Ruhe gegeben. Doch ich bin mir sicher, dass sie die treibende Kraft hinter dem Neuwagenkauf ist.

»…naja, am Wochenende fahre ich damit mit *dabo* zum Angeln.«

Das tut mein Schwiegervater oft. Am liebsten angelt er allein oder in Begleitung seines älteren Bruders, dem *dabo*.

Schon lange drängt Liping mich, ihn zu fragen, ob ich nicht einmal mitfahren darf.

»Das wäre doch eine super Gelegenheit, mal einen Vater-und-Sohn-Tag mit ihm zu verbringen. Vielleicht werdet ihr ja doch noch Freunde.«

Ich seufze auf. So richtig glaube ich nicht daran, kann es ja aber zumindest mal versuchen. Ich habe mittlerweile das Gefühl, dass er mich zumindest leiden kann. Aber Freunde? Dafür sind wir einfach zu verschieden.

»Ich würde das Auto auch gerne mal ausprobieren. Wenn es dir passt, könnte ich ja am Wochenende mitkommen.« Ich weiß, dass das Angeln ein heiliges Ritual für ihn ist, deswegen frage ich nicht direkt danach.

Er überlegt kurz. Dann wirft er den Zigarettenstummel auf den Tiefgaragenboden und tritt ihn mit der Schuhspitze aus. Er scheint nicht begeistert zu sein über noch mehr Gesellschaft beim Angeln. Nach einigem Schweigen ringt er sich zu einem einsilbigen »O.k.« durch. Mehr ist aus ihm nicht herauszubekommen.

»Sei einfach du selber«, sagt Liping mir, als ich mich am Samstagmorgen abreisefertig mache, »aber versuch doch einfach mal, auf ihn zuzugehen. Sei einfach mal so ein bisschen wie er. Aber du musst wissen, früher sagte man, dass man die großen Fische mit der langen Schnur angeln soll. Also habe einfach Geduld und der Rest wird sich einfach irgendwie ergeben.«

Bisher war ich einfach ich selbst, aber der Erfolg dieser Strategie war mäßig. Als ersten Schritt versuche ich nun, mich äußerlich ihm anzupassen. Ich lege mir das Goldkettchen um, das ich vom Alten Zhu zur Hochzeit bekommen habe, und greife nach meiner Sonnenbrille. Dann hauche ich Liping einen Abschiedskuss auf die Wange und frage mich dabei, ob ihr

Vater mich in diesem Leben jemals als echten Mann akzeptieren wird. Wenn er mir heute eine Zigarette anbietet, werde ich sie annehmen. Ja, ich werde sogar eine ganze Packung rauchen, um ihm zu zeigen, dass ich ein richtiger Mann bin. Wir werden über Männerthemen reden, uns über unsere Frauen beschweren, dann schweigend auf unsere Angeln starren und abends mit reicher Anglerbeute unsere Lieben daheim beeindrucken.

»Du fährst, meine Hüfte macht es nicht mehr mit.« Er drückt mir die Autoschlüssel in die Hand. Seit ich den Führerschein habe, lässt der Alte Zhu mich immer häufiger ans Steuer seiner diversen Wagen. Heute ist es also der amerikanische Siebensitzer. Ich weiß, dass er seine Fische auf einer kleinen Insel etwa 90 Minuten Autofahrt außerhalb von Shanghai an Land zieht. Gerade will ich den Ort in mein Handynavi eintippen, da winkt er ungeduldig mit der ersten Zigarette der Fahrt in der Hand ab.

»Ich kenne den Weg.« Gut, damit sind die Rollen schon mal verteilt. Ich fahre, er navigiert. Es ist ein schöner Sommertag und wir fahren zu zweit in einem Auto mit sieben Sitzen in Richtung Angelteiche.

»Wo ist denn der *dabo?*«

»Der hat gestern zu viel *baijiu* gehabt. Wenn wir den mitgenommen hätten, wären die Fische von seinem Alkoholdunst ohnmächtig geworden und hätten nicht mehr angebissen.«

Er versucht das Fenster herunterzulassen, um den Zigarettenrauch hinauszublasen. Doch die vielen Knöpfe in dem neuen Auto verwirren ihn. Beim ersten Versuch öffnet er die hinteren Seitenfenster.

»*Tamade!* Seine Mutter!«, flucht er leise vor sich hin. Beim zweiten Versuch verstellt er den rechten Seitenspiegel so, dass ich nun vom Fahrersitz aus bequem kontrollieren kann, ob mit den Hinterreifen alles in Ordnung ist. Bevor er seinen dritten Versuch starten kann, betätige ich unauffällig den Knopf an der Fahrerseite und sein Fenster fährt herunter.

»Siehst du«, murmelt er zufrieden. »So dumm bin ich doch gar nicht.« Er hält die Zigarette aus dem Fenster und bläst den Rauch hinaus in die warme Sommerluft. Nach dem letzten Zug schnippt er die »Panda«-Zigarette in hohem Bogen aus dem Autofenster. Dann nestelt er sein Handy aus der Hosentasche und wählt die Nummer seines Freundes mit der Sonnenbrille.

»Ey, Alter Gao. Ich fahre gerade mit Thomas zum Angeln. Wie viele Fische willst du haben? Einen oder zwei? Zwei? Ja gut, stell schon mal den Herd an, heute Abend gibt's Fischsuppe.«

Lachend legt er auf, zündet sich eine weitere Zigarette an und ruft noch vier weitere Freunde an. Trotz des geöffneten Fensters wird mir immer wärmer. Als wir uns am Morgen verabschiedet haben, habe ich meiner Schwiegermutter ebenfalls versprochen, zwei Fische mitzubringen. Ich muss mich konzentrieren, damit ich nicht vom Weg abkomme. Trotz Sparkassenausbildung war Mathe noch nie meine Stärke, aber ich bin mir sicher, dass wir bis zum Abend zusammengerechnet mindestens 12 Fische an Land ziehen müssen, um unsere großspurigen Versprechen zu halten. Das scheint den Alten Zhu jedoch nicht weiter zu kümmern. Er lebt im Moment, und den genießt er sichtlich. Sein schwarzes Haar flattert im Fahrtwind und er raucht eine Zigarette nach der anderen. Jetzt scheint ihm nur noch ein wenig Musik zu fehlen. Als er versucht, das Radio anzumachen, bekommen wir auf einmal eiskalte Klimaanlagenluft der höchsten Stärke ins Gesicht geblasen. Fluchend versucht er es mit einem anderen Knopf. Nun bläst uns Luft in der gleichen Stärke, dafür aber heiß, ins Gesicht. Ganz beiläufig schalte ich die Heizung ab und über die Tastatur auf dem Lenkrad das Radio ein. Er erkennt das Lied, das gerade läuft, und stimmt sofort mit ein. »...*weine nicht, mein Freund, ich bin dein Zufluchtsort.*« Als die letzten Takte des Liedes verklingen, ist er bereits eingenickt. Die Bedienung des neuen Autos scheint anstrengender zu sein als gedacht. Ich halte kurz am Straßenrand, stelle den Rückspiegel wieder gerade und gebe unseren Zielort in meine Navi-App ein. Der Alte Zhu genießt sein Mittagsschläfchen und ich setze die Fahrt schweigend fort.

Ich biege in die enge Straße ein, in die das Schild mit der Aufschrift »Pythoninsel« zeigt. Wie passend. Pythons sind die einzigen Tiere, die es wagen, Tiger anzugreifen, um deren Junge zu verspeisen. Die Pythoninsel ist eine künstliche Insel inmitten eines Sees, die nur über eine schmale Holzbrücke erreichbar ist. Ich parke das Auto auf dem Parkplatz vor der Brücke. Niemand anders hat sich in diesen Vorort Shanghais verirrt und wir haben die ganze Insel für uns allein. Als die Frauenstimme meines Navis uns mitteilt, dass wir am Ziel angekommen seien, schreckt der Schwiegervater von seinem Nickerchen auf.

»Siehst du, ich habe dir doch gesagt, ich kenne den Weg.« Mittlerweile bin ich chinesisch genug, um zu wissen, dass es das Beste ist, ihn einfach das Gesicht wahren zu lassen. Er macht sich am Kofferraum zu schaffen. Unauffällig drücke ich einen Knopf auf dem Armaturenbrett vorne und die Kofferraumtür öffnet sich wie von selbst.

»Welchen Knopf habe ich denn jetzt gedrückt?«, fragt er und kratzt sich am Kopf. Naja, er wird noch Zeit genug haben, das herauszufinden.

Wir packen unser Angelzeug und den von unseren Frauen liebevoll eingepackten Proviant zusammen und machen uns auf den Weg über den Holzsteg zur Pythoninsel.

Wir werfen unsere Taschen in den Kies und beginnen unsere Angeln vorzubereiten. Mein Schwiegervater ist ein erfahrener Angler und hat in wenigen Minuten alles startbereit. Ich als Angeldebütant versuche verzweifelt, Fäden, Haken und Rute so zusammenzubauen, dass es einen Sinn ergibt. So langsam wird mir warm, denn aus den Augenwinkeln sehe ich, wie der Alte Zhu mich interessiert beobachtet. »Thomas, du schaffst das schon«, feuere ich mich selber an. Wahrscheinlich ist das auch eine Art Prüfung, ob ich als Schwiegersohn etwas tauge. Ich nestele noch einige Minuten lang an der Angelschnur herum. Inzwischen hat sich das eine Ende der Schnur um meine linke Hand geschnürt und schneidet mir die Blutzufuhr ab. Das andere Ende hat sich zu einem Knäuel verwickelt. Jetzt hat der Alte Zhu genug. Er holt eine kleine Schere hervor und schneidet mir die Angelschnur von der Hand. Ich reibe mir die Hautfläche, auf der die Schnur tiefe Spuren hinterlassen hat. Doch noch tiefere Spuren hat mein Versagen hinterlassen. Wieder habe ich eine Gelegenheit verpasst, mich vor dem Alten Zhu zu beweisen. Ich resigniere.

Schweigend halte ich ihm meine Angel hin und fachmännisch baut er sie mit wenigen Handgriffen zusammen. Die kaputte Angelschnur schmeißt er in die Angeltasche und holt seufzend eine nagelneue Schnur hervor. Seit wir auf der Insel sind, haben wir kein Wort gesprochen. Der Alte Zhu ist sowieso kein Freund großer Worte, doch jetzt ist er auffällig still. Er scheint die Ruhe der Natur zu genießen. Aber ich habe den Eindruck, dass ihn auch etwas bedrückt. Danach fragen kann ich ihn natürlich nicht. Ich weiß nicht einmal, wie ich mit ihm über normale Alltagsthemen reden soll. Von Gefühlen und Herzensangelegenheiten ganz zu schweigen.

So setzen wir uns stumm auf eine Pappunterlage in den Strand und beobachten, wie sich unsere Schwimmer im leichten Wellenschlag hin und her bewegen. Man hört nur ab und zu einen Reiher rufen, der sich darüber zu beschweren scheint, dass wir ihm sein Futter streitig machen. Ansonsten herrscht hier eine wunderbare Stille. Die nur etwa alle zehn Minuten vom Klacken des Feuerzeugs meines Schwiegervaters unterbrochen wird. Ich genieße das schweigsame Beisammensein mit ihm.

Nun sind bereits drei Stunden vergangen. Da sehe ich, wie mein Schwimmer sich bewegt. Ich ziehe aufgeregt an der Angel und spüre einen Widerstand. Tatsächlich hat ein Fisch angebissen! Jetzt wird er sehen, dass ich doch zu etwas nütze bin. Stolz drehe ich an der Kurbel, und als der Haken aus der Wasseroberfläche auftaucht, begutachte ich meine Beute. Es ist eine zehn Zentimeter große Sprotte.

Der Alte Zhu schaut gar nicht erst hin und ich befestige enttäuscht einen neuen Köder an dem Haken.

In der nächsten Stunde beißen die Fische endlich, doch sind es allesamt Familienmitglieder der ersten Sprotte, die ich an Land gezogen habe, und alle so winzig, dass sie gerade mal als Häppchen zur Begleitung einer Flasche *baijiu* taugen. Für eine Fischsuppe reichen sie definitiv nicht.

Immer wieder holen wir die Angeln ein, kontrollieren die Haken und werfen sie wieder aus. Die großen Fische scheinen sich der trägen und langsamen Umgebung angepasst zu haben. Oder es ist ihnen einfach zu heiß zum Anbeißen. Ich ziehe mir den Anglerhut noch tiefer ins Gesicht. Dabei überlege ich, wie ich es schaffen kann, meinem Schwiegervater heute ein wenig näher zu kommen, ihn besser zu verstehen und ihm verstehen zu geben, dass ich ein guter Schwiegersohn sein möchte. Soll ich jetzt nach einer Zigarette fragen?

»Hmhm«, sein Räuspern unterbricht meinen Gedankengang.

»Weißt du, früher bin ich oft mit meinem Schwiegervater hierhergekommen, dem Vater von Lipings Mutter.« Er starrt immer noch aufs Wasser, so als rede er mehr zu sich selbst als zu mir. Ich wage nicht zu reagieren aus Angst davor, er könnte aufhören zu reden.

»Er war ein strenger Mann. Buchhalter. Und meine Eltern waren nur einfache Arbeiter. Ich saß neben seiner Tochter in der Schule. Sie war die Klassenbeste und ich der Schlechteste.« Bei der Erinnerung muss er ein wenig lächeln. Die Zigarette in seinem Mund bewegt sich leicht durch die Bewegung seiner Lippen.

»Als ich ihn gefragt habe, ob ich seine Tochter zur Frau nehmen dürfe, hat er nur gelacht.« Ein trauriger Zug legt sich um seine Augen. Ich höre gebannt zu. Noch nie habe ich ihn so etwas Persönliches erzählen gehört.

»Ein Fahrlehrer‹, hat er mir mit einem verächtlichen Lachen an den Kopf geworfen. ›Weißt du, wie viele Verehrer meine Tochter hat? Du kannst dich doch gar nicht um sie kümmern mit deinem mickrigen Gehalt.‹«

Er zündet sich eine neue Zigarette an, vergisst jedoch an ihr zu ziehen. Die graue Asche fliegt langsam auf den Boden.

»Wir haben trotzdem geheiratet. Gegen seinen Willen. Und dann habe ich gearbeitet wie ein Tier. Ich habe tage- und nächtelang Fahrstunden gegeben, bis ich genug Geld hatte, unsere erste Wohnung zu kaufen. Doch das«, er schluckt einmal tief, »hat er leider nicht mehr miterlebt.«

Mittlerweile ist die Glut seiner Zigarette erloschen und der kalte Stängel hängt reglos zwischen seinen Fingern.

»Nur manchmal sind wir hierhergekommen.« Er macht mit dem Kopf eine Bewegung von rechts nach links. »Und haben zusammen geangelt. Dann war es so, als wäre alles ganz normal. Da waren wir ganz gleich. Fast wie Vater und Sohn.«

Mit einem Ruck zieht er seine Angel aus dem Wasser. Der Köder ist vom Haken verschwunden. »Wir haben nie viel geredet. Aber das waren die wenigen Male, wo ich so etwas wie eine Vater-Sohn-Verbindung zwischen uns gespürt habe.«

Ich habe einen Kloß im Hals. Verstohlen schaue ich ihn von der Seite an. Die Augen des starken Mannes, die für mich immer sehr Respekt einflößend waren, glänzen feucht.

Er streicht sich mit der Hand über Gesicht und Augen, so als wolle er die Erinnerungen wegwischen. Dann zündet er den kalten Glimmstängel erneut an. Nachdem er den ersten Zug tief inhaliert hat, ist er wieder ganz der Alte Zhu. Er wirft einen Blick auf seine teure Armbanduhr und zieht nervös an seiner Zigarette und auch an der Angel. Mittlerweile meine ich abschätzen zu können, was in ihm vorgeht. Er hat seinen Freunden und seiner Frau fette Beute versprochen. Wenn er am Abend ohne die versprochenen Fische zu Hause auftaucht, ist das ein herber Gesichtsverlust für ihn. Jetzt ist meine Chance gekommen. Ich kann ihn aus dieser prekären Situation retten!

»Etwa zwei Kilometer von hier habe ich eine Markthalle gesehen.« Auf den Tafeln vor dem kleinen grauen Betongebäude, an dem wir auf dem Hinweg vorbeigefahren sind, stand in großen weißen Kreidezeichen »Frischer Fisch und Fleisch«. Der Alte Zhu schaut mich an. Ich meine in seinem Blick so etwas wie Dankbarkeit erkennen zu können. Dann zieht er ohne etwas zu sagen entschlossen die Angel an Land. Wir packen unsere Sachen und machen uns auf den Weg. Die Sonne ist inzwischen fast untergegangen. In Shanghai geht die Sonne fast ganzjährig um sechs Uhr morgens auf und um sechs Uhr abends unter.

»Hätten wir nicht wie die Waschweiber gequasselt, hätten wir bestimmt mindestens zwanzig Fische an Land gezogen.

Beim nächsten Mal fahre ich lieber wieder alleine. Da kann ich mich besser konzentrieren.«

Ich habe zwar auf der Insel kaum ein Wort gesprochen, aber das ist mir egal. Soll er doch ruhig mir die Schuld in die Schuhe schieben. Ich werde für ihn heute die Kuh vom Eis oder den Fisch aus dem Wasser holen.

Mir persönlich wäre es egal, wenn wir keine Beute in Form von frischen Fischen nach Hause bringen. Ich habe heute etwas viel Wertvolleres bekommen, Einblicke in die Gefühlswelt meines Schwiegervaters. Aber für einen wie ihn, der sein Gesicht so sehr liebt, wäre das eine große Schande. Mein Schwiegervater ist wieder voll in seinem Element und schimpft auf das Wetter, auf den Fluss und alle anderen Beteiligten dieses Tages.

Währenddessen steuere ich das Auto zielsicher zur Markthalle und halte direkt vor dem Schild mit dem aufgemalten Fisch.

»Die nehmen wir alle.« Er zeigt auf ein Becken und die Marktfrau macht sich daran, die wenigen verbliebenen Fische des Tages herauszufischen.

»Es sind meine letzten. Ich mache euch einen Sonderpreis.« Sie schlägt auf den Normalpreis noch einige Yuan drauf, weil sie sieht, wie dringend wir den Fisch haben wollen. Das mit dem Sonderpreis war also nicht gelogen. Sie hat ja schließlich nichts von Rabatt gesagt. Da sie unsere Angelkleidung sieht, fragt sie gar nicht erst, ob sie die Fische ausnehmen soll. Sie nimmt eine feste Plastiktüte, kippt ein wenig Wasser hinein und befördert die Fische aus dem Becken direkt in die Tüte. Sie bindet mit den Schlaufen einen Knoten und reicht mir die schwere Tüte. Wir sind wahrscheinlich nicht die ersten Kunden, die von der Pythoninsel direkt zu ihr kommen.

Der Alte Zhu kramt ein paar Scheine heraus, um den Wucherpreis für die Fische zu bezahlen. Doch ich bin schneller.

Ich halte der Marktfrau mein Handy hin. Sie scannt meinen QR-Code und im Bruchteil einer Sekunde ist das Geld von meinem Konto auf ihrem gelandet. Mein Portemonnaie habe ich in China schon lange nicht mehr zur Hand genommen. Das mobile Bezahlen ist hier allgegenwärtig. Man braucht dazu nur ein Smartphone und eine App. Entweder regelt man die Bezahlung über den Messenger-Dienst WeChat, der viel mehr kann als nur Nachrichten verschicken, oder über den Konkurrenten Alipay. Man hinterlegt in der App sein Bankkonto und schon kann man in Windeseile Geld transferieren. Das Ganze ist kostenlos, man bezahlt eben mit der Zurverfügungstellung seiner Daten. Selbst die Bettler auf den Straßen Shanghais sind mittlerweile auf das mobile Einsammeln milder Gaben umgestiegen. Sie halten den Passanten in der Fußgängerzone einen in Plastikfolie eingeschweißten QR-Code unter die Nase. So zieht die Ausrede »Leider kein Kleingeld dabei« im China des 21. Jahrhunderts nicht mehr.

Auf der Rückfahrt schauen wir uns nicht an, und keiner sagt ein Wort. Jeder von uns hängt seinen eigenen Gedanken und Erinnerungen nach. Dem Alten Zhu ist sogar die Lust aufs Rauchen vergangen und selbst das Radio ist verstummt. Vom Rücksitz höre ich, wie sich einer der Fische in der Plastiktüte mit letzter Kraft gegen sein Schicksal aufbäumt.

宁为太平狗，不做乱世人

MÖGEST DU IN INTERESSANTEN ZEITEN LEBEN

Wenn man in China jemanden verfluchen möchte, wünscht man ihm, er möge »in interessanten Zeiten leben«. Für die alten Chinesen gab es nichts Erstrebenswerteres als ruhige und langweilige Zeiten. Auch ich beschwere mich nicht darüber. Mein Leben in Shanghai dümpelt angenehm vor sich hin. Seit unserem Angelausflug mit dem Alten Zhu haben wir nichts mehr zu zweit unternommen und auch meine Schwiegermutter verhält sich verdächtig ruhig. Ich traue dem Braten nicht ganz, genieße aber die friedlichen Tage. Ich bin inzwischen Angestellter bei einem deutschen Unternehmen. Die geregelte und wenig aufregende Arbeitsatmosphäre erinnert mich stark an meine Zeit in der Sparkasse. Nur verkaufe ich jetzt keine Bausparverträge mehr, sondern Maschinenteile. Immerhin ist der Job etwas besser bezahlt. Mein Monatsgehalt würde jetzt ausreichen, um mindestens vier Mah-Jongg-Abende des Alten Zhu zu finanzieren.

»Das finde ich gut, dann könnt ihr jetzt ja mit der Familienplanung weitermachen!«

Als hätte sich meine Mutter mit der Schwiegermutter abgesprochen, ist das ihr erster Kommentar zu meinem neuen Job. Meine Mutter ruft mich jede Woche ein bis zwei Mal an, um mir mitzuteilen, was es Neues im Dorf gibt.

»Frau Müller hat sich das Steißbein geprellt. Ihr Hund ist jetzt bei den Meiers nebenan untergebracht.«

Und immer häufiger mischen sich Nachrichten wie diese in den Dorfklatsch: »Die Huberts sind wieder Großeltern geworden. Ihre Tochter Sabrina, die mit dir in der Grundschule in einer Klasse war, hat Zwillinge bekommen.«

Die Anrufe meiner Mutter sind ein Vorbote auf das, was bald kommt, denn es ist Januar und das Frühlingsfest steht wieder vor der Tür. In diesem Jahr löst das Huhn den Affen als Begleiter für das neue Jahr ab. Meine chinesischen Freunde und

Verwandten machen sich einen Spaß daraus, die Glückwünsche zum Jahr des Huhnes mit allerlei anzüglichen Anspielungen zu spicken. Dass Huhn Prostituierte heißt, das hat sich seit der ersten Begegnung mit meiner Schwiegermutter fest in mein Langzeitgedächtnis eingebrannt. So langsam verstehe ich auch den chinesischen Humor und kann mitlachen, wenn meine Freunde mir wünschen, dass das »Huhn« mir im neuen Jahr »stets ein treuer Begleiter sein möge«.

Ich liebe Shanghai während des Frühlingsfestes. Es fühlt sich fast so an, als verwandele sich die Megacity für eine Woche in ein ruhiges, beschauliches Dorf. Das liegt daran, dass mehr als 40 Prozent der 25 Millionen Einwohner Shanghais von außerhalb sind. Sie sind in die Megacity gekommen, um hier Glück und Wohlstand zu finden. Doch zum Frühlingsfest zieht es alle wieder nach Hause in die abgelegenen Dörfer und Kleinstädte. Dort warten die kleinen Kinder und alten Leute auf sie, die den Großteil der Bevölkerung in den ländlichen Gegenden Chinas ausmachen. Denn das Geld wird in den Städten verdient. Dort arbeiten die Männer als Bauarbeiter, die Mütter als Haushaltshilfen oder Kellnerinnen und die Kinder, sofern sie einen Universitätsabschluss vorweisen können, in den gesichtslosen Bürohochhäusern.

Am ersten freien Tag während der Ferien treffen wir uns im kleinen Kreis zum Neujahrsessen mit den Eltern.

So war es zumindest geplant.

»Ja hallo, ich habe den Raum für 20 Personen gebucht. Wenn ihr wollt, könnt ihr heute Abend noch ein paar Freunde mitbringen.« Der Alte Zhu legt auf und ich gebe Liping Bescheid. Wenn er eins nicht leiden kann, dann ist es Langeweile. So bringt er, wie z.B. beim ersten Abendessen mit meinen Eltern in China, immer diverse Nachbarn, Freunde und Verwandte mit. Auch wenn er sich selten an den Gesprächen beteiligt, sitzt er doch gerne dabei und schaut sich den Trubel bei einer guten Zigarette an. Das eigentlich geltende Rauchverbot nimmt er dabei meist nicht so ernst.

»Dann hole ich noch Tiffany und Dreamy dazu. Die haben mir gerade geschrieben, dass sie heute nichts vorhaben.« Ich freue mich auf den Abend. Die Freunde des Vaters werden bestimmt auch da sein und zusammen mit den jungen Damen wird die Stimmung mit Sicherheit gut.

Als wir gegen 17 Uhr im Restaurant ankommen, ist es brechend voll. All die, die in Shanghai geblieben sind, nutzen den ersten Ferientag, um sich mit Verwandten und Bekannten, die man lange nicht mehr gesehen hat, zu einem guten Essen zu treffen.

Durch seine Beziehungen hat der Alte Zhu den besagten separaten Raum mit 20 Plätzen bekommen. Als Liping und ich eintreten, sehe ich, dass die Plätze bis auf unsere schon alle besetzt sind. Ich erblicke die Nachbarn aus dem 16. Stock, drei Freunde des Alten Zhu, meine Schwiegereltern selber sowie Dreamy und Tiffany samt Anhang. Die kalten Vorspeisen sind bereits angerichtet und das gemischte Trüppchen ist bester Laune. Der Alte Zhu sitzt auf dem Platz gegenüber der Tür. Das ist der Ehrenplatz in China, da man von dort aus alles im Blick hat.

Neben ihm hat sich der Alte Gao breitgemacht. Er unterhält sich angeregt mit Tiffany, die neben ihm platziert ist. Ein seltsames Pärchen geben die beiden ab. »Brauchst du für diese langen Beine eigentlich eine behördliche Genehmigung?« Der Alte Gao tätschelt Tiffany den Oberschenkel und diese kichert ihm auch noch ermunternd zu. »Zumindest habe ich schon einige Männer damit erlegt, nicht wahr, Honey?« Als sie mir ihre neue Liebschaft zu ihrer Rechten vorstellt, erfahre ich, dass

Honey keineswegs ein Kosename ist, sondern der englische Name des Mittvierzigers an Tiffanys Seite. Honey – ich kann es mir nicht verkneifen, seinen Namen jedes Mal zu säuseln, wenn ich ihn anspreche – macht irgendetwas mit »Wertpapieren«. Was genau, will ich nicht wissen.

»Hast du einen Parkplatz für den *Bentley* gefunden, Schatz?« fragt Tiffany mehr in die Runde als zu ihrem Freund gewandt. Die Automarke betont sie deutlich.

Ich tue ihr den Gefallen und frage nach. »Wie fährt sich der *Bentley* denn?« Ich weiß ja inzwischen, wie sehr es meine chinesischen Freunde freut, wenn sie bewundert werden. Tiffany wickelt sich fast schüchtern eines ihrer blondgefärbten Löckchen um den rechten Zeigefinger. »Ach, gut, dass du fragst. Ganz fantastisch. Du schuldest ja Liping noch einen richtigen Heiratsantrag. Dafür leihen wir dir den Wagen gerne mal aus.«

»Also ich hoffe ja, dass bei dem nächsten Heiratsantrag kein Luxuswagen involviert ist.« Liping stupst mich augenzwinkernd an und ich antworte ihr hochtrabend:

»Der nächste Heiratsantrag wird unvergesslich romantisch sein. Alle Frauen in China werden dich darum beneiden.«

Dann füge ich extra langsam und betont hinzu: »Doch eins verspreche ich dir: Weder ein Auto noch Tiffany werden bei dem Antrag eine Rolle spielen!«

Tiffany spielt die Beleidigte, hält es aber nur eine halbe Minute aus, bis sie selbst in Lachen ausbricht.

Als wir das geklärt haben, kann das Essen beginnen. Wir alle nehmen unsere Gläser zur Hand, klopfen drei Mal auf die runde Glasplatte und stoßen dann an. Damit ist das erste erweiterte Familienessen des Frühlingsfests eingeläutet. Nachdem die Vorspeisen vertilgt sind, beginnt die große Fragerei.

Liping hat mich schon vorgewarnt, dass es bei dem Frühlingsfestessen traditionell immer ums eine geht: die Familienplanung der Kinder. Die jüngeren Cousins und Cousinen Lipings müssen sich bei ähnlichen Gelegenheiten anhören, wie alt sie schon seien und dass sie sich nicht zu viel Zeit lassen sollten, weil sie dann keiner mehr haben wolle. Außerdem werden Bilder von ledigen jungen Männern und Frauen aus dem näheren und weiteren Bekanntenkreis herumgereicht, um zu schauen, ob da nicht vielleicht die zukünftige Schwiegertochter oder der zukünftige Schwiegersohn dabei ist.

Diesen Schritt haben wir ja glücklicherweise hinter uns. Aber bei uns liegt – das wird mir hier klar – auch noch so einiges im Argen.

»Ihr wohnt immer noch in der Mietwohnung? Fühlt ihr euch da nicht unsicher? Was ist, wenn der Vermieter euch plötzlich vor die Tür setzt?«

»Du hast immer noch kein Auto? Da wird dein Schwiegervater aber nicht glücklich sein. Du hast doch jetzt einen festen Job. Kauf dir eins!«

»Thomas, wie sieht es denn bei euch aus? Müssen wir hier beim nächsten Frühlingsfest einen Stuhl mehr dazustellen?«

»Wenn ihr Hilfe braucht, ich kenne da einen alten Arzt der Traditionellen Chinesischen Medizin, der macht alle schwanger.«

Ich beantworte alle Fragen geduldig. »Wenn das Schiff an der Brücke ankommt, wird es schon einen Weg geben.« Das heißt so viel wie »Abwarten und Tee trinken«. Das Sprichwort hat mir Liping extra vorher beigebracht und ich trage es selbstbewusst vor.

»Na, das Schiff braucht aber vielleicht noch ein bisschen Treibstoff.« Meine Schwiegermutter lässt nicht locker. »Hier, die Suppe habe ich speziell für dich gemacht.«

Mir ist aufgefallen, dass das Restaurant scheinbar die gleiche Suppenschüssel benutzt wie meine Schwiegermutter. »Die habe ich drei Stunden lang köcheln lassen.« Die Suppe auf dem Tisch ist also gar nicht vom Restaurant, sondern aus der schwiegerelterlichen Küche. Das ist auch so eine chinesische Eigenheit: Man geht ins Restaurant zum Essen, doch keinen stört es, wenn man einige Speisen und Getränke selber mitbringt.

»Ich tue dir etwas davon auf.« Sie kommt um den Tisch herum, schnappt sich mein Schälchen und holt mit der Schöpfkelle aus den Tiefen der Suppenschüssel braune Stückchen in einer kräftigen gelblichen Brühe hervor und gießt sie in meine Schale. »Das Rezept habe ich von einer entfernten Tante aus der Inneren Mongolei. Das hat ein alter Schamane ihr auf dem Sterbebett verraten. Man könnte es für viel Geld verkaufen.« Geheimniskrämerisch zwinkert sie mir zu und reicht mir das volle Schälchen.

Die heiße Suppe dampft vor meiner Nase. Es riecht etwas streng. »Nun iss schon. Das ist alles vom Schaf, nichts Schlimmes.« Die Blicke von Tiffany, dem Alten Gao, den Nachbarn und den anderen Gästen sind auf mich gerichtet. Ich kann jetzt meine Schwiegermutter nicht enttäuschen. Sie hat sich so viel Mühe mit der Suppe gegeben.

Ich schließe die Augen für einen Moment in der Hoffnung, irgendetwas oder irgendwer würde mich aus der Situation retten. Doch keiner der Anwesenden macht auch nur die geringsten Anstalten dazu. Alle nicken mir aufmunternd zu. Selbst Liping eilt mir heute nicht zur Hilfe. »Komm schon Schatz, das ist eine Delikatesse.« Das trägt kein bisschen zu meiner Beruhigung bei, denn was hier in meiner Wahlheimat als Delikatesse durchgeht, fällt in anderen Ländern unter die Kategorie »Foltermethoden«.

Da gibt es zum Beispiel die Vogelnestsuppe. Bei dieser Delikatesse ist der Name Programm. Das Vogelnest der Weißnestsalangane, eines in Südostasien beheimateten Seglers, dient als Hauptzutat für diese Suppe. Die weißen Nester dieses Vogels sind besonders begehrt, sie bestehen nämlich hauptsächlich aus der getrockneten Spucke desselben. »Dafür habe ich 900 Dollar hingeblättert.« Der Alte Zhu hat von seiner letzten Reise nach Malaysia eins davon als Souvenir für seine Frau mitgebracht. Die daraus entstandene Suppe soll voller Nährstoffe und ganz besonders gut für die Haut sein. Da ich mit meiner Haut zufrieden bin, habe ich damals großzügigerweise meine Portion an die Schwiegermutter abgetreten.

Doch nun ist so viel Suppe da, dass jeder Anwesende im Raum etwas davon haben kann, und mir fällt partout keine gute Ausrede ein, warum ich sie nicht essen könnte. So gebe ich mir einen Ruck und führe den Inhalt des Löffels in meinen Mund. Die Brühe schmeckt sehr würzig, so wie ich das von anderen Schafsfleischgerichten kenne. Doch das Stück Fleisch, das mit auf den Löffel gerutscht ist, macht mir zu schaffen. Es ist auch gar nicht wie Fleisch. Es ist so seltsam fest. Auch die Form erinnert nicht an ein Stück Fleisch, sondern ist eher oval. Ich hätte es mir näher angucken sollen, bevor ich es mir in den Mund schob. Das Ding flutscht nun in meinem Mund hin und her, ohne dass ich es mit meinen Zähnen zu packen bekomme. Das lange Köcheln hat die Außenhaut ganz glitschig gemacht.

»Und, gar nicht schlecht, oder?«

Alle sind sichtlich gespannt, wie mir die Suppe schmeckt.

»Hennhanmomomuli.« Mit vollem Mund murmele ich etwas vor mich hin und überlasse es der Fantasie der Anwesenden, diese Antwort zu dechiffrieren.

Endlich habe ich das Ding zwischen zwei Backenzähne geklemmt und beiße kräftig drauf. Es ist ein Gefühl wie bei den sauren Kaubonbons aus meiner Kindheit. Wenn man es einmal geschafft hatte, mit seinen Milchzähnen das harte Äußere zu knacken, kam mit einem »Plopp« die Flüssigkeit aus dem Innern hervor und verätzte einem mit ihrer süßen Säure das Innere der Mundhöhle. Als Kinder konnten wir nicht genug davon bekommen. Das, was sich jetzt zwischen meinen hinteren Backenzähnen befindet, macht beim Draufbeißen auch »Plopp«. Doch was da raus kommt, schmeckt nicht süß-sauer, sondern eher würzig-faulig. Da ich das Ding nun in zwei Hälften geteilt habe, möchte ich es so schnell wie möglich zu einem Ort weit weg von meinen Geschmacksknospen bringen. Und da gibt es nur einen Weg. Runter in den Magen damit. Ich schlucke zwei Mal kräftig und das Ding flutscht durch die Speiseröhre in den Magen.

Die Anwesenden applaudieren begeistert. Meine Schwiegermutter freut sich sichtlich.

»Siehst du, ich sagte doch, dass Schafshoden etwas Feines ist. Die Nomaden im Westen Chinas haben das jungen Männern immer aufgetischt. Danach gehen die ab wie eine Rakete!«

»Ach, das ist Schafshoden?«, ruft Tiffany entzückt aus. »Dann reich mir doch bitte ein Schüsselchen für Honey, Tante Wang. Der ist in letzter Zeit ein wenig, nun ja«, sie schürzt die Lippen, »erschöpft, nicht wahr, Schatz?« Sie kneift dem Angesprochenen spielerisch in die Wange und Lipings Mutter tut wie ihr geheißen. Großzügig schöpft sie ihm die Suppe in seine Schale.

»Meine Frau lässt mich zwar nicht mehr ran, aber ich nehme auch eine Portion!« Der Alte Gao lacht lauthals über seinen eigenen Witz. Doch wieder wissen wir, dass das wahrscheinlich die traurige Wahrheit ist.

So löffeln die anwesenden Männer inklusive Nachbarn, Freunden und dem Alten Zhu genüsslich das aphrodisierende

Süppchen. Damit ist die Fragerunde und für mich auch das heutige Abendessen beendet.

Zu Hause angekommen, machen Liping und ich es uns noch bei einer Tasse heißen Wassers bequem und schauen uns die neusten Online-Videos an. Wir kringeln uns vor Lachen über ein talentiertes junges Mädchen, das sich in kurzen Sketchen über ihre chinesische Verwandtschaft lustig macht. Die Fragen, mit denen sie während des Frühlingsfestes malträtiert wurde, sind exakt dieselben, die uns an diesem Abend gestellt wurden – und wahrscheinlich ab jetzt jedes Jahr auf uns warten.

»Wir sollten mal ein Video darüber machen, was Ausländer sich von ihren chinesischen Schwiegereltern so alles anhören müssen«, sage ich im Scherz zu Liping.

»Super Idee!« Wider Erwarten nimmt sie meinen beiläufigen Vorschlag ernst.

»Du siehst sowieso schon witzig und knuddelig aus.«

Und weil wir nichts Besseres zu tun haben, nehmen wir ein Blatt Papier zur Hand. Den ersten Satz weiß ich schon. »Du willst eine Chinesin heiraten? Dann mach dich auf was gefasst!«

Am nächsten Tag treiben wir in einem der wenigen geöffneten Kaufhäuser eine Perücke auf, die der Frisur meiner Schwiegermutter zum Verwechseln ähnlich ist. Ich stülpe sie über meinen Kopf und binde mir eine Schürze um. Liping richtet die Handykamera auf mich und ich sage eifrig meinen Text auf.

»Wann heiratet ihr endlich?«

»Jetzt seid ihr schon seit drei Monaten verheiratet, wann bekommt ihr Kinder?«

Die Rolle des Schwiegervaters braucht nur ein einziges Utensil. Die »Panda«-Zigarette. Mit der Zigarette im Mund fragt er den Schwiegersohn nach Auto, Wohnung und Gehalt.

Schlussendlich binde ich mir noch eine pinke Stoffschleife mit weißen Punkten um und imitiere meine chinesische Frau, die die neueste Luxushandtasche kaufen möchte und unbedingt in den Flitterwochen auf die Malediven will.

Nach getaner Arbeit füge ich die verwackelten Handykamerabilder zu einem Video zusammen.

Zur Feier des Tages bestellen wir uns einen großen Topf *Mala Tang*, eine Art chinesisches Fondue, nach Hause. Gemüse, Fisch und Fleisch werden zusammen in einer scharfen Suppe gekocht und jeder pickt sich dann das heraus, was er mag.

Nach diesem Abendessen setze ich mich noch einmal an den PC und lade das Video auf meinen Weibo-Account hoch. *Weibo* heißt Mikroblog auf Chinesisch und ist das größte Soziale Medium Chinas. Die mehreren hundert Millionen Nutzer dieser Plattform teilen Fotos, Nachrichten oder eben auch Videos mit der Welt. Dort habe ich mir vor geraumer Zeit ein Konto angelegt, um mit meinen virtuellen Freunden Fotos aus meinem Leben zu teilen.

Nachdem das erledigt ist, macht sich in meinem Magen ein wohliges Gefühl breit. Die scharfe, warme Suppe ist an diesen kühlen Februartagen eine Wohltat für Körper und Geist.

Da scheint Liping anderer Meinung zu sein. Sie sitzt auf dem Sofa im Wohnzimmer und presst sich die Faust in den Bauch.

»Was ist denn mit dir los? Geht es dir nicht gut?«, frage ich besorgt.

»Magenkrämpfe«, stößt sie hervor und beugt sich vor Schmerzen weiter nach vorne. Mit der Zeit ist mein Magen immer chinesischer geworden und ich vertrage scharfes Essen viel besser als meine Frau.

Mittlerweile ist Liping aschgrau im Gesicht und windet sich auf dem Sofa hin und her. Ich beschließe, sie in die nächstgelegene Notaufnahme zu bringen, schnappe mir mein Handy, die Schlüssel und das Portemonnaie und führe Liping langsam zum Taxi.

»Zum nächsten Krankenhaus, bitte.«

Als wir dort ankommen, bin ich ein wenig aufgeschmissen. In meinen Jahren in China habe ich außer einer Erkältung keine ernsthaften Krankheiten gehabt und weiß nicht so genau, wie es hier funktioniert.

»Du musst erstmal eine Nummer ziehen«, flüstert Liping mir kraftlos zu, während sie sich auf die kalte Metallbank in der Empfangshalle des Krankenhauses fallen lässt. Ob der fortgeschrittenen Stunde und des Frühlingsfestes ist hier nur wenig los. Ich laufe zu der Krankenschwester, die in der Mitte des Raumes hinter einem halbrunden weißen Empfangstisch sitzt. Sie hat den Kopf auf die verschränkten Arme gelegt und scheint eingeschlafen zu sein. Ich stupse sie vorsichtig an.

»Ich brauche eine Nummer.«

»Das macht 10 Yuan.« Ich zücke mein Portemonnaie und reiche ihr den Schein. Im Gegenzug bekomme ich ein gelbes Zettelchen mit der Nummer *021* darauf und eine Quittung.

Im selben Moment wird unsere Nummer schon auf dem großen Bildschirm über dem Behandlungszimmer angezeigt und ich führe Liping hinein. Dort erkläre ich dem Arzt, dass wir *Mala Tang* zum Abendessen hatten und dass Liping dies wohl nicht vertragen hat.

»Ich verschreibe ihr eine Infusion.« Er kritzelt etwas auf einen Block und reicht mir den Zettel. »Bitte bezahlen Sie die Infusion vorne am Empfang und gehen Sie dann mit der Quittung in den zweiten Stock.« Ich nehme den Zettel und helfe Liping wieder auf. Der Doktor rückt den Kragen seines weißen

Kittels zurecht und greift wieder nach seinem Handy, um sich die Zeit bis zum nächsten Patienten zu vertreiben. Als wir gerade zur Tür raus wollen, ruft er mir zu: »Bist du nicht der mit dem Schwiegermutter-Video? Sehr witzig! Ich habe es direkt meinen Freunden weitergeleitet.« Ich drehe mich um und lächele ihn etwas verwirrt an. Wie kann es sein, dass er das Video schon gesehen hat? Aber ich habe keine Zeit darüber nachzudenken. Ich bringe erst meine kranke Frau in den zweiten Stock. Dort legt sie sich in einem großen Raum auf eine der vielen freien Liegen. Ich haste wieder in den ersten Stock, bezahle die 250 Yuan für die Infusion und reiche der Krankenschwester im zweiten Stock die Quittung dafür. Nachdem sie diese kontrolliert hat, holt sie zwei Plastiktütchen mit der Infusionsflüssigkeit aus dem Schrank hinter sich. Bei meinen Schwiegereltern habe ich bereits gesehen, dass die meisten akuten Symptome in China mit Infusionen behandelt werden. Es scheint eine Standardbehandlung zu sein. Das kenne ich aus Deutschland zwar nicht, mir bleibt aber nichts anderes übrig, als auf die Kompetenz des Arztes zu vertrauen. Denn Liping braucht wirklich Hilfe. Ich führe die Krankenschwester zu meiner Frau, die mit geschlossenen Augen auf der Liege liegt. Als die Schwester die Infusionskanüle mit geübter Hand in ihre Vene sticht, zuckt Liping ein wenig zusammen. Langsam sickert die heilende Flüssigkeit in ihren Kreislauf. Die Krankenschwester mit dem kleinen weißen Hütchen auf dem Kopf schaut auf ihre silberne Armbanduhr. »Es dauert ungefähr anderthalb bis zwei Stunden, bis die Flüssigkeit komplett durch ist.«

Ich suche mir einen Stuhl und setze mich neben Lipings Liege. Es war ein langer Tag und ich schließe ebenfalls für einen Moment die Augen. Dann greife ich nach meinem Handy. Ich will meinen Schwiegereltern nur schnell Bescheid sagen, dass alles in Ordnung ist. Ich drücke auf den Einschaltknopf, doch der Bildschirm bleibt schwarz. Das kann doch nicht sein. Als wir von zu Hause losgefahren sind, hat der Akku noch 45 Prozent Restladung angezeigt. Jetzt leuchtet eine rote Batterie auf dem Display auf.

Von meinem Platz aus sehe ich, wie die Krankenschwester auf den Bildschirm ihres Handys schaut und sich lachend eine Strähne aus dem Gesicht wischt. Sie hat bestimmt ein Handyladegerät dabei.

»Hast du vielleicht ein Handyladegerät für mich? Mein Akku ist leer.« Ich zeige ihr den schwarzen Bildschirm meines Handys. Sie grinst mich an und zeigt mir ihr Handy. Darauf sehe ich zu meinem Erstaunen mich selber mit einer schwarzen Perücke, wie ich kochlöffelschwingend in die Kamera frage, ob wirklich alle Ausländer gerne Steak und nie Gemüse essen. »Das ist echt witzig.« Mit der freien Hand macht sie eine Daumen-nach-oben-Bewegung. Jetzt muss ich wirklich wissen, was los ist. Sie reicht mir ein weißes Kabel und ich suche mir eine Steckdose. Ich hocke mich auf den Boden neben die Steckdose und warte, bis mein Handy genug Saft hat, um wieder hochzufahren. Als das passiert ist, sehe ich, warum mein Handy implodiert ist.

Meine sämtlichen Messenger-Apps und Mailboxen sind überflutet mit Nachrichten. Innerhalb weniger Stunden haben Millionen Zuschauer in- und außerhalb Chinas unser Video angeklickt. Das kann doch nicht wahr sein! Aufgeregt öffne ich meine Weibo-App und sehe, dass wir an diesem Abend die Marke von 100.000 Followern geknackt haben. Meine Mailbox zeigt 150 neue Mails an. Unter anderem sehe ich eine Interviewanfrage von N-TV und eine weitere von Buzzfeed.

Ich schließe die Augen. Was soll ich machen? Da fällt mir meine kranke Frau wieder ein. Ich lege mein Handy auf dem

Boden ab und eile zur Liege, wo sich Liping mittlerweile aufgerichtet hat. Die Infusion scheint zu wirken. Ohne Rücksicht auf ihren körperlichen Zustand schüttele ich sie einmal kräftig durch. »Schatz, ich glaube, wir sind viral gegangen.«

Ich laufe zurück und ziehe das Smartphone samt Stecker mit einem Ruck aus der Steckdose.

»Guck mal, zwei Millionen Klicks allein auf Weibo!«

»Wahnsinn!« Ein wenig erschöpft lächelt Liping mich an und schließt die Augen dann wieder.

......

Nachdem Liping sich wieder vollkommen erholt hat, drehen wir in den nächsten zwei Wochen weitere Videos über unsere Familie, die Schwiegereltern und Kulturunterschiede zwischen Deutschland und China. Wir bekommen immer mehr Follower und freuen uns wie kleine Kinder über das positive Feedback von allen Seiten.

Eines Abends fahren wir zum Abendessen zu meinen Schwiegereltern. Als wir zur Tür reinkommen, sitzt der Alte Zhu auf seinem gewohnten Platz im Wohnzimmer. Doch anstatt die Abendnachrichten auf dem großen Fernsehbildschirm zu verfolgen, schaut er mit einem etwas pikierten Blick auf das Display seines nagelneuen iPhone X.

Liping verschwindet in der Küche, um ihrer Mutter zur Hand zu gehen. Ich geselle mich zu meinem Schwiegervater. Als er mich sieht, legt er das Handy beiseite. Auf dem Bildschirm sieht man mich mit Zigarette in der Hand verkünden, »was Deutschland doch für ein gutes Land ist. Gute Autos, saubere Luft, wenig Leute! Was? In Deutschland leben? Keine Tür! Da würde ich sterben vor Langeweile.«

»Kindisch.«

Ich bin ja froh, dass sein Urteil so milde ausfällt. Das Video in dieser Woche, das er sich gerade angeguckt hat, haben wir schließlich ganz ihm und seinen sonderbaren Ansichten und Aktionen gewidmet. Da platze ich mit der Neuigkeit heraus:

»Liping und ich haben uns überlegt, uns ganz aufs Videomachen zu konzentrieren. Ich werde meinen Job kündigen.«

Keine Reaktion.

Eigentlich müsste der Alte Zhu sich doch freuen. Wenn sein Schwiegersohn einen gewissen Bekanntheitsgrad hat, färbt das ja auch auf ihn ab.

»Vielleicht kann ich dich sogar mal in eine Fernsehshow mitnehmen. Wir beide zusammen. Das wird super!«

Da hätte er so richtig was zum Prahlen vor seinen Freunden. Das wird ihm mit Sicherheit gefallen.

»Sowas will sich doch kein Mensch angucken. Das ist doch Blödsinn.«

»Aber sieh mal, das Video von dir haben sich schon 1,5 Millionen Leute angeguckt. Und es macht uns riesigen Spaß, die Videos zu drehen.«

»Im Leben geht es aber nicht um Spaß, sondern um harte Arbeit und Geldverdienen.«

Sagt derjenige, der die meiste Zeit seines Tages in Mah-Jongg-Stuben und Massagesalons verbringt, denke ich, wage es aber nicht auszusprechen.

»Meine Eltern finden das in Ordnung.«, entgegne ich stattdessen. »Wenn ich mich damit einigermaßen über Wasser halten kann, reicht es doch. Hauptsache, ich habe Freude an dem, was ich tue.«

Der Satz mit meinen Eltern ist glatt gelogen. Nachdem sie einen Artikel über mein virales Video im Internet gelesen hatte, hat meine Mutter mich sofort angerufen.

»Das ist ja witzig. Aber sowas ist nur eine Freizeitbeschäftigung, oder?«

»Das weiß ich noch nicht, wir lassen einfach alles auf uns zukommen. Wie die Chinesen sagen, wenn das Boot an die Brücke kommt, wird es schon einen Weg geben.«

»Ja, aber das ist doch Kinderkram. Sowas funktioniert einmal und dann guckt sich das keiner mehr an.«

Mein Schwiegervater schlägt nun wie erwartet in die gleiche Kerbe.

»Du solltest dich lieber auf deinen richtigen Job konzentrieren. Du musst schließlich eine Familie ernähren«, sagt er, während er nach seinem Feuerzeug sucht. Als er es gefunden hat, steckt er sich eine Zigarette an. Damit scheint das Thema für ihn erledigt zu sein.

Nach dem Abendessen, das wir größtenteils schweigend einnehmen, verzieht er sich ins Schlafzimmer, wo er sorgfältig die Tür hinter sich verschließt. Ich habe das Gefühl, dass unsere Entscheidung, Videos zu machen, mich und den Alten Zhu wieder auseinanderbringen kann. Für ihn ist das Kinderkram und kein ernstzunehmender Job für einen Ehemann und Irgendwann-Vater.

Da beschließe ich, dass ich endlich mal meinen Mann stehen muss. Die Frauen sind im Gästezimmer, wo meine Schwiegermutter Liping ihre neueste Qipao vorführt. Das ist eine gute Gelegenheit für mich, es ihm zu beweisen. Ich werde in sein Zimmer gehen, eine Zigarette mit ihm rauchen und über sein Verhältnis mit seinem Schwiegervater und unsere Beziehung reden. Ich werde ihm einfach sagen, wie schwer es für mich ist, ihn zu verstehen, und dass ich hoffe, dass wir irgendwann, in ferner Zukunft, vielleicht doch mal so etwas wie Freunde werden.

Als ich mich der Schlafzimmertür nähere, höre ich, dass er telefoniert. »...und das letzte Video hast du auch nicht weitergeleitet. Jetzt aber schnell! Ich kontrollier das gleich.« Dann legt er auf. Ich höre, wie er eine weitere Nummer wählt. »Alter Gao, hast du das Video von Afu heute gesehen?«

Afu, der Glückliche, ist mein chinesischer Künstlername. So nennen mich meine Follower nun alle. Der Name rührt daher, dass ich viele mit meiner Figur und meinem Auftreten an einen glücklichen, lachenden Buddha erinnere.

Ich setze mich in die Hocke, lehne mich an die Wand und lausche weiter heimlich dem Telefongespräch.

»Ja genau. Das, wo er erzählt, wie wir immer Zigaretten austauschen und gemeinsam rauchen. Warum hast du das noch nicht weitergeleitet? Behandelt man so einen alten Freund? Gib ihm sofort ein Like und schreib einen Kommentar, dass du das Video lustig findest.«

Ich bin zutiefst gerührt und schiebe mich noch näher an die Schlafzimmertür heran. Drinnen ist es plötzlich ruhig. Mit einem Mal geht die Tür auf und mein Schwiegervater steht in seiner ganzen Größe vor mir, in der Hand sein Mobiltelefon. Mir fällt keine gute Ausrede ein, warum ich hier vor seiner Zimmertür hocke.

»Äh, ich wollte fragen, also, hast du nicht Lust, eine Tasse Tee mit mir zu trinken?«

Skeptisch schaut er mich an. »Alter Gao, ich rufe dich gleich noch mal an.« Er legt auf und schiebt sein Handy in die Hosentasche.

»Naja, warum nicht. Ich brauche ein wenig Verdauungstee.«

Er nimmt die Teekanne in Kürbisform vom Regal, schüttet grüne Teeblätter und ein paar der in China so beliebten roten Wolfsbeeren hinein. Dann füllt er sie mit heißem Wasser auf. Ich nehme zwei kleine Tässchen und stelle sie auf den niedrigen Tisch draußen im Hausflur neben dem Aufzug. Auf dem Holztisch stehen der mit Zigarettenstummeln überquellende Aschenbecher und ein Stövchen mit einer kleinen Kerze, um den Tee warm zu halten. Er stellt die Kürbiskanne auf das Stövchen, nachdem er uns beiden den Wolfsbeeren-Grüntee eingegossen hat. So sitzen wir schweigend auf den Hockern und trinken langsam das heiße Getränk.

»Beim Teetrinken geht es nicht darum, den Durst zu stillen«, hat mir mein Schwiegervater einmal erklärt. »Es geht ums Entspannen. Aber davon verstehst du nichts. So wie du ihn immer herunterstürzt.«

Betont langsam trinke ich also den Tee. Tröpfchenweise lasse ich ihn meine Kehle hinunterlaufen.

Dann fischt der Alte Zhu seine Zigarettenpackung aus der Hemdtasche. Das ist der Moment, auf den ich gewartet habe. Heute habe ich ihm schon bewiesen, dass ich Tee trinken kann. Jetzt werde ich ihm zeigen, dass ich rauchen kann wie ein echter Mann. Hunderte Male habe ich ihn vor dem Spiegel nachgeahmt. Ich habe meine Zahnbürste zwischen die Zähne geklemmt und versucht, ganz cool einen Spruch vom Stapel zu lassen. Das sah zwar nicht so cool aus wie bei meinem Schwiegervater. Aber mit einer echten Zigarette wird das bestimmt klappen. Er legt die Packung neben seine Tasse auf den Tisch.

»Jetzt oder nie«, denke ich mir. Ich stelle die Teetasse ab und mache eine schnelle Bewegung in Richtung Zigarettenpackung. Ich möchte dem Alten Zhu zuvorkommen.

Doch ich bleibe mit meinem Finger an dem Henkel der Teekanne hängen und schleudere sie wie ein Diskuswerfer an die gegenüberliegende Wand direkt neben dem Fahrstuhl. Dort zerbirst die wertvolle Handarbeit in tausende kleine Stücke. Der klirrende Ton hallt durch das ganze Treppenhaus. Entgeistert schaut mich der Alte Zhu an.

»*Tamade!* Seine Mutter! Was bitte hast du vor?« Er wischt sich die heißen Teetropfen aus dem Gesicht. Das brühendheiße Teewasser ist durch den ganzen Flur gespritzt. Ich blicke auf das Chaos aus Tonscherben, grünen Teeblättern und roten Wolfsbeeren an der Wand und auf dem Boden. Fast hat das Bild, das sich mir darbietet, etwas Poetisches. Genauso wie mein finaler Plan, den Alten Zhu von meiner Männlichkeit und meiner Schwiegersohneignung zu überzeugen, ist die Kanne in tausend Scherben zersprungen.

»Ich äh, ich wollte eigentlich nur…« Ich zeige auf die Zigarettenpackung, die unberührt auf dem Tischchen liegt. Er blickt darauf und nimmt sie schließlich in die Hand. Mit seinem Daumen schnippt er den Deckel auf. In der Packung ist nur noch eine Zigarette.

Er nimmt sie behutsam aus der zerknitterten Schachtel, schaut sie liebevoll an und zerbricht sie dann schwungvoll vor meinen Augen in zwei Teile.

»Weißt du, Thomas«, er schaut mich an, während er die zwei Zigarettenhälften in seinen Händen hin und her dreht.

»Ich finde es gut, dass du nicht rauchst.«

Ich stecke meinen rechten Zeigefinger ins Ohr und bewege ihn hin und her. Habe ich richtig gehört? Ist mir vielleicht Teewasser bis ins Ohr gespritzt?

»Ich höre mit dem Rauchen auf. Ein echter Mann muss wissen, wann es genug ist.«

Tränen des Glücks und der Erleichterung treten mir in die Augen. Gleichzeitig beginne ich über beiden Wangen zu grinsen.

Dass ich das noch erleben darf! Endlich habe ich mein Ziel erreicht! Es sieht so aus, als sei ich jetzt tatsächlich ein vollwertiger Schwiegersohn. Kein Verstellen mehr, keine überzogenen Erwartungen, ich bin frei!

Da tätschelt der Alte Zhu mir väterlich den Rücken und schiebt nach: »Und außerdem kann ich mich so viel besser um meinen zukünftigen Enkelsohn kümmern!«

Ich stehe auf, um aus der Wohnung meiner Schwiegereltern einen Wischmop zu holen. Leise seufze ich in mich hinein. Denn ich weiß jetzt: Interessante Zeiten stehen mir bevor.

多一个朋友，多一条路

EIN FREUND MEHR, EIN WEG MEHR

Ohne die vielen Freunde, die mich bei der Erstellung dieses Buches unterstützt haben, hätte es nie den Weg in die Hände der Leser gefunden.

Als Erstes möchte ich mich bei Dr. Michaela Röll bedanken, die noch vor mir an unsere Geschichte geglaubt hat. Auch bei Dr. Angelica Schwab vom Heyne Verlag möchte ich mich bedanken, die sich wie eine Tigerin für dieses Buch eingesetzt hat. Vielen Dank auch an Dr. Angelika Winnen, die diese Geschichte erst rund gemacht hat.

Und natürlich bedanke ich mich auch bei meiner Familie. Bei meinem Schwiegervater, dem Alten Zhu, der den Großteil der Geschichten für dieses Buch geliefert hat und schlussendlich doch mein guter Freund geworden ist. Bei meiner Schwiegermutter, die sich immer für mich stark gemacht hat. Danke sage ich auch meinen Eltern, die Liping wie die eigene Tochter in unsere große Familie aufgenommen haben.

Zu guter Letzt: Danke, Liping, dass du immer an mich geglaubt hast und mich so liebst, wie ich bin.

Claudia Hunt

Sind Sie reif für die Insel?

Wir werden in unterschiedlichsten Situationen immer wieder mit
Englisch konfrontiert, doch die gängigen Sprachwendungen sind uns
nur selten geläufig. Claudia Hunt, die viele Jahre in England gelebt
hat, erklärt Überraschendes und Kurioses anhand von lebensnahen
Beispielen aus dem Alltag auf der Insel. Ein humorvoller Leitfaden zum
britischen »way of life« und nützlicher Sprachkurs zugleich!

978-3-453-68534-5

Die Welt in überwiegend lustigen Grafiken bei Heyne

Der Graphitti-Blog präsentiert witzige Grafiken,
die das alltägliche Leben, vor allem aber gefühltes Wissen abbilden –
Bücher zum pausenlosen Nicken und Lachen!

978-3-453-60402-5

Leseproben unter **www.heyne.de**

HEYNE ‹